Johannes v. Buttlar

Die Außerirdischen von Roswell

Johannes v. Buttlar

Die Außerirdischen von Roswell

Protokoll einer Verschwörung

Gustav Lübbe Verlag

INHALT

Spurensuche

New Mexico, 3. Juli 1995.
Mächtige, schwarze Wolkentürme hüllten die Gipfel des
Sangre-de-Cristo-Gebirgszuges ein. Zuckende Blitze, von kra-
chenden Donnerschlägen gefolgt, tauchten die vor mir lie-
gende Hochwüste immer wieder in unheimlich-giftgrünes
Licht. Gepeitscht vom Wind, rollten zu Kugeln geballte,
ausgedörrte Dornbuschzweige quer über den schnurgeraden,
endlosen Highway 285. Dazu setzte sintflutartiger Regen ein.
Hagelkörner trommelten im Stakkato auf das Wagendach.
Instinktiv zog ich den Kopf ein.

Ich war auf dem Weg von Santa Fe nach Roswell – auf
Spurensuche. Ich wollte Licht in einen der dunkelsten,
rätselhaftesten Zwischenfälle der amerikanischen Militärge-
schichte bringen. Hat es doch kaum je einen Vorfall gegeben,
welcher der Öffentlichkeit unter derart extremen Geheim-
haltungsbedingungen vorenthalten worden ist wie der sogenannte Roswell-Absturz. Nie zuvor wurde so getäuscht,
gelogen, eingeschüchtert, Menschen mit massiven Mitteln
bedroht und verängstigt, um die Wahrheit zu vertuschen.

Es war glühend heiß. Der Schweiß lief mir den Nacken
herunter. Ich griff nach dem Becher mit dem lauwarmen
Mineralwasser. Wie lauernde Leoparden tauchten in der
endlosen, ausgebleichten Mesa ockerfarbene Hügel mit
schwarzgrünen Flecken auf – Wermutsträucher und Wacholderbüsche. Am fernen Horizont zeichneten sich blaugrau die
Capitan-Berge ab.

Welche Anmaßung, schoß es mir durch den Kopf, ein Ereignis aufklären zu wollen, das sich beinahe auf den Tag genau vor achtundvierzig Jahren abgespielt haben soll. Jagte ich
nicht einer Illusion nach, einer fixen Idee? Wie konnte ich nur

glauben, es könne ausgerechnet mir gelingen, den Schleier von all den Täuschungsmanövern, von den Irreführungen, Spekulationen, Gerüchten, nicht zuletzt auch von einer gigantischen Verschwörung zu lüften? Ließ sich die Wahrheit über solch ein Lügengespinst tatsächlich ergründen? War ein Außenseiter dazu überhaupt imstande?

Eine Gewitterpause kam mir gerade gelegen, um den Wagen an der Kreuzung des Interstate Highway 40 in Clines Corner aufzutanken und meine Kühlbox mit neuem Eis zu versorgen. Kurz vor Mesa, einem winzigen Nest aus drei baufälligen Hütten, brachte sich das Gewitter mit unverminderter Stärke wieder in Erinnerung. Mit metronomähnlichem Klakken setzten sich die Scheibenwischer unverdrossen gegen die Regengüsse zur Wehr. Das gleichmäßig-monotone Geräusch löste in mir einen tranceähnlichen Zustand aus und schickte mein Bewußtsein auf die Reise. So wie in der *Zeitmaschine* von H. G. Wells liefen Ereignisse und Jahreszahlen im Zeitraffertempo vor meinem geistigen Auge rückwärts ab.

Nach ihrem Sieg im Zweiten Weltkrieg über Nazi-Deutschland und Japan hatten die Vereinigten Staaten die Führung der Weltmächte übernommen. Denn am 16. Juli 1945, um genau 5 Uhr, 29 Minuten und 45 Sekunden, hatte ein ungeheurer Lichtblitz die Wüste im Süden von New Mexico erhellt und damit die Welt verändert. Am nördlichen Ende der historischen Jornada del Muerto (Todesreise) an der Trinity Site von White Sands verdampfte ein Stahlturm mitsamt seiner brisanten Ladung in einer unvor-

1 Raketenversuchsgelände in White Sands, New Mexico.

stellbaren Hitzewelle. Mit Verebben des Donnergrollens form-
te sich ein unheilvolles, pilzförmiges Wolkenungeheuer, das
höher und höher in den klaren Morgenhimmel aufstieg. Das
Atomzeitalter mit seinen grauenhaften Massenvernichtungs-
waffen warf seine Schatten voraus.

Schon drei Wochen später äscherten Atombomben die
japanischen Städte Hiroshima und Nagasaki ein. Zum erstenmal hielten sie schreckliche Ernte: 300 000 Menschen kamen
sofort zu Tode. Tausende siechten über Jahrzehnte an den
Folgen der Strahlung dahin, und ebenso viele wurden von Erb-
gutveränderungen heimgesucht.

1945 trat Harry S. Truman als 33. Präsident der Vereinigten
Staaten von Amerika die Nachfolge von Franklin D. Roosevelt

2 Freilichtmuseum
von White Sands, New
Mexico, mit der V2-A4,
die hier erprobt wurde
und damit das Weltraum-
zeitalter einleitete.

an. Abgesehen vom Kalten Krieg und einer fast hysterischen Angst vor dem Vormarsch des Kommunismus hatten sich die innenpolitischen Verhältnisse in den USA, nach Jahren der Depression und des Krieges, wieder einigermaßen normalisiert. Im Zweiten Weltkrieg hatte die amerikanische Bundesregierung für die militärische Aufrüstung enorme Summen in New Mexico investiert. Vor allem auch in das streng geheime »Manhattan«-Projekt zur Entwicklung der ersten Atombombe, das in Los Alamos bei Santa Fe, in den Jemez Mountains, durchgeführt wurde.

Vom Raketenversuchsgelände in White Sands erfolgten zwischen April 1946 und September 1952 nicht weniger als siebenundsechzig V2-Raketenstarts. Die ersten V2-Raketen standen schon im Frühjahr 1946 abschußbereit in der Wüste von White Sands. Der für den 16. April 1946 vorgesehene erste Abschuß wurde von deutschen Raketenbauern aus Peenemünde sowie von Soldaten und Ingenieuren der General Electric vorbereitet. Am 15. März war ein statischer Brennversuch durchgeführt worden, bei dem die Rakete nur eine Höhe von sechs Kilometern erreichte. Die nachfolgenden fünf Starts erfüllten dann aber alle Erwartungen.

Vom Alamogordo Army Airfield aus – heute die Holloman Airforce Base – wurden 1947 die ersten Versuche des Geheimprojektes Mogul eingeleitet. Eine Anzahl untereinander verbundener, heliumgefüllter Wetterballons aus schwarzbraunem Neopren sollte, später mit einer Instrumentennutzlast ausgestattet, in der höheren Atmosphäre Schallwellen von sowjetischen A-Bomben-Explosionen registrieren. Die mit einer Plakette versehene Nutzlast enthielt die Bitte an den Finder, die Projektleitung zu informieren, und stellte gleichzeitig eine Belohnung in Aussicht. In der Versuchsphase von 1947 war die Nutzlast natürlich noch nicht mit geheimen Instrumenten bestückt. So wurden am 5. und 7. Juni Mogul-

Ballons zum Einsatz gebracht, die in
den Sacramento-Bergen wieder geborgen werden konnten. Einen Monat später, am 3. Juli 1947, kamen für
dieses Projekt Polyäthylen-Ballons
zur Anwendung.

Abgesehen von den damaligen
Radaranlagen der Army Airfields im
Süden von New Mexico, wie Alamo-
gordo, Kirtland bei Albuquerque und

3   Oberst William
H. Blanchard, Kommandant
der 509. Atombomber-
gruppe in Roswell, New
Mexico.

Roswell, verfügte das Raketenversuchsgelände White Sands
über die modernsten Luftüberwachungsanlagen jener Zeit.

Roswell Army Airfield (RAAF) war wiederum die Basis der
seinerzeit weltweit einzigen Atombombergruppe. Diese 509.
Bombergruppe wurde ursprünglich am 17. Dezember 1944 in
Wendover Field, Utah, aktiviert, um die Atombomben über
Japan abzuwerfen. Obwohl diese Gruppe ein »Baby« der Army
Airforce verkörperte, bestand sie aus erfahrenen, ausgewähl-
ten Veteranen.

Am 6. August 1945 klinkten Oberst Paul W. Tibbets und
seine Besatzung die Atombombe über Hiroshima aus, und

4   Die Roswell-Army-
Airfield-Basis von 1947.

Major Sweeney und seine Leute ließen ihre am 9. August auf Nagasaki fallen.

Am 20. Januar 1946 übernahm Oberst William H. Blanchard von Oberst Paul W. Tibbets das Kommando über die 509. Atombombergruppe. Blanchard graduierte 1938 an der berühmten West-Point-US-Militärakademie. Er war Kommandeur der 40. Bombergruppe und davor stellvertretender Kommandeur der 58. Staffel im chinesisch-burmesisch-indischen Operationsgebiet. Von März bis September 1945 war er als Planungsoffizier der 20. Air Force im Krieg gegen Japan eingesetzt. Als hochdekorierter Offizier war er unter anderem mit dem »Legion-of-Merit«-Orden, dem »Silver Star«, dem »Distinguished Flying Cross with one oak leaf cluster« und der »Air Medal with oak leaf cluster« ausgezeichnet worden.

Im August 1946 wurde die 509. Atombombergruppe mit ihren B-29-Maschinen von den Marshall-Inseln nach Roswell verlegt mit der Maßgabe, »die Vereinigten Staaten in ihren Bemühungen um die Erhaltung des Weltfriedens zu unterstützen«, wie es im Roswell-Army-Airfield-Jahrbuch von 1947 heißt. Zu diesem Zweck war das Arsenal der 509. Bombergruppe in Roswell mit fünfzehn Atombomben bestückt.

Für die 509. Bombergruppe verliefen die ersten Monate des Jahres 1947 ohne besondere Vorkommnisse. So beteiligte sie sich vom 10. bis 12. Januar 1947 mit acht B-29-Maschinen am »All-American-Air-Manöver« in Florida. Und am 16. Mai 1947 wurde ein Formationsflug unter der Leitung des kommandierenden Generals des strategischen Luftkommandos, George C. Kenny, durchgeführt. Für die Army Air Force hätte natürlich auch weiterhin alles in routinemäßigen Bahnen verlaufen können, wären da nicht im amerikanischen Luftraum unbekannte, scheibenförmige Flugobjekte aufgetaucht. Damit wurde 1947 das Jahr der fliegenden Untertassen.

Am 24. Juni 1947 umkreiste der zweiunddreißigjährige Geschäftsmann Kenneth Arnold mit seiner zweimotorigen Pro-
pellermaschine den schneebedeckten Gipfel des gewaltigen
Vulkans Mount Rainier im US-Bundesstaat Washington. Es
war 14.57 Uhr an diesem wolkenlosen Frühsommertag. Arnold
war auf der Suche nach einer C-46-Transportmaschine, die
von der Army Air Force (AAF) als vermißt gemeldet worden
war. Und, wie Arnold auf dem Flughafen von Chehalis,

5 Der Geschäftsmann
Kenneth Arnold, der durch
seine UFO-Sichtung über
dem Mount-Rainier-Gebiet
am 24. Juni 1947 das
Zeitalter der sogenannten
fliegenden Untertassen
einleitete.

Washington, erfahren hatte,
war für die Auffindung der
im Mount-Rainier-Gebiet
verschollenen Maschine von
der AAF ein Betrag von
fünftausend Dollar ausge-
setzt worden. Arnold, der
sich als Mitglied der »Idaho-
Such-und-Rettungsflieger«
schon öfter erfolgreich an
Suchaktionen dieser Art beteiligt hatte, beschloß, auch
dieses Mal mitzumachen.
Schließlich führte ihn sein
Rückflug nach Yakima, Wa-

shington, ohnehin über das Mount-Rainier-Gebiet. Er konnte
also gut und gerne eine Stunde für die Suche nach der verschollenen C-46 aufwenden.

Der Himmel war tiefblau, das Flugwetter ideal. Arnold,
der die Hänge des Mount Rainier sorgfältig nach der abgestürzten Maschine absuchte, nahm plötzlich die Reflexion
eines blendenden Lichtstrahls an seiner Maschine wahr. Sein
erster Gedanke: Befand er sich etwa auf Kollisionskurs mit einem anderen Flugzeug, das er übersehen hatte? Aber nur am
Horizont, auf der Fluglinie von San Francisco nach Seattle,

zog eine DC-4-Linienmaschine in viereinhalbtausend Metern Höhe ihre Bahn. Während er sich noch den Kopf darüber zerbrach, was es mit dem Lichtstrahl auf sich haben könnte, schreckte ihn bereits ein zweiter auf. Als er den Kopf in die Richtung drehte, aus der das Licht gekommen war, wollte er seinen Augen nicht trauen:

Aus nördlicher Richtung, vom Mount Baker her, näherte sich in etwa dreitausend Metern Flughöhe eine Anzahl hellleuchtender Objekte. Zwei oder drei, die immer wieder blitzschnell »aus der Reihe tanzten«, reflektierten durch ihre Kursänderungen das gleißende Sonnenlicht. Doch trotz größter Anstrengung konnte Arnold wegen der Entfernung keine Einzelheiten erkennen. Die Objekte hielten zwar eine bestimmte Richtung ein, schwebten in deren Verlauf aber um die Berggipfel und bewegten sich dann in Richtung Mount Rainier fort.

Schließlich gelang es Arnold, ihre Zahl auszumachen: Es waren neun keilförmig formierte Objekte, von denen das größte – wie bei der Formation von Wildgänsen – an der Spitze flog. Fasziniert beobachtete Arnold, daß ihre Geschwindigkeit die von Düsenmaschinen bei weitem übertraf. Wurde er etwa Zeuge der streng geheimen Erprobung neuartiger Flugmaschinen der Army Air Force? Oder wohnte er gar einem Überraschungsangriff der Sowjets bei? Es war 14.59 Uhr. Die Entfernung zwischen ihm und den fremden Maschinen, deren Größe er auf etwa Zweidrittel einer DC-4 schätzte, betrug nur noch etwa vierzig Kilometer.

Es dauerte nicht lange, bis Einzelheiten erkennbar wurden. So hatte es den Anschein, als handele es sich um schwanz- und flügellose Flugobjekte, die zudem wie Scheiben wirkten. Er beobachtete diese herumflitzenden »Dinger« eine ganze Weile. Vor den schneebedeckten Berghängen konnte er sogar ihre Form genauer bestimmen: vorne abgerundet, hinten abgeschnitten, wirkten sie halbmondförmig. Nie zuvor waren Arnold Maschinen mit solchen Flugeigenschaften vor Augen gekommen, Flugkörper, die in so atemberaubendem Tempo und halsbrecherischem Abstand Berggipfel passieren konnten. Als sie einen Gebirgskamm überflogen, beobachtete Arnold, daß das erste UFO den südlichen Gipfel des Kammes passierte, während das letzte den Nordgipfel erreichte.

Aus späteren Messungen des Gebirgszuges ergab sich eine Länge von rund acht Kilometern. Die Flugkette der Objekte mußte demnach rund acht Kilometer lang gewesen sein.

Die Entfernung zwischen dem Mount Rainier und dem Mount Adams beträgt etwa achtzig Kilometer. Arnold stoppte die Zeit, in der die fremden Flugkörper diese Strecke zurücklegten, und stellte eine Minute und zweiundvierzig Sekunden fest – das entspricht einer Geschwindigkeit von gut zweitausendsechshundert Kilometern pro Stunde.

Gebannt verfolgte Arnold die geheimnisvolle Flugformation mit den Augen, bis sie um 15.02 Uhr am Horizont verschwunden war. Das »Schauspiel« hatte nicht einmal fünf Minuten gedauert. Doch nun brachte der Geschäftsmann nicht mehr die nötige Konzentration auf, um weiterhin nach der vermißten C-46 zu suchen. Selbst der ausgesetzte Finderlohn hatte seinen Reiz verloren. Viel wichtiger war für ihn jetzt, nach Yakima zurückzufliegen, um den sonderbaren Vorfall zu melden. Schließlich waren die Folgen unausdenkbar, sollten die Sowjets tatsächlich im Spiel sein.

Nur wenige Stunden nach seiner Ankunft in Yakima erfuhren ein paar clevere Zeitungsreporter vom denkwürdigen Erlebnis des Geschäftsmannes Kenneth Arnold. Und was immer dem Mann auch begegnet sein mochte, wußten sie doch mit dem sicheren Instinkt guter Journalisten, daß damit für sie vielversprechende Schlagzeilen verbunden waren. Zudem wirkte der Zeuge glaubwürdig, als er beschrieb, was er gesehen hatte: »Sie waren so flach wie eine Pfanne und so glatt, daß sie die Sonne wie ein Spiegel reflektierten. Nennen Sie mich wie Sie wollen«, hatte Arnold gesagt, »ich weiß, was ich gesehen habe. Die Dinger segelten durch die kristallklare Luft wie Untertassen, die man über das Wasser springen läßt«, berichtete Arnold am Abend des 14. Juni Reportern. Einer von ihnen, Bill Bequette, prägte daraufhin den Begriff »fliegende Untertassen«, der zum Synonym für unbekannte Flugobjekte – UFOs – werden sollte.

Am nächsten Tag berichteten die Tageszeitungen von der sonderbaren Begegnung. Schlagzeile: »Geheimnisvolle Objekte in rasantem Flug beobachtet«. Ein Sprecher des Kriegs- beziehungsweise Verteidigungsministeriums in Washington äußerte dazu nur lakonisch, man sei an allem, was so schnell fliege, interessiert.

Von dem Zeitpunkt an häuften sich Meldungen über die Sichtung unbekannter Flugobjekte – fliegender Untertassen. So berichtete beispielsweise der Prospektor Fred Johnson am 24. Juni, er habe in den Cascade Mountains fünf oder sechs scheibenförmige Flugobjekte von rund zehn Metern Durchmesser im Vorbeiflug beobachtet. Sie seien in keiner bestimmten Formation geflogen und hätten bei Kursveränderungen das Sonnenlicht reflektiert. Als sie näher gekommen seien, hätte die Nadel seines Kompasses wie verrückt zu rotieren begonnen und erst wieder normal gearbeitet, als die UFOs in der Ferne verschwunden seien.

Im Zuge der Beobachtungen von Kenneth Arnold brach in den USA ein regelrechtes UFO-Fieber aus. Denn plötzlich wurden überall im Land fliegende Untertassen gesichtet. Den Schlagzeilen zufolge schien es sich um ein einmaliges, noch nie dagewesenes Phänomen zu handeln. Aber das war unzutreffend. Denn allem Anschein nach war wohl völlig in Vergessenheit geraten, daß im Verlauf des Zweiten Weltkrieges immer wieder recht kuriose Beobachtungen gemacht worden waren: Zahlreiche Piloten der kriegführenden Parteien wunderten sich nämlich während ihrer Feindeinsätze über scheibenförmige Flugobjekte, von denen sie hin und wieder begleitet wurden. Die alliierten Bomberpiloten tauften die über ihre Tragflächen schwirrenden, ihnen vorausfliegenden oder nachfolgenden Objekte »Foofighter«. In der Dramatik des Krieges ist dieses rätselhafte Phänomen aber offenbar untergegangen.

Im Jahre 1947 hat sich nicht nur die US Army Air Force mit dem Problem der unbekannten Flugobjekte herumgeschlagen, sondern auch der Diktator der damaligen Sowjetunion. Nachdem es auch dort zu Sichtungen unbekannter Flugobjekte gekommen war, beauftragte Stalin den namhaften Raketeningenieur Sergei Korolyow, Mitglied der sowjetischen Akademie der Wissenschaften, dem UFO-Phänomen in Zusammenarbeit mit anderen Wissenschaftlern auf den Grund zu gehen. Als Stalin später von Korolyow eine Beurteilung der unbekannten Flugobjekte forderte, erhielt er zur Antwort, daß diese seiner Meinung nach keine Bedrohung darstellten, keine Waffe eines möglichen Feindes seien, also keine Gefahr für die Sowjetunion bedeuteten – wenn auch das Phänomen als solches absolut real sei.

In den Vereinigten Staaten wurden die UFO-Sichtungen offiziell erstmals Anfang Juli 1947 von einem Sprecher der Army Air Force kommentiert. Er stellte fest, daß es Aufgabe der Army Air Force sei, zu überprüfen, welche fremde Macht mit UFOs in den amerikanischen Luftraum eindringe, um dagegen mit entsprechenden Maßnahmen vorzugehen.

Aber mit welchen Maßnahmen? Flugmanöver und Geschwindigkeit dieser rätselhaften Objekte waren so exotisch,

6 *(links)* Brigade-general Martin F. Scanlon war in den Roswell-Zwischenfall verwickelt.

7 *(rechts)* AMC-Kommandant General Nathan F. Twining.

daß sie für die Abfangjäger jener Tage (und auch heute noch) unerreichbar waren (und immer noch sind); auch wenn einige von ihnen für diesen Zweck schon mit Spezialkameras und scharfer Munition ausgerüstet waren. Ende Juni, Anfang Juli wurden in New Mexico von den Militärbasen wie Alamogordo, Kirtland und Roswell aus, vor allem aber von den Radaranlagen des Raketenversuchsgeländes White Sands tagelang unbekannte Flugobjekte registriert. Besonders beunruhigend war jedoch die Tatsache, daß zwei dieser fliegenden Untertassen offensichtliches Interesse für das strenggeheime Sperrgebiet von White Sands bekundeten, da sie es immer wieder überflogen.

Der Brigadegeneral Martin F. Scanlon vom Luftverteidigungskommando beorderte daraufhin auch prompt zusätzliche Radarspezialisten nach White Sands, um die »Eindringlinge« rund um die Uhr beobachten und ihre Daten mit den Radaranlagen der Army Airfields im Süden von New Mexico koordinieren zu können. Aus Washington meldete sich der Liaisonoffizier (Verbindungsoffizier) Robert Thomas, um General Hoyt Vandenberg, stellvertretender Chef der Army Air Force, General Nathan F. Twining, Kommandant des Luft-

8 *(links)* CIA-Direktor (1946/47) General Hoyt S. Vandenberg. Als US-Airforce-Stabschef ließ er 1948 den Top-Secret-ATIC-Bericht mit der Schlußfolgerung, UFOs sind außerirdischer Herkunft, vernichten.

9 *(rechts)* General George Marshall war über die Roswell-Bergung informiert.

technischen Nachrichtendienstes, und General Curtis LeMay, Vizestabschef für Forschung und Entwicklung der Army Air Force im Pentagon, auf dem laufenden zu halten.

Außer den Radarspezialisten beobachteten natürlich auch Zivilisten mit bloßem Auge die sonderbaren Flugkörper. So fuhr der Bauunternehmer Fred Jennings am Mittwoch, dem 2. Juli 1947, nachmittags gegen fünf Uhr auf dem Highway 54 von Three Rivers in New Mexico nach Oscuro, als er am Himmel ein silbrig leuchtendes, ovales Objekt ausmachte. Seiner Beschreibung nach sah es aus wie ein »abgeflachter amerikanischer Football«.

Kurz vor zweiundzwanzig Uhr am gleichen Tag verbrachten Dan Wilmot und seine Frau den Sommerabend geruhsam auf der Veranda ihres Hauses in Roswell. Plötzlich wurden sie auf ein in knapp zweihundert Meter Höhe fliegendes, hellleuchtendes Objekt aufmerksam. Es zog in rasanter Geschwindigkeit von Südosten nach Nordwesten. Um besser sehen zu können, rannten die Wilmots über die Verandatreppe hinunter in ihren Garten. Später sagten sie aus, der Flugkörper habe zwar wie aufeinandergestülpte Untertassen ausgesehen, sei aber oval gewesen. Zudem war Wilmot aufgefallen, daß das Objekt gewissermaßen von innen heraus zu leuchten schien und sich lautlos fortbewegte.

Um die gleiche Zeit, also Anfang Juli 1947, befand sich in der Sierra-Blanca-Region, nordwestlich von Roswell, eine kleine Gruppe von Archäologen und Paläontologen unter Leitung von Professor W. Curry Holden von der Texas-Tech-Universität auf Spurensuche nach frühen Indianersiedlungen und Fossilien. Bald schon sollte Holden Augenzeuge eines unglaublichen Vorfalls werden.

Geologisch, geographisch und archäologisch kann der amerikanische Bundesstaat New Mexico in zwei Hälften aufgeteilt werden. Die westliche wird durch das Colorado-Hochplateau und zahlreiche kleine Gebirgszüge bestimmt, die das gastliche Rio-Grande-Tal einschließen, das sich von Norden nach Süden durch den ganzen Bundesstaat hinzieht. Es war hier sowie im östlichen Arizona, wo die Wüstenkulturen des Südwestens – die Anasazi, Hohokam und Mogollon – seßhaft wurden und zwischen 800 und 1300 n. Chr. begannen, Landwirtschaft zu betreiben, im Gegensatz zu ihren Klein- und Großwild jagenden Vorfahren.

Dagegen wird der Südosten von New Mexico von riesigen, flachen, trockenen und trostlosen Ebenen beherrscht, die Llano Estacado (eingezäunte Weidegebiete), die sich über rund hunderttausend Quadratkilometer erstrecken. Im östlichen New Mexico und westlichen Texas ist dieses Gebiet unter dem geologischen Begriff »permisches Becken« bekannt. Eine Region, die auch unter den Bezeichnungen »Sahara Nordamerikas« oder »westlich von verloren und nördlich von nirgendwo« geläufig ist.

Im Gegensatz zum Rio-Grande-Tal und den im Westen liegenden Bergen, wo Indianer Jahrhunderte vor der Ankunft der weißen Siedler seßhaft waren, durchstreiften die noma-

disierenden Indianer im Südosten New Mexicos die ausgedörrte Hochwüste auf der Jagd nach Antilopen und Büffeln.
Deshalb unterscheiden sich die archäologischen Funde im
Südosten New Mexicos von denen im Südwesten. So suchten
Archäologen im Südosten nicht nach frühen Pueblos (Ansied-
lungen), sondern nach einstigen Jagdutensilien und Plätzen,
wo Tiere getötet und verzehrt wurden – wie beispielsweise
der elftausend Jahre alten Clovis-Stätte in der Nähe von Black-
water Draw, dem ältesten archäologischen, paläoindianischen
Platz in der Neuen Welt.

Am 3. Juli 1947 wurden auf den Radarschirmen von White
Sands erneut unbekannte Flugobjekte gesichtet. Es blieb allerdings nicht bei der Aufregung über diesen Zwischenfall.
Auch der Fehlstart einer V2 beziehungsweise die Tatsache,
daß die Rakete auf der Startrampe blieb, anstatt abzuheben,
und beim Umkippen auch noch Techniker mit Raketentreibstoff besprühte, trug nicht zur Beruhigung der Gemüter bei.
Aber noch ahnte niemand, daß am nächsten Tag, einem Freitag, dem 4. Juli 1947 und bevorstehenden Unabhängigkeitstag
der Amerikaner, der Teufel los sein sollte.

Das grelle Scheinwerferlicht eines entgegenkommenden Au-
tos riß mich in die Gegenwart zurück. Unvermittelt war es
Nacht geworden. Das Gewitter hatte sich verzogen, und in
den Wolkenlücken schimmerten die ersten Sterne. Weit entfernt am Horizont glitzerten verheißungsvoll die Lichter von
Roswell.

Morgen. Am 4. Juli. Genau vor achtundvierzig Jahren war
es passiert, ging es mir durch den Kopf. War des Rätsels Lösung in Roswell zu finden? Es blieb keine andere Wahl, als die
Vorgänge in der Nacht vom 4. zum 5. Juli 1947 genauestens zu
rekonstruieren ...

Die Bergung

Roswell, 4. Juli 1995.
Heiße, trockene Luft. Der Geruch der ausgedörrten Prärie
schlug mir entgegen, als ich am Morgen mein Zimmer im Roswell Inn Motel verließ. Das gleißende Licht der Sonne zwang
mich, nach meiner Sonnenbrille in der Hemdtasche zu greifen. Das Wüstennest präsentierte sich mir als eine für den
Südwesten Amerikas typische Kleinstadt. Mit den Fast-Food-
Restaurants, Supermärkten, Tankstellen und Reklameschil-
dern auf beiden Seiten der breiten Main Street ist Roswell
nicht unbedingt das erträumte Ziel einer Urlaubsreise.

1871 sozusagen im Nirgendwo von New Mexico gegründet, verdankte der Ort seine damalige Popularität lediglich
einer Wasserstelle – einer Viehtränke für »durchreisende Rinder«. Daher auch die so großzügig angelegte Main Street;
schließlich brauchten die durchziehenden, gewaltigen Her-
den ja entsprechend viel Platz. Und John Crisum, Rinderkönig
der kargen Pecosprärie, hatte 1875 sein Hauptquartier am
Südende von Roswell aufgeschlagen und achtzigtausend Rinder mit seinem Brandzeichen »pinglebob« versehen lassen.

Erst nach 1930 hielt das technische Zeitalter durch den
namhaften amerikanischen Raketenpionier Robert H. Goddard in Roswell seinen Einzug, der hier Versuche mit flüssi-
gem Raketentreibstoff durchführte. Besondere Bedeutung erlangte der Ort allerdings erst durch die Stationierung der
509. Atombombergruppe. Zu jener Zeit wurde das Leben der
kleinen Garnisonstadt in der Wüste vom Militär bestimmt.
Inzwischen ist die ehemalige Militärbasis von Roswell einem
Industrie- und Wohnpark gewichen. Lediglich der Frachtflughafen mit dem berüchtigten Hangar 84 weist noch auf das
einstige Army Airfield hin. Die Stadt kann zwar mit einem im-

posanten, überaus gepflegten Gebäudekomplex aufwarten, dem New-Mexico-Militärinstitut, doch rein militärisch gesehen hat sie heute keine Bedeutung mehr. Eigentlich wäre die Stadt ein recht uninteressanter Flecken in der Wüste von New Mexico, gäbe es da nicht diesen mysteriösen Vorfall von 1947, der Roswell in den letzten Jahren zunehmend ins Rampenlicht der Öffentlichkeit gebracht hat. Übrigens verkünden schon am Ortseingang Hinweisschilder »Roswell home of the famous UFO-Event«.

1947 wurde diese kleine Stadt dann unversehens, wenn auch nur kurzfristig, Mittelpunkt des Weltinteresses, um danach wieder aus den Schlagzeilen zu verschwinden. Dreißig Jahre lang blieb der Roswell-Zwischenfall ein dunkles Geheimnis. Stadt und Militär verharrten in unbehaglichem Schweigen. Erst 1978 kam das Ereignis ans Tageslicht, als nämlich Jesse A. Marcel, der ehemalige Nachrichtenoffizier der 509. Atombombergruppe, damit über das US-Fernsehen an die Öffentlichkeit trat. Vor allem ist es jedoch den Recherchen des amerikanischen Nuklearphysikers und UFO-Forschers Stanton T. Friedman sowie dem US Air Force Captain i. R. Kevin D. Randle und Donald R. Schmitt zu verdanken, daß die Welt mit einer schier unglaublichen Version dieses Geschehens konfrontiert wurde. Im Zusammenhang mit diesem Ereignis ist im Herbst 1995 zu allem Überfluß auch noch ein Schwarzweißfilm »aufgetaucht«, der vermarktet wurde und über die TV-Schirme flimmerte. Dieser sogenannte Santilli-Film war mir bereits im Mai 1995 im Rahmen einer »geschlossenen Gesellschaft« in London vor Augen gekommen.

Immerhin ist es gelungen, den Roswell-Zwischenfall rund fünfzig Jahre lang allen rationalen Erklärungsversuchen zu entziehen. Im Verlauf meiner Recherchen hatte ich einen Dschungel von Fakten und Fiktionen zu durchforsten. Hier berichteten glaubwürdige Augenzeugen phantastische

Geschichten, und unglaubwürdige Charaktere tischten abwegige Behauptungen auf, die Zweifel an ihrer Vernunft aufkommen ließen. Was aber ist von den vielen glaubwürdigen Zeugenaussagen zu halten? Ist es denkbar, daß es sich lediglich um Lügengespinste handelt oder etwa um eine kollektive Psychose, unter der diese Zeugen leiden? Rekonstruieren wir den Vorfall nach ihren Berichten, ergibt sich folgendes Szenario:

Alamogordo – White Sands. Am Nationalfeiertag, dem 4. Juli 1947, ging Master Sergeant Frank Kaufmann seinem Dienst in der Radarstation nach, nachdem ihn Brigadegeneral Martin F. Scanlon vom Luftverteidigungskommando von Roswell dorthin beordert hatte. Gemeinsam mit Kollegen sollte der Nachrichtenspezialist Kaufmann die Flugbewegungen eines unbekannten Flugobjektes überwachen und dem General darüber direkt Meldung machen.

In White Sands war man sich inzwischen darüber im klaren, daß hier tatsächlich ein unbekannter Flugkörper im Spiel war und es sich nicht um irgendeine Fehlfunktion der Radargeräte handelte. Denn nach entsprechenden Gegenkontrollen sowie der Koordination mit anderen Radareinheiten, zu denen auch die von Roswell und Kirtland bei Albuquerque gehörten, blieb kein Zweifel, daß ein solides, sozusagen »greifbares« Flugobjekt geortet worden war.

Frank Kaufmann war seit 1942 auf der Roswell-Basis stationiert. Seinen Aussagen zufolge gehörte er einer ganz besonderen Gruppe an, nämlich einem strenggeheimen Spionage-Abwehr-Team mit dem Codenamen »The Nine« (die Neun). Verständlicherweise war dieses Team auf die sonderbaren Radarechos in New Mexico angesetzt, in der Hoffnung, dieses Phänomen – die seltsamen Radarechos, die erratisch von einem Ende der Schirme zum anderen tanzten – aufzuklären.

In der Zeit, als Kaufmann und seine Kollegen die Monitore beobachteten, gab es keine neue Entwicklung. Das Flugobjekt überflog den Süden von New Mexico in regelmäßigen Abständen, schoß sprunghaft von einer Stelle zur anderen.

Ein in Roswell stationierter Radaroperator konnte die vom Radar Anfang Juli 1947 registrierten Flugobjekte insofern bestätigen, als er während eines Fluges nach Albuquerque mit Kameraden eine Anzahl »fliegender Scheiben« beobachtete. Als sie in Kirtland auf dem Army Airfield einer Radareinheit von dieser Sichtung berichteten, wurde ihnen bestätigt, daß man bereits seit einigen Tagen »fliegende Untertassen« über New Mexico geortet hätte.

Als Kaufmann meldete, daß während seines Einsatzes nichts Außergewöhnliches vorgefallen sei, beorderte ihn Scanlon nach Roswell zurück. Unabhängig davon erhielten die Radaroperatoren von White Sands, Roswell und Kirtland den Befehl, das Objekt weiterhin streng zu überwachen.

Währenddessen stand Kaufmann mit dem in Washington D.C. stationierten Verbindungsoffizier Robert Thomas in Kontakt, der bereit war, »auf Abruf« nach New Mexico zu fliegen. Aber Kaufmann hielt das vorläufig nicht für erforderlich. Schließlich hätte sich die Situation noch nicht geändert, und es sei nicht vorauszusehen, wann dies geschehen werde. Jedenfalls schien Thomas die Warterei satt zu haben, denn am 4. Juli verständigte er frühmorgens zwischen zwei und drei Uhr Kaufmann, daß er nunmehr unterwegs nach New Mexico sei, um an Ort und Stelle zu sein, wenn eine plötzliche Veränderung der Situation eintreten sollte. Gegen Abend traf er dann in Alamogordo ein.

Corporal E. L. Pyles war fünfzehn Meilen (vierundzwanzig Kilometer) südwestlich der Basis von Roswell auf einem Außenposten. Als er zum sternenübersäten Nachthimmel aufsah, fiel ihm eine unverhältnismäßig große Sternschnuppe auf, die den Himmel nordwärts überquerte. Jedenfalls glaubte er anfänglich, daß es eine Sternschnuppe sei, bis sie sich in einem flachen Bogen abwärts auf die Erde zu bewegte, umgeben von einem orangefarbenen Hof. Pyles zufolge war es zwischen dreiundzwanzig Uhr und Mitternacht, da die Lichter im Außenposten nach 22.30 Uhr verloschen und er selbst gewöhnlich vor Mitternacht schlafen ging. Seiner Meinung nach mußte es ein Wochenende gewesen sein, wenn er sich auch nicht mehr an den genauen Tag erinnern konnte.

Im südlichen Roswell beobachteten der dreizehnjährige William Woody und sein Vater den Nachthimmel. Zu ihrer Verwunderung tauchte plötzlich ein brillantes Licht mit rötlichen Streifen auf. Im Gegensatz zu den vielen Meteoren, die sie bisher gesehen hatten, stürzte dieser, ihrer Meinung nach, erstaunlich langsam zu Boden. Außerdem leuchtete er wesentlich heller als die üblichen Meteoren und hatte, Woody zufolge, auch noch die falsche Farbe.

Im Saint Mary's Hospital sahen die Franziskanernonnen, Mutter Oberin Mary Bernadette und Schwester Capistrano, während ihres routinemäßigen Nachtdienstes in nördlicher Richtung ein strahlendes Licht auf die Erde zu stürzen. Sie vermuteten, daß ein Flugzeug in Schwierigkeiten geraten war, und vermerkten den Vorfall in ihrem Betriebstagebuch. Danach hatte sich das Ereignis am späten Abend des 4. Juli zwischen 23.00 Uhr und 23.30 Uhr zugetragen.

Für den Erdgasinspektor James Ragsdale und seine Freundin Trudy Truelove war dieser Freitag, der 4. Juli, der erste Tag eines langen Wochenendes. Sie waren über den Highway 48 in nördlicher Richtung aus der Stadt gefahren, bogen dann auf unbefestigte Sandstraßen ab, bis sie die Zivilisation weit hinter sich gelassen hatten. Die Nacht war alles andere als ruhig, denn ein schweres Gewitter tobte, das von zuckenden Blitzen und

Donnergrollen begleitet wurde. Stürmischer Wind fegte Sand und Staub über die zerklüftete Hochwüste und »beutelte« Nadelbäume und Sträucher. Plötzlich einsetzender niederprasselnder Regen stieg in Dampfschwaden vom Boden wieder auf. Es war etwa 23.30 Uhr, als ein grelleuchtendes Flugobjekt über sie hinwegschoß. Ragsdale beschrieb es als blendendes Licht – ähnlich der Flamme eines Schweißbrenners –, das Sekunden später zu seinem maßlosen Erstaunen unweit seines Campingzelts krachend auf den Boden aufschlug.

Auch eine kleine Archäologengruppe, die in der Gegend von Roswell alte Indianersiedlungen ausfindig machte, wurde auf das seltsame, bläulich-weiße Objekt am Himmel aufmerksam und sah, wie es abstürzte. Ihrer Annahme nach war es nördlich von Roswell, nicht weit von ihnen entfernt, aufgeschlagen.

Radarüberwachungsstation White Sands. Auf den Radarschirmen hatte sich die Situation dramatisch verändert: Das geortete unbekannte Flugobjekt schien mit einemmal zu pulsieren. Der Lichtpunkt vergrößerte sich zusehends und wurde gleichzeitig heller. Dann schrumpfte er wieder auf seine ursprüngliche Größe zusammen und wurde matter. Ein Zustand, der für kurze Zeit anhielt, bis das Radarecho plötzlich in einem Lichtblitz »explodierte« und kurz vor 23.30 Uhr von den Schirmen verschwand. Also mußte das Objekt abgestürzt oder gelandet sein. Nachdem es von drei Radarbodenstationen geortet worden war, konnten die Techniker die ungefähre Absturz- oder Landestelle bestimmen.

In diesem Gebiet von New Mexico war die Radarerfassung jedoch nicht so vollständig, wie es das Militär gern gehabt hätte. So erheben sich die Capitan-Berge zwischen der Absturzstelle und den Radareinheiten von White Sands und Alamogordo. Und zwischen Albuquerque und Roswell steigen andere Gebirgszüge auf. An verschiedenen Stellen war die Radarüberwachung unter zweieinhalbtausend bis dreitausend Meter nicht durchführbar. Mit anderen Worten, das Militär wußte zwar, daß das Flugobjekt nordwestlich von Roswell heruntergekommen war, konnte aber die genaue Stelle nicht lokalisieren. Eine umfassende Suchaktion in den frühen Morgenstunden sollte darüber aber Aufschluß geben.

Als es aufgehört hatte zu regnen, überredete Ragsdale Trudy Truelove, sich mit ihm das abgestürzte Objekt anzusehen.

Sie holperten also mit dem Jeep über das unwegsame Gelände und hielten schließlich am Rand eines felsigen Steilhanges. Mit Hilfe einer »ersterbenden« Taschenlampe tasteten sie sich behutsam vorwärts, bis sie das Objekt endlich unten an der Felswand entdeckten. Nachdem aber die Taschenlampe »den Geist endgültig aufgegeben hatte«, entschlossen sie sich erst einmal, zu ihrem Campingplatz zurückzufahren und bei Tagesanbruch wiederzukommen. Abgesehen davon hatten sie getrunken. Sie waren also nicht in der Verfassung, in stockfinsterer Nacht nähere Untersuchungen durchzuführen.

10   Der Geologieprofessor C. Bertrand Schultz.

Etwa hundertzwanzig Kilometer nordwestlich von Roswell entlud sich in der Nacht vom 4. zum 5. Juli ein schweres Gewitter. Zu diesem Zeitpunkt hörten William W. »Mac« Brazel, Aufseher der Foster Ranch im Lincoln County von New Mexico, seine Familie und seine Nachbarn eine ohrenbetäubende Explosion.

Samstag, 5. Juli 1947. Im Morgengrauen stieß das Forscher-team unter Professor W. Curry Holden auf die fünfunddreißig Meilen (zirka sechsundfünfzig Kilometer) nordwestlich von Roswell gelegene Absturzstelle. Einem Archäologen zufolge handelte es sich bei dem abgestürzten Objekt um ein Flug-zeug mit breitem Rumpf und ohne Flügel – besser gesagt, um eine abgerundete Deltaform. Die Forscher waren sich darüber einig, daß ein militärisches Experimentalflugzeug zu Bruch gekommen sein mußte. Bei näherer Untersuchung sahen sie dann die Leichen: unverständlich kleine, schlanke Wesen von etwa 1,40 bis 1,50 Meter Größe mit unverhältnis-mäßig großen, kahlen Köpfen, gekleidet in enganliegende, mattsilbrig schimmernde »Overalls«. Holden schickte einen der zur Gruppe ge-hörenden Anthropologie-Stu-denten zum Highway zurück, um entweder den Sheriff oder die Polizei über den Ab-sturz zu unterrichten.

11 Der Archäologie-professor W. Curry Holden.

Auch Ragsdale und seine Freundin machten sich bei Mor-gengrauen von ihrem Campingplatz aus wieder auf den Weg zur Absturzstelle. Der besseren Sicht wegen klappten sie die Windschutzscheibe ihres Jeeps herunter und fuhren quer-feldein bergauf und bergab über Sand, Kakteen und durch Geröll, bis sie schließlich zu einer Anhöhe kamen. Sie stiegen aus, kletterten bis zur Kante des Steilhanges hinauf und sahen deutlich, was sich unten an der Steilwand in das aus-getrocknete Flußbett gebohrt hatte. Das Vorderteil des Flug-körpers war eingedrückt. An der Seite des deltaförmigen, silbriggrauen Wracks klaffte ein Loch, aus dem ein kleines hu-manoides Wesen halb heraushing. Tot. Auch außerhalb lagen

zwischen den Bruchstücken Leichen, »Knirpse«, wie Ragsdale
sich ausdrückte. Trudy war das Ganze unheimlich; sie drängte Ragsdale, die Absturzstelle so schnell wie möglich zu verlassen.

Als sie ein paar Bruchstücke in den Jeep verluden, hörten
sie Motorengeräusche. Ein Militärkonvoi, bestehend aus Lastwagen, einem Tieflader, Kranwagen, Mannschaftswagen und
Jeeps, rückte an. Angeführt wurde die Kolonne von einem
Ford-Militärfahrzeug mit Militärpolizei (MPs). Eines der Fahrzeuge war mit einer Sirene ausgestattet, durch die sie auf die
Ankömmlinge aufmerksam wurden.

Sie beobachteten, wie die Fahrzeuge fächerförmig aus-
scherten und anhielten. MPs umstellten die Absturzstelle. Der
Kommandeur der Militärpolizei des Roswell Army Airfield,
Major Edwin Easley, befahl seinen Leuten, oberhalb der Steilwand Stellung zu beziehen, um von dort aus das Gelände zu
kontrollieren. Jetzt war auch für Ragsdale der Zeitpunkt gekommen, mit Trudy das Weite zu suchen. Sie rannten zu
ihrem Jeep zurück und verließen den »Tatort«. In sicherer Entfernung versteckte Ragsdale den Jeep im Buschwerk. Dann
suchte er einen geschützten Platz auf, um heimlich die Mi-
litäraktion zu beobachten, bis MPs begannen, die weitere
Umgebung abzusperren. Unter diesen Umständen zogen es
Ragsdale und seine Freundin Trudy vor, unauffällig zu ihrem
Campingplatz zurückzukehren.

Nachdem das Militär die Absturzstelle im Morgengrauen
durch Suchflugzeuge entdeckt hatte, wurden Frank Kaufmann
und die Spezialisten aus Washington auf dem Roswell Army
Airfield benachrichtigt, sich umgehend auf den Weg zur Absturzstelle zu machen. Sie fuhren also in einem Konvoi auf
dem Highway 285 in nördlicher Richtung, der nach gut dreißig
Meilen (achtundvierzig Kilometer) »in einem alten Ranchweg«

mündete und gen Westen führte. Als Frank Kaufmann erfuhr, daß sich Zivilisten an der Absturzstelle aufhielten, kamen Bedenken auf wegen der Geheimhaltung.

Bald schon tauchte das Objekt vor ihnen in einer Vertiefung auf, »einem ausgetrockneten Flußbett« vor einer Steilwand, die der Flugkörper gerammt hatte. Auf einer vorspringenden Felskante kauerte ein kleines, menschenähnliches Wesen. Zu Füßen des Wracks lag eine Leiche auf dem Wüstenboden, eine zweite hing mit den Beinen halb aus einem Loch in der Seite des Flugobjektes. Durch das Loch gelang Kaufmann auch ein Blick ins Innere des havarierten Flugobjekts. Ein Toter war in seinem Sitz auf die Seite gesunken, ein weiterer wurde im Inneren gefunden.

Insgesamt waren es vier Leichen und ein überlebendes Wesen. Sie trugen enganliegende, silbrig schimmernde Overalls mit einer Art Gürtel. Sie sahen wie kleine Menschen aus – mit kindlichen Gesichtszügen. Ihre haarlosen Köpfe waren allerdings unverhältnismäßig groß, ebenso ihre Augen; Nase, Ohren und Mund waren dagegen sehr klein. Es waren schlanke, feingliedrige Wesen von etwa 1,50 Meter Größe mit bleicher Haut.

Inzwischen hatte das Bergungsteam der Roswell-Basis die ganze Umgebung abgesperrt und die aufgestöberten Zivilisten, das heißt Professor Holden mit seiner Gruppe, auf strikte Geheimhaltung eingeschworen: Im Interesse der nationalen Sicherheit müßten sie um jeden Preis vergessen, was sie gesehen hätten. Ihre Namen und Universitätsanschriften wurden notiert. Gleichzeitig drohte man ihnen an, ihren Instituten die Regierungszuschüsse zu streichen, falls sie die Geheimhaltung brechen würden. Schließlich wurden sie von einer Militäreskorte aus dem Absturzgebiet entfernt und zur Roswell-Basis zum Verhör gebracht. Alle Zufahrtswege und

12 Männer der Feuer-
wehr von Roswell,
die am 5. Juli 1947 mit
Dan Dwyer an der
Bergung des Flugobjekts
beteiligt waren.

-straßen zur Ranch waren durch MPs mit Maschinenpistolen abgesperrt, und jeder Autofahrer wurde zur Umkehr gezwungen.

Diese Erfahrung machte auch der dreizehnjährige William Woody mit seinem Vater, als sie auf dem Highway 285 von Roswell aus in nördliche Richtung fuhren, um zur Absturzstelle zu gelangen. Ganz gleich, welche Abzweigung sie von der 285 auch nehmen wollten, sie wurden von MP-Posten entschieden zurückgewiesen. Als der Geologieprofessor C. Bertrand Schultz von der Universität Nebraska auf der 285 in Richtung Roswell fuhr, beobachtete er an jeder Abzweigung militärische Straßensperren mit bewaffneten Posten.

Später wurde Schultz von dem mit ihm befreundeten Archäologieprofessor W. Curry Holden – der übrigens als angesehener Experte präkolumbischer Kulturen des südwestlichen Amerikas galt – über die Hintergründe der Straßensperren unterrichtet. Holden erzählte ihm, er sei mit seiner Gruppe zufällig über eine abgestürzte »fliegende Untertasse« gestolpert. Anfangs hätten sie angenommen, es handele sich um eine sowjetrussische Geheimwaffe, bis sie auf die kleinen fremdartigen Toten gestoßen seien. Durch das kurz darauf eintreffende Militär seien sie gezwungen worden, die Absturzstelle zu verlassen.

Laut Frank Kaufmann waren gemeinsam mit Thomas ein Kameramann und ein Fotograf – Militärangehörige – von Washington aus eingeflogen worden, um die Absturzstelle beziehungsweise das Wrack und seine Insassen fotografisch festzuhalten. Zudem wurden über Funk zusätzliche MPs und Sanitäter angefordert. Flugzeuge wurden angewiesen, Luftaufnahmen des Absturzgebietes zu machen und nach weiteren Wrackteilen zu suchen.

Auch die Feuerwehr von Roswell war mit einbezogen. So machte sich der Feuerwehrmann Dan Dwyer mit seiner Mannschaft am frühen Morgen des 5. Juli 1947 in einem Löschzug auf den Weg zur Absturzstelle. Seine Tochter Frankie gab später zu Protokoll, was er zu Hause über den Vorfall berichtet hätte: er habe die Wrackteile einer Art Flugkörper gesehen. Das Militär sei ebenso wie einige Polizeioffiziere von Roswell und sogar Angehörige der Staatspolizei bereits an Ort und Stelle gewesen. Seiner Meinung nach müßten im Inneren des Flugobjektes drei »Leute« gewesen sein, denn er habe zwei Leichensäcke gesehen und eine »Person« – ein sehr kleines Wesen etwa von der Größe eines zehnjährigen Kindes. Es habe ihnen nicht mehr viel erzählen können, denn sie hätten das Wesen in ein Fahrzeug »verfrachtet« und seien damit sofort weggefahren. Die zwei Leichensäcke seien mit einem anderen Fahrzeug wegtransportiert worden.

Für Dwyer gab es keinen Zweifel, daß es keine Menschen waren. »Sie kamen nicht von dieser Welt, solche Wesen habe ich noch nie zuvor gesehen.« Es waren »kleine Leute« da »draußen«, sagte er zu seiner Tochter. Als seine Frau ihn fragte, was er mit »kleinen Leuten« meine, gab er zur Antwort, »es waren keine Menschen. Zwei waren bereits tot, als wir an-

13   Die Central
Fire Station von Roswell.

kamen, und sie wurden in Leichensäcke verpackt. Eines der Wesen lebte noch und lief herum«, erinnerte sich Frankie an den Bericht ihres Vaters. »Es waren Erwachsene von der Größe eines zehnjährigen Kindes, die keine Haare hatten.«

Später hörte Frankie Dwyer-Rowe Gerüchte, das Wesen sei direkt zum Basis-Hospital gebracht worden.

Als Dwyer in der Nacht des 5. Juli nach Hause kam, erzählte er seiner Frau nur wenig von dem, was sich ereignet hatte. Gleichzeitig meinte er aber, daß er über viele Dinge nicht sprechen dürfe. Soweit sie alle verwickelt gewesen seien, »habe sich der ganze Vorfall nie zugetragen«, lautete der Befehl. Falls sie dennoch darüber sprechen würden, müsse mit schwersten Konsequenzen gerechnet werden . . .

Das Wrack bestand aus ungewöhnlichem Material und hatte sonderbare Eigenschaften, wie die Feuerwehrmänner von Roswell feststellten. Dwyers Tochter Frankie, die sich zu diesem Zeitpunkt ebenfalls in der Feuerwache aufhielt, erinnert sich noch genau an das exotische »Zeug«. »Als ich es in der Hand hielt und zusammenknüllte, kam es mir vor, als hätte ich nichts in der Hand. Ich spürte es nicht auf der Haut. Es war verrückt, als ich es auf den Tisch fallen ließ, breitete es sich aus wie ›Wasser‹«, berichtete sie später in einem Fernsehinterview.

CIC (Counter Intelligence Corps) Master Sergeant Frank Kaufmann beschrieb den Flugkörper in seinem Top-secret-Bericht von 1947 folgendermaßen: »Es war kein Flugzeug, aber auch keine Rakete. Es war einfach ein merkwürdig aussehendes Objekt, das sich in das ausgetrocknete Flußbett an der Steilwand in einem Winkel von etwa dreißig bis vierzig Grad gebohrt hatte. Seine Länge lag bei etwa acht bis zehn Metern und seine Breite bei rund fünf Metern. Es hatte die Form eines Rochens und war seitlich durch ein Loch beschädigt. Es bestand aus einer hexagonalen [Bienen-]Wabenbauweise,

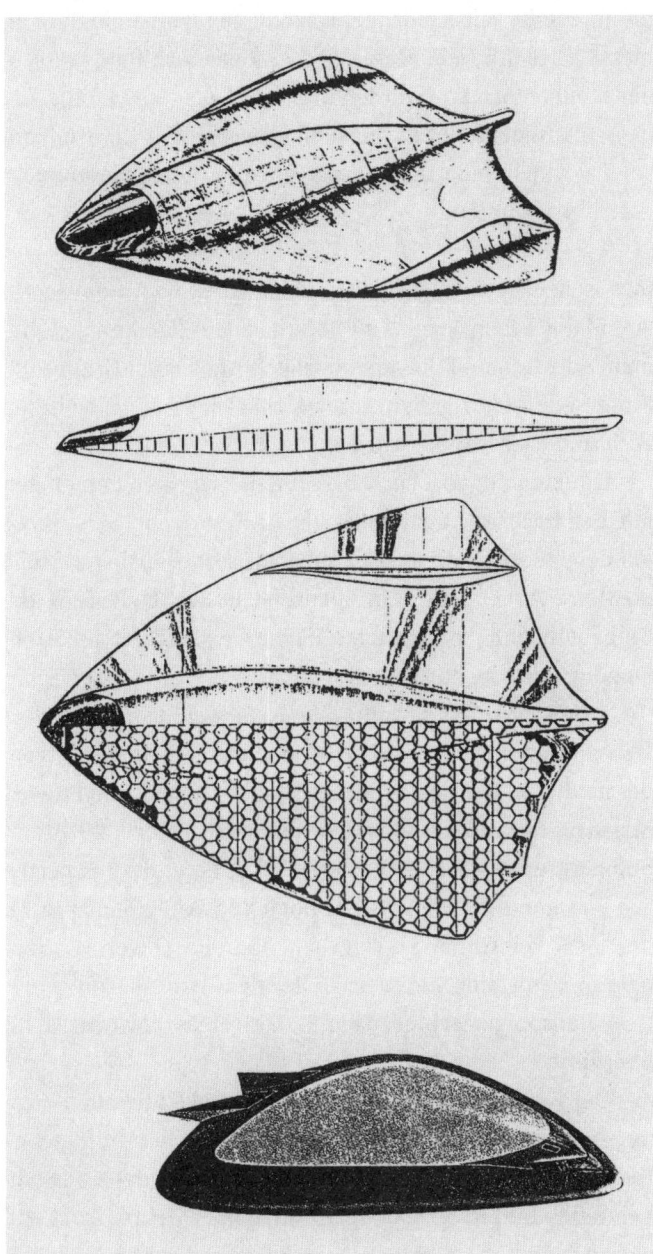

14 (*oben*) Rekonstruktionszeichnung des Flugobjekts vom Roswell-Zwischenfall (gezeichnet von William Louis McDonald nach Augenzeugenberichten).

15 (*unten*) Geheimprojekt der US-Airforce Typ TR-3A. Die Erprobung dieses Flugzeugtyps findet derzeit im supergeheimen »Dreamland«, Area 51 – Groomlake, Nevada, statt.

die ihrerseits mit zahllosen ›Häuten‹ aus mattsilbergrauem, metallfolieähnlichem Material überzogen war. Im Cockpit – der Steuerzentrale – wurden drei Leichen sichergestellt. Auf dem Instrumentenbrett beziehungsweise den Kontrollkonsolen waren fremdartige Hieroglyphen zu sehen, die wir nicht entziffern konnten.«

Inzwischen hatte die Militärpolizei unter dem Kommando von Major Easley keine Zeit verschwendet. Sie ließ sich Namen, Adressen und Universitätszugehörigkeit der Gruppe um Professor Holden geben, um sie anschließend zu weiteren Verhören nach Roswell zur Basis zu eskortieren.

Direkter Zugang zur Absturzstelle war nur denjenigen mit der höchsten Geheimhaltungsstufe erlaubt. MPs waren mit dem Rücken zum Wrack im Halbkreis um die Absturzstelle postiert. Vorher hatte ein Spezialist in Schutzkleidung die Umgebung und das Wrack mit einem Geigerzähler auf Strahlung hin untersucht.

Laut Randle und Schmitt *(The Truth about the UFO Crash at Roswell)* waren nicht nur »The Nine« – das Geheimdienstteam der neun – an der Absturzstelle, sondern neben dem Provost Marshal Edwin Easley auch der Kommandant der 509. Atombombergruppe, Oberst William H. Blanchard, dazu Experten aus Washington, eine Spezialeinheit von White Sands sowie der 1986 verstorbene Kriegsheld Captain Oliver W. Henderson. Von ihm wurden Teile des Wracks mit einer C-54-Transportmaschine nach Wright Field, Dayton, Ohio, überführt.

Der Pilot Henderson wurde von seinen Kameraden »Pappy« genannt, weil er älter war als sie und schon früh graues Haar hatte. Im Zweiten Weltkrieg flog er mit der 446. Bomberstaffel dreißig B-24-Kampfeinsätze über Deutschland und wurde dafür hoch dekoriert. Nach Kriegsende wurde er zuerst in Galveston stationiert, von dort nach Pueblo und schließlich (für die nächsten dreizehn Jahre) nach Roswell versetzt. Hier trug er die Verantwortung für die »Grüne-Hornissen-Fluglinie«, das heißt für die Geheimtransporte der ersten Atombombereinheit. Er und seine Piloten transportierten Spitzenpolitiker, hohe Offiziere und Wissenschaftler, außerdem A-Bomben in C-54- und C-47-Transportflugzeugen zu den Plätzen der jeweiligen Atombombenversuche. Selbstverständlich hatte er eine Top-secret-Befugnisstufe und wurde bei entsprechenden Geheimprojekten eingesetzt.

Erst 1981, fünf Jahre vor seinem Ableben, erzählte »Pappy« Henderson seiner Frau Sappho, daß »fliegende Untertassen« kein Hirngespinst seien, sondern Realität. Denn 1947 habe er selbst das sonderbare Wrack eines UFOs von Roswell nach Wright Field überführt. Er wisse auch, daß kleine, fremdartige Wesen mit großen Köpfen und schrägliegenden Augen, in Trockeneis verpackt, sichergestellt worden seien. »Pappy« Henderson hatte vierunddreißig Jahre lang Stillschweigen bewahrt, bis er es, durch einen Zeitungsartikel über den Roswell-Zwischenfall veranlaßt, schließlich brach.

Nachdem der Fotograf den dramatischen Schauplatz in Augenschein genommen hatte, machte er Standaufnahmen von der Absturzstelle, dem Wrack, den Leichen und von den in der Umgebung verstreuten Bruchstücken. Indessen hielt der Kameramann auf 16-mm-Film alle Einzelheiten fest. Zudem war eine Tafel mit einem Planquadrat-Raster aufgestellt worden, auf der alle aufgefundenen Bruchstücke registriert wurden. Gleichzeitig wurde die Absturzstelle mit allem »Zubehör« sowie das gesamte Umfeld von niedrigfliegenden Aufklärungsmaschinen fotografiert.

Nachdem ein Spezialtrupp in Schutzkleidung und mit Gummihandschuhen die Toten in Leichensäcke verstaut hatte,

wurden sie in Krankenwagen zum Basis-Hospital nach Roswell
befördert. Sergeant Melvin E. Brown begleitete den Konvoi;
er hatte den strengen Befehl, die Leichensäcke unangetastet
zu lassen.

In diesem Zusammenhang wurde das Bestattungsinstitut
Ballard in Roswell erstmals telefonisch kontaktiert. Ein Offizier der Basis stellte Glenn Dennis, einem jungen Mitarbeiter
des Instituts, einige höchst absonderliche Fragen. Er wollte
nämlich wissen, welcher Art und Größe – Kindergröße – die
vom Bestattungsinstitut angefertigten Särge sein durften, um
hermetisch verschlossen werden zu können. Eine gute halbe
Stunde später rief der gleiche Offizier erneut an, um sich zu
erkundigen, wie die Leichenpräparierungen gehandhabt würden, wenn Leichen beispielsweise der Witterung ausgesetzt
oder Verbrennungen die Todesfolge waren oder auch trau-
matische Vorkommnisse. Dennis gab ausführliche Auskunft
über die jeweiligen Behandlungsmethoden. Aber all das ge-
nügte dem Offizier noch nicht. Dennis zufolge interessierte
ihn vor allem, wie verhindert werden könne, daß die zur
Präparierung verwendeten Chemikalien die Körperchemie
veränderten. Anfangs war Dennis davon überzeugt, daß irgend
etwas von großer Bedeutung im Spiel sein müsse. Deshalb
empfahl er das Einfrieren der Leichen und bot seine Hilfe an.
Der Offizier lehnte jedoch mit der Ausrede dankend ab, die
Fragen seien »rein akademischer Natur« und lediglich vorsorg-
lich im Falle zukünftiger Eventualitäten gestellt worden.

Militärischen Quellen zufolge wurde der Flugkörper auf einen
Schlepper verladen, abgedeckt und zur Basis nach Roswell befördert, dort in eine Transportmaschine umgeladen und ausgeflogen.

Am Schauplatz des Geschehens wurden schließlich alle
Trümmer, selbst die winzigsten Fragmente, sorgfältig aufge-

lesen und verpackt. Das Gelände ringsum wurde genauestens geharkt, sozusagen mit dem Staubkamm bearbeitet, und alle Spuren des Zwischenfalls wurden verwischt. Sergeant Thomas L. Gonzales von der 509. Bombergruppe, der zum Wachdienst abkommandiert war, sah aus nächster Nähe, was geschah, so auch die Leichen – »die Kerlchen mit den großen Köpfen und Augen«, wie er sie beschrieb. Alle an der Bergungsaktion Beteiligten wurden unter Androhung massiver Strafen bei Zuwiderhandlung auf strengste Geheimhaltung eingeschworen.

Allerdings sollten der Absturz und die Bergung des unbekannten Flugobjekts nur der Auftakt zu einer dramatischen Entwicklung sein ...

Hatte sich das Ereignis tatsächlich so zugetragen, wie es die vielen Augenzeugen in eidesstattlichen Erklärungen versichert haben, grübelte ich, als ich die kilometerlange Main Street von Roswell entlang schlenderte.

Immerhin ist New Mexico der geheimnisumwittertste Staat der Vereinigten Staaten von Amerika. Und historisch gesehen haben sein Himmel und seine Wüsten mehr wissenschaftliche Geheimprojekte miterlebt als irgendein Landstrich sonst auf der Welt. Drängt sich da nicht der Verdacht auf, daß hinter dem Roswell-Zwischenfall in Wirklichkeit ein strenggeheimes Militärexperiment steckt? Heute fliegen am Himmel über New Mexico für das Radar unsichtbare Stealth-Bomber herum. Damals war es der »Flying Wing«, sein Vorläufer. White Sands war der Ort, an dem die USA 1947 ihre neuen Technologien entwickelten und erprobten. Es waren deutsche Wissenschaftler, die dazu beigetragen haben, das »Weltraumprogramm« aus der Taufe zu heben. Denn in diesem Zusammenhang war die V2 der erste Schritt auf dem Weg zum Mond.

Es ist bekannt, daß in den fünfziger Jahren Tierexperimente Teil des Weltraumprogramms waren. So gab es eine Testreihe unter dem Codenamen »Albert«, in der ein Schimpanse in der Raketennase untergebracht wurde, beim Wiedereintritt der Rakete in die Atmosphäre jedoch infolge technischer Probleme ums Leben kam. Das war, bevor der offiziell in Alamogordo ausgebildete »erste« berühmte Weltraumschimpanse Enos in den Orbit befördert wurde. Könnte es demnach sein, daß sich hinter dem Roswell-Absturz ein katastrophal schiefgelaufenes, supergeheimes Projekt verbirgt? War möglicherweise eine V2 mit Primaten in der Raketennase an Bord von ihrer Flugbahn abgekommen und fünfunddreißig Meilen nordwestlich von Roswell abgestürzt? Ließen sich damit etwa die kleinen, fremdartigen Wesen und das von so vielen Augenzeugen beschriebene exotische Material der Trümmer erklären?

Aber da war ja auch noch das vom Aufseher der Foster Ranch, Brazel, entdeckte, fünfundsiebzig Meilen (hunderteinundzwanzig Kilometer) nordwestlich von Roswell gelegene, rätselhafte Trümmerfeld. Offensichtlich gab es hier einen Zusammenhang ... Soweit sie noch leben, muß ich die Augenzeugen befragen, deren Kinder, Verwandte oder auch Freunde und Bekannte. Ich muß meine Verbindungen spielen lassen, um Geheimdokumente oder Protokolle in die Hände zu bekommen. Es geht darum, herauszufinden, was wirklich passiert ist.

Warum wehren sich hochrangige Regierungsbeamte und Militärs der USA so vehement gegen die kursierenden Berichte von Augenzeugen, nach denen 1947 bei Roswell ein außerirdisches Raumschiff mit seiner Besatzung abgestürzt ist?

Ist denn die Möglichkeit der Existenz von Extraterrestriern – außerirdischen Astronauten, noch dazu humanoiden Aussehens – wirklich so abwegig oder gar furchterregend,

16 Schimpansen-
Astronaut Enos, der
in Alamogordo ausgebildet
wurde.

daß sie von Gegnern der unterschiedlichsten Couleur nicht nur abgelehnt, sondern auch geradezu fanatisch bekämpft wird? Weisen doch andererseits neueste astronomische und exobiologische Erkenntnisse zwingend darauf hin, daß an der Wahrscheinlichkeit hochentwickelter Zivilisationen anderer Welten kein Zweifel mehr besteht.

Projekt Phoenix

»Es gibt sie, dort draußen«, versicherte mir Frank Drake, Professor für Astronomie und Astrophysik an der Universität von Kalifornien in Santa Cruz und Präsident des SETI (Search for Extraterrestrial Intelligence – Suche nach außerirdischer Intelligenz) -Instituts, als ich ihn in Mountain View bei San Francisco aufsuchte. »Ich bin überzeugt davon, daß zahllose hochentwickelte extraterrestrische Zivilisationen existieren«, fuhr er fort. »Die uns umgebende Mannigfaltigkeit des Lebens bedarf keiner außergewöhnlichen Ereignisse als Katalysator. Wenn die Erde das Resultat ganz alltäglicher Vorgänge ist, kann vorausgesetzt werden, daß der Mensch im Universum nicht allein ist. Es kann mit einer gewissen Wahrscheinlichkeit davon ausgegangen werden, daß auf Zellen basierendes Leben, so wie wir es hier auf der Erde kennen, auch auf Millionen von anderen Welten im Universum existiert.

Dank paläontologischer Forschungen wissen wir heute, daß sich irdisches Leben zum frühestmöglichen Zeitpunkt zu entwickeln begann. Nämlich nur wenige Millionen Jahre nach der Entstehung und Abkühlungsphase der Erde.

Durch die Weltraumforschung wurde das Interesse in den sechziger und siebziger Jahren auf die zerbrechliche Schönheit unseres Heimatplaneten gelenkt. Und aus der Weltraumperspektive betrachtet, weckte sein Anblick in vielen Menschen tiefe Sorge und Betroffenheit um den Fortbestand seiner Biosphäre. Die Entdeckung, daß wir die Milchstraße oder gar das Universum mit anderen empfindungsfähigen Wesen teilen, würde unser Verständnis vom Leben umkehren und unsere Perspektive über die Bedeutung Mensch zu sein ändern«, sagt Frank Drake.

17 Der Radioastronom
und Präsident des
SETI-Instituts in Mountain
View bei San Francisco,
Professor Frank Drake,
mit dem Autor. Drake lei-
tet heute das Lauschpro-
gramm, Projekt Phoenix,
auf der Suche nach außer-
irdischen Intelligenzen.

»Ich betrachte es als eine Art Erwachen, ähnlich dem, das
der revolutionären Idee des Kopernikus folgte, daß nämlich
die Erde nicht Mittelpunkt des Universums sei. Eine Enthüllung von so enormer sozialer Bedeutung, daß sie sogar als
einer der Schlüsselfaktoren in der Entwicklung der Demokra-
tie gilt. Uns würde die Entdeckung anderer Lebensformen
dazu verhelfen, die menschliche Natur weit besser zu verstehen und unser Augenmerk darauf zu richten, daß viele Möglichkeiten vom Schicksal für uns bereitgehalten werden, um
darunter auszuwählen.«

Frank Drake erhofft sich von einer fremdartigen Zivilisation eine Fülle umfangreicher Bibliotheken voller Informationen, aus denen wir nach Belieben Nutzen ziehen könnten.
Diese »galaktische Enzyklopädie« wird seiner Meinung nach
ein Potential für Verbesserungen unseres Lebens beinhalten,
die nicht vorhersehbar sind. Während der Renaissance wurde
das mittelalterliche Europa von wiederentdeckten Texten und
neuen Erkenntnissen überschwemmt und so das Potential des

Intellekts, der Kreativität, der Experimentierfreudigkeit und der Erforschung der Natur angeregt. Für uns heute, die wir an einem kritischen Wendepunkt angelangt sind, hätten fremdartige, wissenschaftliche, technologische und soziologische Informationen die Bedeutung enormer Schubkraft für unsere Weiterentwicklung. »Ich kann nur erahnen, was wir von einer wesentlich höher entwickelten Zivilisation alles lernen könnten«, sinnierte Drake.

Sollte es außerhalb des Sonnensystems tatsächlich lebensfreundliche Planeten geben, stellt sich die Frage, wie viele darunter wirklich bewohnbar wären. Angenommen, es existieren Welten, auf denen Leben entstehen könnte, ist damit noch lange nicht gesagt, daß sich dort auch Leben entwickelt hat.

Unlängst wurde die Möglichkeit der Existenz anderer Sonnensysteme durch eine sensationelle Entdeckung bestätigt. Den Schweizer Astronomen Michel Mayor und Didier Queloz vom Genfer Observatorium gelang es nämlich mit hochempfindlichen Instrumenten, den indirekten Nachweis zu erbringen, daß der fünfundvierzig Lichtjahre von uns entfernte Fixstern Pegasus 51 im Orionarm der Milchstraße (wie auch unser Sonnensystem) von mindestens einem Planeten umkreist wird. Allerdings benötigt dieser neuentdeckte Trabant nur vier Tage, um sein Muttergestirn zu umrunden – und nicht ein Jahr, wie unsere Erde. Denn der Planet umkreist seine Sonne in einem wesentlich engeren Orbit als die Erde ihre Sonne. Das bedeutet allerdings auch, daß er aufgrund der erheblich höheren Temperaturen von zirka tausenddreihundert Grad für Leben ungeeignet sein dürfte. Natürlich kann nicht ausgeschlossen werden, daß Pegasus 51 noch weitere, möglicherweise lebensfreundliche Planeten im Gefolge hat.

Der britische Astronom David Hughes aus Sheffield kam durch seine Untersuchungen zu dem Ergebnis, daß *allein* in unserer Milchstraße jeder vierundzwanzigste Stern Planeten mit sich führt. Daraus schließt Hughes auf eine hohe Anzahl erdähnlicher Planeten. In komplizierten Computer-Simulationen spielte er zahlreiche Varianten der Planetenbildung durch und kam zu dem Schluß, daß in unserer aus zirka zweihundert Milliarden Sternen bestehenden Milchstraße mindestens sechzig Milliarden Planeten um Sonnen kreisen. Darunter mindestens vier Milliarden erdähnliche mit einer lebensfördernden Ökosphäre. Auch Steven Beckwith, Direktor des Max-Planck-Instituts für Astronomie in Heidelberg, geht davon aus, daß Planeten mit einer lebensfreundlichen Ökosphäre in Hülle und Fülle existieren.

Selbst wenn wir annehmen, daß eine Reihe lebensfreundlicher Planeten von ETs bewohnt ist, stellt sich die Frage, wie viele intelligente Zivilisationen sich darunter befinden. Wären wir in der Lage, sie zu entdecken und mit ihnen zu kommunizieren? Dazu meint der Schweizer Astrophysiker Gustav Tammann: »Wenn es irgendwo im All anderes Leben gibt, dann ist es so anders, daß wir es vermutlich nicht einmal erkennen können. Menschenähnlich werden sie jedenfalls ganz sicher nicht aussehen.«

Dem Mikrobiologen und Nobelpreisträger Werner Arber zufolge läßt der genetische Code unendlich viele Varianten von Lebewesen zu. Auf der Erde sei jedoch nur ein winziger Bruchteil der biologischen Möglichkeiten der Natur zur Anwendung gekommen.

»Alle Orte, an denen wir nach Leben suchen könnten, liegen in der Tat sehr weit von der Erde entfernt. Und im Universum ist Entfernung gleichbedeutend mit Zeit. Es sieht so aus, als würde die Chance, unsere kosmischen Ebenbilder zu finden, deutlich gesteigert, wenn diese Zivilisationen nach ihrer Entstehung und Entdeckbarkeit eine gewisse Weile bestehen könnten. Idealerweise wären sie so freundlich, so lange entdeckbar zu bleiben, bis wir sie aufgefunden haben.

Es wäre außerdem sehr schön, wenn auch wir entdeckbar blieben, trotz der Tatsache, daß wir Menschen neben Radioteleskopen auch nukleare Waffen herstellen«, gibt Drake zu bedenken.

Während einer SETI-Tagung im Green-Bank-Observatorium, West Virginia, hatte Frank Drake bereits 1961 eine Wahrscheinlichkeitsformel für die Anzahl kommunikationsfähiger außerirdischer Zivilisationen aufgestellt. Diese Drake- oder Green-Bank-Gleichung wird seitdem als Maßstab für Wahrscheinlichkeitsberechnungen in diesem Zusammenhang verwendet: $N = R f_p n_e f_l f_i f_c L$.

»Selbstverständlich besaß ich keine echten Werte für die meisten Faktoren. Aber ich hatte eine unwiderstehliche Gleichung gefunden, welche die zu besprechenden Punkte zusammenfaßt: die Anzahl (N) der entdeckbaren Zivilisationen im Weltraum ist gleich der Summe (R) von Sterneninformationen mal dem Bruchteil (f_p) der Sterne, die Planeten bilden, mal der Anzahl (n_e) bewohnbarer Planeten, mal dem Bruchteil (f_l) der Planeten, auf denen Leben tatsächlich entsteht, mal dem Bruchteil (f_i) der Planeten, wo Leben zu intelligenten Wesen führt, mal dem Bruchteil (f_c) der Planeten mit intelligenten Wesen, die eine interstellare Kommunikation führen können, mal der Zeit (L), während der eine solche Zivilisation entdeckbar bleibt«, erläuterte Drake bei meinem Besuch.

Damals wie heute äußert sich in dieser Gleichung eine große Idee auf eine Art und Weise, daß sie selbst von einem wissenschaftlichen Anfänger umgesetzt werden kann. Menschen, denen das wissenschaftliche Bild der kosmischen und biologischen Evolution nicht vertraut ist, sind oft der Ansicht, es handele sich dabei um eine Spekulation. Aber genau das Gegenteil ist der Fall, da es sich bei jedem in der Gleichung angenommenen Phänomen um ein Ereignis handelt, das wenigstens einmal bereits vorgefallen ist – nämlich auf der Erde.

Wie ich bereits in meinem Buch *Die Wächter von Eden* ausgeführt habe, besteht die Drake-Formel aus astronomischen, biologischen und soziologischen Faktoren. Sie baut auf der Überlegung auf, daß sich Intelligenz und Technologie auf dem Planeten Erde innerhalb eines verhältnismäßig kurzen Zeitraums entwickelt haben, nämlich in der Lebensmitte seines Muttergestirns, der Sonne. Aus völliger Unkenntnis heraus gelang es dem Menschen, im Verlauf von nur hundert Jahren ein relativ hohes Niveau auf dem Gebiet der elektromagnetischen Kommunikation zu erreichen. Der durchschnittlichen menschlichen Lebenserwartung gegenübergestellt, ist das zwar ein sehr langer Zeitraum, bedeutet jedoch in der kosmischen Zeitskala nur den hundertmillionsten Teil der Lebensdauer eines Sternensystems – ist also nicht der Rede wert.

Bei einer hochentwickelten Zivilisation müssen Intelligenz sowie fundierte wissenschaftliche und technologische Kenntnisse vorausgesetzt werden. Sobald sie bei dieser Entwicklungsstufe angelangt ist, besteht allerdings die Gefahr, daß sich eine solche Zivilisation durch maßlose Ausbeutung ihrer Rohstoffquellen, durch Umweltzerstörung oder durch kriegerische Auseinandersetzung selbst vernichtet. Damit stellt sich die Frage, mit welcher Lebenserwartung Hochkulturen überhaupt rechnen können.

Dem deutschen Astrophysiker Sebastian von Hoerner zufolge liegt die kritische Phase für die Lebensdauer einer Zivilisation bei viertausendfünfhundert Jahren. Überdauert sie diesen Zeitraum, besteht begründete Hoffnung auf ein sehr hohes Alter. Oder anders ausgedrückt, entweder löscht sich eine intelligente Zivilisation durch eigenes Verschulden selbst aus, oder sie überlebt Abertausende, wenn nicht gar Millionen von Jahren.

Selbst unter der Voraussetzung, nur ein bescheidener

Anteil höherentwickelter Zivilisationen würde mittelmäßige Kenntnisse in der Technologie überschreiten, würden heute in unserer Milchstraße aller Wahrscheinlichkeit nach sehr viele technologisch hochentwickelte Zivilisationen existieren. Natürlich nur unter der Voraussetzung von Milliarden lebensfreundlicher Planeten, die zur Bildung von Leben aller Wahrscheinlichkeit nach notwendig sind, vor allem aber Milliarden von Entwicklungsjahren. Drake ist jedenfalls der Meinung, daß in unserer Milchstraße eine ganze Reihe von Zivilisationen existiert, die unseren Entwicklungsstand entweder erreicht oder gar überschritten haben.

Zum besseren Verständnis der Wahrscheinlichkeit außerirdischen Lebens ist es notwendig, kurz auf den Ursprung und die Evolution unseres Universums einzugehen, obwohl es sich nur um eine Modellvorstellung der Kosmologen handelt, die allerdings durch den Cobe-Satelliten, das Hubble-Weltraumteleskop, Röntgen- und Gammastrahlen-Satelliten sowie durch riesige Radioteleskope untermauert wird.

Wenn wir zum Beginn des Universums zurückkehren wollen, müssen wir einen gewaltigen Schritt in die Vergangenheit machen – einen Zeitsprung von etwa zwanzig Milliarden Jahren. Selbst dann wären wir noch nicht am absoluten Anfang angelangt. Denn im kosmischen Sinn hat der Begriff Anfang wohl kaum eine Bedeutung. Aber von unserem menschlichen Standpunkt aus können wir den ungefähren Zeitpunkt bestimmen, an dem unser Universum – zumindest theoretisch – »entstand«.

Stellen wir uns vor, wir könnten die Zeit tatsächlich noch einmal zurückdrehen; wir wären Zeitreisende und bewegten uns in einer Zeitmaschine mit phantastischer »Geschwindigkeit« gefahrlos in die Vergangenheit. So schnell, daß wir nur größere Veränderungen wahrnähmen.

Es wäre sicherlich ein ungeheures, aber auch furchterregendes Erlebnis. Denn wie in einem Zeitrafferfilm rücken Sterne und Galaxien näher und näher. Unser Sonnensystem wird zur kosmischen Staubwolke. Die Temperaturen steigen stetig, und die Schwärze des Alls wird von den ringsum auf uns zukommenden Sternensystemen erhellt.

Aus zerfetzten, leuchtenden Materiewolken werden im Rücklauf ihrer Explosion Sternriesen, die sich schließlich wieder in diffuse kosmische Staubwolken auflösen. Scheinbar aus dem Nichts – aus sogenannten Schwarzen Löchern – tauchen winzige Punkte auf, die zu gigantischen Gestirnen anschwellen. Aus allen Richtungen rasen die Galaxien auf uns zu und werden zu kosmischem Gas, das uns einhüllt und mit uns zu einem unvorstellbar dichten Materieklumpen verschmilzt; Elementarteilchen, die zu einem winzigen Kern – kleiner als ein Atomkern – verschweißen. Und damit ist die Stunde Null, der Tag ohne Gestern, angebrochen.

Stunde Null vor etwa zwanzig Milliarden Jahren

In einer gigantischen Explosion, dem Big Bang, wird unser Universum geboren. In einer gewaltigen Energieeruption birst ein singulärer Punkt unendlich dichter, heißer »Materie«, aus dem die Raum/Zeit entsteht, die sich immer noch ausdehnt.

Die erste Sekunde im Leben des Universums entscheidet das Szenario. Nach unbeschreiblich kurzem Zeitraum, verglichen mit der gewohnten Zeitauffassung, ballen sich in dieser Anfangsphase bedeutende kosmische Vorgänge:

10^{-43} Sekunden nach dem Urknall startet die Aktion: Nach kurzem Vorspiel erlangen Raum und Zeit Bedeutung. Bei 10^{32} Grad ist das Universum ein unsagbar kleines Etwas von 10^{-32} Zentimetern im Durchmesser und besteht aus einer exotischen Mischung aus Elementarteilchen und Antiteilchen, die entstehen

und sich gegenseitig wieder vernichten. Am Anfang der kosmischen Entwicklungsgeschichte kristallisiert sich die Gravitation als eigenständige Naturkraft heraus. Diese Trennung ist eine der Übergangsphasen, aus der die im Universum vorhandenen Kräfte aus einer einzigen einheitlichen Superkraft mit dem Absinken der Temperaturen »herausfrieren«.

10^{-35} *Sekunden nach dem Urknall:* Die Inflation setzt ein. Inflation: kosmologisches Modell zur Beschreibung der sehr schnellen (exponentiellen) Ausdehnung des noch nicht einmal eine Sekunde alten Universums.

Mit dem »Ausfrieren« der starken Kraft beziehungsweise Wechselwirkung sickern Quantenblasen in das umliegende Vakuum. Eine der Blasen bläht sich mit enormer Geschwindigkeit auf. Unser darin befindliches Universum erreicht etwa die Größe eines Tennisballs. Mit Ausnahme der Gravitation sind alle Kräfte noch vereint. Doch plötzlich »erkennt« das symmetrische Vakuum, daß es instabil ist, es gibt Energie ab, um mehr Partikel zu produzieren. Damit erfolgt das Ausfrieren der starken Kraft.

10^{-32} *Sekunden nach dem Urknall:* Die Inflation hört auf. Die verlangsamte, aber immer noch sehr aktive Big-Bang-Expansion übernimmt wieder. Es gibt zweierlei Arten von Partikeln (Elementarteilchen): nämlich Quarks, die die starke Kraft »fühlen«, und Leptonen, die immer noch die vereinte, Elektroschwache Kraft »fühlen«.

10^{-11} *Sekunden, rund eine billionstel Sekunde nach dem Urknall:* Die Elektroschwache Kraft spaltet sich. Die Temperatur sinkt auf unter 10^{15} Grad ab – einem weiteren »Gefrierpunkt«. In einem Bruch der Symmetrie spaltet sich die Elektroschwache Kraft in die Elektromagnetische – und in die Schwache Kraft. Die

W- und Z-Teilchen, Träger der Schwachen Kraft, sind schwer, wohingegen das Photon, der Träger der Elektromagnetischen Kraft, keine Masse hat.

10^{-6} Sekunden nach dem Urknall: Quarks-Gemetzel. Quarks und Antiquarks schwirren umher, entstehen, zerstrahlen sich gegenseitig und reagieren mit anderen Teilchen. Beim Abkühlungsprozeß des Universums auf 10^{13} Grad ist nicht mehr genug Energie zur spontanen Bildung von Quarks vorhanden. Die noch existierenden Paare vernichten sich weiterhin gegenseitig, und es hat den Anschein, als würden die Quarks für immer verschwinden.

10^{-4} Sekunden nach dem Urknall: Baryonen – Protonen und Neutronen – bilden sich, also Elementarteilchen, die unter dem Einfluß der starken Kernkraft stehen. Das Universum hat etwa die Größe unseres Sonnensystems erreicht. Mit der weiteren Temperaturabkühlung hat die Vernichtung der Quarks ein Ende. Die Überlebenden verbinden sich zu Protonen und Neutronen.

Eine Sekunde nach dem Urknall: Die große Neutrino-Flucht. Neutrinos, elektrisch neutrale Teilchen, möglicherweise mit sehr geringer Masse, die nur die Schwache Kraft »fühlen«, sind bis dahin sehr aktiv gewesen. Doch am Ende der ersten Sekunde ist die Schwache Kraft so geschwächt, daß sie die Neutrinos buchstäblich nicht mehr halten kann und diese sich von allein davonmachen. »Da draußen« gibt es immer noch enorme Mengen von ihnen.

Hundert Sekunden nach dem Urknall: Die ersten Elemente. Protonen und Neutronen verbinden sich plötzlich zu Heliumkernen. Die nächsten hunderttausend Jahre passiert nichts

Wesentliches. Wasserstoff, Helium und die Spuren einiger anderer leichter Kerne vermischen sich mit Elektronen und Strahlung – und kühlen langsam auf die Temperatur eines Stahlschmelzofens ab.

Dreihunderttausend Jahre nach dem Urknall: Im Universum entstehen Lichter. Elektronen beginnen, sich an Kerne anzuhängen. Die ersten Atome werden geboren. Strahlung, die nicht mehr stark genug ist, um Atome zu spalten, wird nicht automatisch absorbiert. Das Universum wird transparent und vom Licht erfüllt.

Eine Milliarde Jahre nach dem Urknall: Durch die Bildung von Galaxien wird der Anblick des Universums vertrauter.

Zwanzig Milliarden Jahre nach dem Urknall: Das Universum existiert, wie wir es von der kosmischen und atomaren Seite her kennen.

Die Sternensysteme schlossen sich zu sogenannten Galaxien-Haufen und Superhaufen zusammen. Spiralsysteme wie unsere Milchstraße und die Andromeda-Galaxie entstanden, ferner elliptische Sternensysteme ohne Spiralarme.

Doch nicht alle kosmischen Gas- und Staubwolken wurden zu Galaxien; einige verblieben in Form gigantischer heißer Wolken im intergalaktischen Raum. Sie hüllen noch immer ganze galaktische Cluster (Haufen) ein.

Das Schicksal der Sterne wird in der Hauptsache von ihrer Größe bestimmt. Je größer und massereicher nämlich ein Stern ist, um so kürzer ist seine Lebensspanne. Ein Stern wie die Sonne beginnt durch die Fusion von Wasserstoff zu Heliumkernen zu leuchten. Eine Energiequelle, die es einem solchen Stern ermöglicht, seine Strahlung für etwa zwölf

Milliarden Jahre aufrechtzuerhalten. Unsere Sonne hat also erst knapp die Hälfte ihrer Lebenserwartung erreicht.

Sterne sind riesige Gaskugeln, deren nach innen wirkende Schwerkraft durch den nach außen drängenden Gasdruck genau im Gleichgewicht gehalten wird. Das hochkomprimierte Wasserstoffgas innen entspricht in seiner Dichte der von Leitungswasser, ist also 10^{30} mal höher als die mittlere Dichte des heutigen Universums. Im Gegensatz zur Temperatur des Alls von inzwischen nurmehr drei Kelvin (gleich minus 270 Grad Celsius) beträgt die Hitze im Inneren eines Sterns wie unserer Sonne fünfzehn Milliarden Kelvin.

Vor kurzem hat das in sechshundert Kilometern Höhe um die Erde kreisende Hubble-Teleskop dramatische Bilder über die Geburt von Sternen im Orionnebel – genauer gesagt, von Sternenembryonen mit ihren protoplanetarischen Staubscheiben, aus denen Planeten entstehen können – zur Erde gefunkt.

Im Sternbild Adler fotografierte das Hubble-Teleskop eine riesige verdampfende Wasserstoffwolke; Säulen aus dichtem Staub und Gas, jede so gigantisch wie der Durchmesser unseres Sonnensystems, bleiben zurück. Sie bergen neugeborene Sterne. Auf diese Weise gelingt Astronomen ein immer tieferer Einblick in den Entstehungsprozeß von Planetensystemen.

Inzwischen ist mit ziemlicher Sicherheit bekannt, wie unser Planetensystem entstanden ist: In der Milchstraße wurde vor etwa 4,7 Milliarden Jahren eine Gaswolke mit dem »Ruß«, den schweren Elementen alter explodierter Sterne, sogenannter Supernovae, angereichert. Durch die eigene Schwerkraft stürzte diese Gas- und Staubwolke in sich zusammen, was gleichzeitig zu einem Rotationsimpuls führte. Mit dem stetigen Verdichtungsprozeß wurde sie zunehmend heißer, bis sie im Zentrum eine Temperatur von zwanzig Millionen Grad Celsius erreicht hatte – den Zündpunkt für die thermonukleare Fusion. Damit hatte sich die Geburt unserer Sonne vollzogen. In einer Scheibe, die den jungen Stern als »Planetenbaumaterial« umkreiste, hatte sich ein geringer Prozentsatz der Gas- und Staubmoleküle angehäuft. So entstanden vor über viereinhalb Milliarden Jahren durch Kondensation und Verklumpung schließlich die Planeten unseres Sonnensystems.

Das starke Temperaturgefälle im planetarischen Nebeldiskus führte nach und nach zur Entstehung der festen, gesteinsreichen Planeten Merkur, Venus, Erde und Mars. Dann bildeten sich die großen äußeren Gasplaneten: Jupiter, Saturn, Uranus, Neptun und Pluto – dieser kosmische »Schneeball« dürfte ein eingefangener Komet sein.

Allem Anschein nach handelt es sich bei solch einem Entwicklungsprozeß von Planetensystemen um einen recht alltäglichen Vorgang. So hat zum Beispiel auch der »Infrared Astronomical Satellite« – IRAS – protoplanetarische Urnebel um relativ nahegelegene Sterne nachgewiesen.

Die Erde ist rund 4,6 Milliarden Jahre alt. Zunächst war ihre Oberfläche allerdings wegen des kosmischen Bombardements und der zerfallenden radioaktiven Isotope noch heiß und flüssig. Deshalb ist das heute älteste Gestein auch »nur« 3,9 Milliarden Jahre alt. In diesen frühesten festen Formationen gibt es noch keine Fossilien. Doch selbst wenn damals bereits Organismen existiert hätten, wären ihre Überreste infolge des Drucks und der Hitze, denen das Gestein später ausgesetzt war, zerstört worden.

Einige Wissenschaftler schließen allerdings aus den Mengenverhältnissen der Kohlenstoffisotope auf Anzeichen von Leben. Alte Felsgesteine in Afrika und Australien von 3,5 Milliarden Jahren gelten als älteste fossiltragende Sedimente. Darin eingeschlossen sind primitive Einzeller wie Bakterien und Cyanophyten (blaugrüne Algen) sowie Stromatoliten oder vielschichtige Sedimentablagerungen dieser Algen.

Offenbar entstand das Leben schnell und zum frühestmöglichen Zeitpunkt. Allein das weist auf seine Entstehung aus den in den Urmeeren und in der Uratmosphäre vorhandenen chemischen Bestandteilen hin. Ein Vorgang, der wegen der günstigen Bedingungen wahrscheinlich, wenn nicht gar gesetzmäßig war.

Aus den ersten Organismen entstanden schrittweise komplexere Lebensformen. Die ersten auf der Schaubühne des Lebens waren die Einzeller mit Zellkern. Etwa 1,4 Milliarden Jahre später folgten vielzellige Tiere mit einer im Laufe der Zeit zunehmenden Komplexität: nämlich von den wirbellosen über die Fische zu den Reptilien, Säugetieren und schließlich zum Menschen.

»Zumindest ist dies die herkömmliche Reihenfolge, wobei das ›Zeitalter des Menschen‹ als Schluß und Höhepunkt gilt«, stellt der amerikanische Biologe und Geologe Stephen Jay Gould von der Harvard-Universität bissig fest. Und weiter: »Genaugenommen hat es die Darwinsche revolutionäre Theorie aber letztlich nicht vermocht, dem Menschen den Glauben an seine Sonderstellung zu nehmen. Auch wer die Evolution als Tatsache akzeptiert, ist oft nicht bereit, die dem Menschen schmeichelnde Vorstellung aufzugeben, Evolution bedeute Fortschritt und Komplexitätszuwachs oder beinhalte sie zumindest als wesentliches Prinzip, so daß dabei etwas Ähnliches wie menschliches Bewußtsein herauskommen mußte oder zumindest als Ergebnis sehr wahrscheinlich war… Wenn man das ganze Spektrum der Organismen betrachtet, vor allem auch die Vielfalt einfacherer Lebensformen und nicht nur die verschwindend wenigen komplexeren, erkennt man bald, daß die meisten Äste am Stammbaum der Tiere zu Beginn der Vielzelligkeit ausgetrieben sind. Diese Triebe starben größtenteils ab, und es blieb mehr oder weniger dem Zufall überlassen, welche von ihnen überlebten. Der Baum des Lebens entfaltete sich also keineswegs kerzengerade wie eine Zypresse, sondern wuchs eher mühsam, umständlich und knorrig. Vielleicht sollten wir beherzigen, was in den Sprüchen Salomos 3, Vers 18, über die Weisheit steht«, mahnt Gould. »Sie ist ein Baum des Lebens allen, die sie ergreifen; und glücklich sind, die sie festhalten.«

Einerseits sind für das irdische Leben die Nukleinsäuren DNS und RNS als Träger der Erbinformation charakteristisch, andererseits sind es die Proteine, da sie als Enzyme die chemischen Prozesse in Zelle und Organismus katalytisch steuern. Die in den Nukleinsäuren gespeicherte Information unterliegt bestimmten Regeln bei der Übersetzung in Proteinstrukturen, welche praktisch auf alle irdischen Lebensformen zutreffen. Aus dieser Übereinstimmung der chemischen Vererbungsmechanismen kann der Schluß gezogen werden, daß jeder Organismus auf unserer Erde einem gemeinsamen Urwesen entstammt. Inzwischen mehren sich die Hinweise, daß die Entwicklung selbst-replizierender (vervielfältigender) Ribonukleinsäuren die Entstehung von Leben entscheidend beeinflußt haben könnte.

Tatsache ist, daß sich die chemischen Elemente, aus denen die Erde mit ihren diversen Lebensformen besteht, in frühen Sternengenerationen gebildet haben müssen und bei der Explosion dieser Sterne ins All geschleudert worden sind. Es dürfte deswegen auch nicht weiter überraschen, daß die interstellaren Gas- und Staubwolken außerhalb der Planetensysteme einfache organische Verbindungen enthalten.

Inzwischen wurden mehr als vier Dutzend von ihnen anhand der Mikrowellenstrahlung identifiziert, die sie bei charakteristischen Frequenzen absorbieren und emittieren – nämlich Kohlenwasserstoff, Amine, Alkohole, Methylgruppen und

Nitrile; einige davon mit langen geraden Kohlenstoffketten. Organische Substanzen wurden auch in Meteoriten und in den Spektren von Kometen registriert. Entdeckungen dieser Art untermauern die mögliche Entstehung außerirdischen Lebens.

In unserer Nähe gibt es erstaunlich viele junge Sterne, deren Masse etwa der unserer Sonne entspricht und die von einer Gas- und Staubwolke umgeben sind. Bereits der von 1727 bis 1804 lebende deutsche Philosoph Immanuel Kant sowie der französische Astronom und Mathematiker Pierre Simon Marquis de Laplace (1749–1827) waren der Ansicht, die Planeten hätten sich aus einer Gas- oder Staubscheibe geformt. Daher ist das häufige Auftreten solcher Scheiben zwar nur ein indirekter, wenn auch starker Hinweis darauf, daß Planeten – zuweilen auch erdähnliche – nicht außergewöhnlich sind.

Gegenwärtig suchen zahlreiche Forscherteams nach Planeten in anderen Sonnensystemen. So gelang beispielsweise Alexander Wolszscan von der Staatsuniversität Pennsylvania, USA, der Nachweis, daß der Pulsar (Neutronenstern) PSR B1257+12 von mindestens drei Planeten umkreist wird. Einer von ihnen hat 3,5 Erdmassen, der zweite 2,8, und allem Anschein nach verfügt der dritte über die gleiche Masse wie unser Mond.

Dieses Thema hat mittlerweile großes Interesse erweckt; dazu haben die Fortschritte bei der Entwicklung von Nachweisverfahren einen so hohen Standard erreicht, daß wahrscheinlich schon in den nächsten Jahren eine Reihe solcher Planeten bei benachbarten Sternen gelistet sein wird!

Der nächstliegende geeignete Sternkandidat für ein Planetensystem könnte hier beispielsweise der 11,8 Lichtjahre entfernte, sonnenähnliche Stern EPSILON ERIDANI sein.

Es gibt triftige Gründe, daß viele wasserreiche, mehr oder weniger unserer Erde ähnliche Planeten existieren, die zudem über einen Reichtum an komplexen organischen Mo-

lekülen verfügen. Wenn also sonnenähnliche Sterne Planeten
im Gefolge haben, könnte sich dort im Laufe von Jahrmilliar-
den Leben entwickelt haben. Müßte es dann nicht in unserem
Sternensystem – der Milchstraße – zahllose bewohnte Welten
unendlich vielfältiger Natur geben?

Der durch seine bedeutende Forschungsarbeit im Zusammenhang mit dem Prozeß der Photosynthese (ein Vorgang, in dem Grünpflanzen das Sonnenlicht zur Umwandlung
von Wasser und Kohlendioxid in Nahrung benutzen) bekannt
gewordene amerikanische Chemiker Melvin Calvin vertritt
den Standpunkt, daß außerirdische Lebewesen, wie wir, über
Seh- und Hörorgane verfügen würden, da sie schließlich auch
in einem Universum des Lichts und der Geräusche lebten.
»Vielleicht können sie das, was wir ›sichtbares Licht‹ nennen,
nicht sehen. Vielleicht sehen sie im Ultraviolett- oder Infra-
rotbereich, aber irgend etwas werden sie bestimmt sehen
und hören. Vermutlich besitzen sie Sinnesorgane für
Berührungen, damit sie nicht ständig aufeinanderprallen. Und
sie müssen etwas haben, um Informationen von ihren Sen-
soren zu verarbeiten – etwas wie ein Gehirn.«

Calvin ist der Überzeugung, daß es keine Evolution ohne
elektromagnetische Strahlung gibt. Vom biochemischen
Standpunkt aus gesehen seien Sonnenlicht und Wärme zum
Überleben notwendige Faktoren. Sie würden das Leben nicht
ermöglichen, sondern sogar gestalten.

In der Entwicklungsgeschichte des Lebens waren multi-
zelluläre Organismen und geschlechtliche Fortpflanzung
gleichbedeutend mit einer Ausweitung evolutionärer Mannigfaltigkeit.

Die Fossilienfunde der vergangenen sechshundert Millionen Jahre zeugen nicht zuletzt vom Einfluß der Umweltveränderungen auf die Evolution. So waren klimatische Veränderungen – Erdbeben, Vulkanausbrüche, Eiszeiten sowie

Kometen- und Asteroideneinschläge – ebenso für die Aus-
rottung ganzer Arten verantwortlich wie auch für deren Er-
satz durch eine weit größere Vielfalt. Doch im Verlauf dieser
ganzen Evolutionsphase hat sich wenigstens die neurophy-
siologische Komplexität einiger Spezies laufend verstärkt.
Aus fossilen Funden ist allerdings nichts über die Zwangs-
läufigkeit des Entstehens der Intelligenz ersichtlich, wenn sie
auch allem Anschein nach im Überlebenskampf von Vorteil
ist. Es sieht so aus, als habe die Kombination zwischen geschickten Händen und wacher Intelligenz bei unseren Vorfahren zur Anfertigung von Werkzeugen geführt. Im weiteren
Verlauf zogen dann die Benutzung von Werkzeugen und auf-
steigende kulturelle Entwicklung den technologischen Fortschritt nach sich, mit dessen Hilfe die Umwelt verändert werden konnte. In den vergangenen zehntausend Jahren hat
der Mensch das Land zu kultivieren, aber auch zu schreiben
gelernt. In den letzten hundert Jahren erlangte er dann die
Fähigkeit der Kommunikation mit Lichtgeschwindigkeit. Aus
welchem Grund sollten solche Prozesse der Höherentwick-
lung nicht auch bei außerirdischen Lebensformen stattgefunden haben?

Der amerikanische theoretische Neurophysiologe William H. Calvin von der medizinischen Fakultät der Universität
von Washington in Seattle stellt folgende Überlegungen zu
den Entwicklungsbedingungen von Intelligenz an:

»Während der Individualentwicklung dient die menschliche Intelligenz zunächst der Lösung von Bewegungsproble-
men; erst später richtet sie sich nach und nach auf abstraktere
Fragen. Entsprechend verhielt es sich auch bei der stammes-
geschichtlichen Entwicklung des Menschen. Eine künstliche
oder eine außerirdische Intelligenz, die nicht dem Zwang
unterworfen ist, Nahrung zu finden oder Räubern aus dem
Weg zu gehen, muß sich nicht unbedingt bewegen. Vielleicht

ist sie deshalb nicht wie die menschliche primär auf die Frage eingestellt: ›Was passiert als nächstes?‹ Daher kann es durchaus andere Wege geben, die zu höherer Intelligenz führen … Umweltveränderungen könnten die Zunahme geistiger Fähigkeiten zu flexiblerem Verhalten gefördert haben.«

Das Hauptmerkmal menschlicher Intelligenz ist die Sprache: So war die Syntax, das Ordnen verbaler Ideen, mit Sicherheit einer der bedeutsamsten Schritte auf dem Wege zur Menschwerdung.

»Intelligenz kann indessen auch gefährlich sein. Sie hat uns als biologische Art ungeheuer erfolgreich gemacht, uns dabei aber auch eine Verantwortung aufgebürdet, der wir vielleicht nicht gewachsen sind«, gibt Calvin zu bedenken.

Wenn wir die Evolutionsgeschichte des irdischen Lebens im Zeitraffertempo vor unserem geistigen Auge in einem Kalenderjahr passieren lassen, ergibt sich folgendes Bild:

1. Januar: Einzeller tauchen auf.

Ende April: Die ersten Mehrzeller erscheinen.

Ende Mai: Die Entwicklung der ersten Fische oder auch der ersten Wirbeltiere ist vollendet.

August: Die ersten Amphibien kriechen an Land.

Mitte September: Die ersten Reptilien zeigen sich.

Oktober und November: Diese Zeit gehört vorwiegend den Dinosauriern, wenn auch die ersten Säugetiere in Erscheinung treten.

Dezember: Die Vorläufer der Tier- und Menschenaffen treten zutage.

31. Dezember, zwölf Uhr mittags: In den afrikanischen Steppen tauchen erste Vorfahren der Menschen auf.

31. Dezember, etwa eine Stunde vor Mitternacht: Die ersten Menschen beschäftigen sich bereits mit der Anfertigung von Werkzeugen.

31. Dezember, 23.45 Uhr: Der Ackerbau in seinen ersten primitiven Anfängen beginnt.

31. Dezember, 23.59 Uhr: Die ersten komplexen menschlichen Kulturen entstehen im Zweistromland, in Südostasien und in Ägypten.

31. Dezember, eine Sekunde vor Jahresende: In diesem Moment vollzieht sich der größte Teil aller intellektuellen und technologischen Leistungen des Menschen.

Fassen wir die Entwicklung der Intelligenz auf der Erde nach konventionell akzeptierten Vorstellungen in bezug auf wichtige Innovationen in einer Zeitskala zusammen, wird die Kürze unserer modernen Errungenschaften im Vergleich zur Erdgeschichte deutlich:

1,9 Millionen Jahre vor Chr.: erste Steinwerkzeuge;

vor 35 000 Jahren: Felszeichnungen;

vor 10 000 Jahren: Beginn der Landwirtschaft (Ackerbau);

vor 6 000 Jahren: Schrift;

vor rund 3 000 Jahren: älteste Münzen;

vor knapp 2 000 Jahren: in China wird das Papier erfunden;

vor etwa 1 500 Jahren: Astrolabium (von den Arabern entwickeltes mechanisches Gerät zur Sternmessung);

1440 n. Chr.: Buchdruckerkunst mit beweglichen Lettern;

1609 n. Chr.: Galileisches Fernrohr;

1665 n. Chr.: Hookesches Mikroskop;

1765 n. Chr.: Dampfmaschine von James Watt;

1779 n. Chr.: erste Brücke aus Gußeisen;

1834 n. Chr.: mechanischer Computer von Charles Babbage;

1903 n. Chr.: erstes Flugzeug;

1905 n. Chr.: Einsteinsche Relativitätstheorie;

1946 n. Chr.: Atombombe;

1948 n. Chr.: Transistor;

1953 n. Chr.: Entdeckung der DNS-Struktur;

1957 n. Chr.: russischer Satellit Sputnik;

1958 n. Chr.: seitdem Einsatz von Nachrichtensatelliten;

1969 n. Chr.: Mondlandung;

1976 n. Chr.: Viking-Lander setzt auf dem Mars auf.

In der auf ein Jahr komprimierten Evolutionsgeschichte des Lebens erscheint die menschliche Existenz nur in den letzten zwölf Stunden; und lediglich in der allerletzten Sekunde vollzieht sich der größte Teil aller intellektuellen und technologischen Fähigkeiten des Menschen.

Wie groß ist nun die Wahrscheinlichkeit, daß viele außerirdische Zivilisationen gleichzeitig ein hohes wissenschaftliches und technologisches Niveau erreicht haben, das ihnen erlaubt, interstellare Kommunikation oder sogar Raumfahrt zu betreiben – ohne vor der Selbstvernichtung zu stehen, wie es bei uns der Fall ist?

Dem Wissenschaftsautor Isaac Asimov zufolge kämen hier nur ganz wenige Höchstkulturen in Frage. Allerdings sollte bei derartigen Feststellungen nicht vergessen werden, daß sie stets von menschlichen Erfahrungswerten ausgehen.

Die Möglichkeit der Existenz von Leben und Intelligenz, von fortgeschrittenen Technologien, auch in anderen Teilen unserer Galaxie, ist eine schon einige tausend Jahre alte Vorstellung, die uns unter dem Begriff »Pluralität der Welten« bekannt ist. Bereits 400 vor Christus schrieb der altgriechische Philosoph Metrodoros von Chios in seinem Werk *Über die Natur:* »Es entspricht nicht der Natur, daß es auf einem großen Feld nur eine Getreidesorte gibt und im unendlichen Universum nur eine belebte Welt.«

In seiner Schrift *Del'Infinito Universo e Mondi* schrieb der italienische Mönch Giordano Bruno, im unendlichen Kosmos müsse es zahllose Sterne mit lebentragenden Planeten geben.

Diese Feststellung trug ihm den Tod auf dem Scheiterhaufen ein. Durch Urteil der Inquisition wurde Bruno am 17. Februar 1600 aus diesem Grunde verbrannt.

In seinem Buch *Cosmotheoros* versuchte der bekannte holländische Physiker Christiaan Huygens im Jahre 1690 die Dogmen der katholischen Kirche mit dem Konzept der Vielzahl bewohnter Welten in Einklang zu bringen. Er schrieb unter anderem: »Unfruchtbare Welten ohne jegliche lebendige Kulturen, die höchst beredt von ihrem göttlichen Schöpfer sprechen, sind unvernünftig, verschwenderisch und uncharakteristisch für Gott, der für alles einen Grund hat.«

Durch die Erkundung unseres eigenen Sonnensystems wissen wir inzwischen, daß die meisten Planeten unbewohnbar sind, entweder weil sie zu heiß, zu kalt oder auch zu klein sind, um fließendes Wasser und eine Atmosphäre haben zu können.

Mit Beginn der Industriellen Revolution im 19. Jahrhundert kamen im Zusammenhang mit interstellarer Kommunikation neue Ideen auf. So schlug der bekannte deutsche Astronom und Mathematiker Carl Friedrich Gauß um 1830 vor, in Sibirien ein zehn Meilen großes Getreidefeld in Form eines rechtwinkeligen Dreiecks anzulegen und auf jeder der drei Seiten Fichtenquadrate anzupflanzen, um Extraterrestriern zu zeigen, daß die Erde von intelligenten Wesen – Mathematikern – besiedelt ist, die den Lehrsatz des Pythagoras kennen. Es wurde eine Reihe ähnlicher Vorschläge gemacht, aber keiner davon wurde jemals ausgeführt.

Die Entdeckung der Radiowellen durch Heinrich Hertz 1887 verhalf verschiedenen großen Erfindern zu neuen Ideen, so zum Beispiel Nikola Tesla und Guglielmo Marconi für die Radiokommunikation. Allerdings kam keine dieser Ideen offiziell zur Anwendung. 1932 entdeckte dann der für die Bell-Laboratorien in New Jersey, USA, arbeitende Karl Jansky, daß er mit einer ganz einfachen Radioantenne ein starkes Radiosignal vom Zentrum der Milchstraße aufgefangen hatte. Und der Radioingenieur Grote Reber baute 1937 in seinem Garten in Wheaton, Illinois, das erste Radioteleskop mit einer 9,50-Meter-Parabolantenne und erstellte damit die erste Radio-Himmelskarte von 160 MHz.

Sollte es irgendwo im Universum hochentwickelte Zivilisationen geben, wäre es doch denkbar, daß sie durch Radiosignale auf sich aufmerksam machen. Funktechnik erfordert keinen großen Aufwand und wurde aller Wahrscheinlichkeit nach bereits in einem Frühstadium wissenschaftlich-technologischer Evolution erfunden. So wird die Übermittlung eines gewaltigen Informationsflusses ermöglicht, der selbst über interstellare Entfernungen noch ausgemacht werden kann.

Von dieser Überlegung ging auch der Radioastronom Frank Drake aus, als er am 8. April 1960 den SETI-Vorläufer, Projekt Ozma, mit dem 28-Meter-Radioteleskop des Green-Bank-Observatoriums in den Wäldern des Appalachen-Gebirges in West Virginia startete. Die Green-Bank-Radioastronomen wollten die Sterne Tau Ceti und Epsilon Eridani anpeilen, im Umkreis von fünfzehn Lichtjahren die geeignetsten Kandidaten für Leben. Leider erwies sich das Green-Bank-Teleskop schon bald als unzureichend. Grund genug, das Projekt nach hundertfünfzig Horchstunden abzubrechen.

Danach gab es weitere SETI-Suchaktionen. Die älteste davon wurde 1973 von J. Kraus und R. Dixon mit dem Radioteleskop der Ohio State University durchgeführt. 1983 folgte das Harvard-META-Projekt unter der Leitung von Professor Paul Horowitz und 1991 schließlich ein argentinisches Projekt mit Dr. Colomb, unterstützt von Carl Sagan, Professor für Astronomie und Weltraumwissenschaft an der Cornell University in Ithaca, USA.

»Einige kleinere Versuche hatten interessante Resultate erbracht. In fünf Jahren kontinuierlicher Himmelsbeobachtung und in zweijährigen Kontrollen haben Horowitz und ich einige faszinierende Signale ausgemacht: schmalbandige Radioemissionen von festen Himmelspunkten, die bekannten Rausch- oder Störungsquellen überhaupt nicht ähneln. Außerdem kommen die fünf stärksten Signale aus der Ebene der Milchstraße, das heißt von dort, wo sich die meisten Sterne unserer Galaxie befinden. Allerdings hat sich keines dieser Signale wiederholt – und unwiederholbare Daten sind für die Wissenschaft nicht viel wert. Doch bestärken uns diese rätselhaften Ergebnisse in der Überzeugung, daß sich umfangreiche Suchprojekte durchaus lohnen würden«, sagt Sagan.

Am 12. Oktober 1992, dem fünfhundertsten Jahrestag der Entdeckung Amerikas durch Christoph Kolumbus, startete die NASA unter Leitung von Frank Drake die erste großangelegte systematische Suche nach extraterrestrischen Zivilisationen. Nachdem der amerikanische Kongreß im Oktober 1993 jedoch den entsprechenden Forschungsetat aus Geldmangel gestrichen hatte, lag die Zukunft des SETI-Projekts erst einmal im ungewissen. Doch wie so oft im »Land der unbegrenzten Möglichkeiten« siegten am Ende Einsatz und Begeisterung über politische Sachzwänge und verbohrte Bürokraten. Die mit SETI befaßten Wissenschaftler riefen eine private Stiftung unter dem Namen »Projekt Phoenix« ins Leben, der es in kürzester Zeit gelang, private Mittel für das Forschungsprojekt lockerzumachen. Die Geldgeber stammen hauptsächlich aus Industrie- und Wirtschaftskreisen, und es ist nicht weiter verwunderlich, daß die Vertreter der sogenannten Zukunftstechnologien dabei den ersten Platz einnehmen.

Die Mittel ermöglichten es dem SETI-Institut, die von der NASA entwickelten Digitalempfänger zu verbessern und seine

ET-Suche mit Hilfe des Arecibo-Radioteleskops sowie des Parkes-Radioteleskops in Australien fortzusetzen.

Für die Suche nach außerirdischer Intelligenz ist der australische Busch eine ausgefallene Umgebung. Weideland inmitten von Buschwerk mit Fliegen im Überfluß und Schafherden, die hier den größten Teil des Jahres verbringen.

Jedenfalls haben die Australier eben dieses vom Trubel des modernen Lebens weit entfernte Gebiet zur Erstellung des größten Radioteleskops der südlichen Hemispäre ausgewählt. Nach sechsstündiger Fahrt in westlicher Richtung von Sydney aus gibt es keine Störfaktoren mehr. Das 70-Meter-Parkes-Teleskop in New South Wales ist seit über dreißig Jahren im Einsatz und bildet mit dem 304-Meter-Radioteleskop in Arecibo, Puerto Rico, die Basis für die Lauschaktionen von Projekt Phoenix. Parkes wurde am 2. Februar 1995 zum Sitz der ersten Lauschoperation des ehrgeizigen neuen Suchprojektes des SETI-Instituts, kosmische Gesellschaft aufzuspüren.

Das Ziel von Phoenix sind etwa tausend nahegelegene Sterne. Es wird fünf oder mehr Jahre in Anspruch nehmen, um deren Umgebung abzuhören.

Die »Zwei Daves« – David Latham vom Harvard-Smithsonian Center for Astrophysics und David Soderblom vom Space Telescope Science Institute – haben vor einigen Jahren eine Liste geeigneter SETI-Zielsterne zusammengestellt. Diese Sterne gleichen unserer Sonne in bezug auf ihre Masse und Leuchtkraft. Zudem handelt es sich um Einzelgänger. Die beiden Daves haben sowohl enge Doppelgestirne als auch Zwillingssterne von ihrer Liste gestrichen, deren »stellarer Pas de deux« entweder jeden umkreisenden Planeten aus der Bahn schleudern oder ihn extrem schwankendem Temperaturgefälle aussetzen würde. Zudem befinden sich die Sternkandidaten im mittleren Alter, sind also mindestens drei Milliarden Jahre alt. Mit der Konsequenz, daß die Zeit ausgereicht hätte, um

Leben – falls es auf begleitenden Planeten existiert – den langen Weg der Entwicklung zur Intelligenz zu ermöglichen.

Die Phoenix-Sternkandidaten sind aufgrund ihrer Nähe besonders attraktiv, da sie sich alle innerhalb von hundertfünfzig Lichtjahren Entfernung befinden. Das heißt, Phoenix ist in der Lage, extraterrestrische Signale mit relativ geringem Energieaufwand aufzuspüren, nämlich mit etwa einem Megawatt, wenn man davon ausgeht, daß die ETs mit einer Sendeantenne von der Größe der Parkes-Schüssel operieren.

Möglicherweise haben aber Zivilisationen auf Planeten naheliegender Sterne unsere Erde bereits aufgrund unserer charakteristischen Biosphäre beziehungsweise Atmosphäre oder aufgrund unserer Radio- und Fernsehausstrahlungen entdeckt. Das könnte bedeuten, daß sie ganz bewußt Signale in Richtung Erde abstrahlen.

Wie andere SETI-Projekte auch hört Phoenix Frequenzen im schmalen Mikrowellen»fenster« des Radiospektrums ab. In diesem Fall wird jedoch eine wesentlich größere Bandbreite abgedeckt als bisher, nämlich 1,2 bis 3,0 GHz (Gigahertz), mit einer Auflösung bis zu einem Hz.

Der Phoenix-Vielkanal-Empfänger (Multichannel spectral analyzer = MCSA) analysiert gleichzeitig achtundzwanzig Millionen Kanäle. Die Empfänger werten die aufgefangenen Signale blitzschnell mit bisher nie erreichter Genauigkeit aus. Die von dem blinden Astronomen Kent Cullers entwickelten Computerprogramme müssen den kosmischen Wellensalat entwirren, um dann mögliche intelligente Botschaften aufzuspüren. Wenn sich unter den natürlichen Radioquellen eine außerirdische Nachricht befindet, löst die Software umgehend Alarm aus.

Auf einem ganz anderen Blatt steht die Frage, ob wir überhaupt in der Lage wären, eine derartige Nachricht zu entschlüsseln. Ist eine Verständigung, ein Dialog mit einer außer-

irdischen Intelligenz, die sich durch Raum und Zeit getrennt
von uns entwickelt hat, überhaupt vorstellbar, nachdem es für
uns sogar schwierig ist, überlieferte Schriftzeichen unterge-
gangener irdischer Hochkulturen, zum Beispiel die der Mayas,
zu verstehen?

Da Frank Drake zutiefst davon überzeugt ist, daß das Projekt Phoenix in absehbarer Zeit den Nachweis für die Existenz
außerirdischer Intelligenzen erbringen wird, fragte ich ihn,
wie sich die aufwendigen Lauschaktionen der SETI-Projekte
mit den zahlreichen glaubwürdigen Augenzeugenberichten
über unbekannte Flugobjekte vereinbaren lassen.

»Ich glaube nicht, daß UFOs fremdartige Raumschiffe
sind«, gab er zur Antwort. »Darin bin ich unerbittlich, obwohl
mir klar ist, daß diese Überzeugung im Widerspruch steht zu
der herrschenden Meinung von etwa sechzig Prozent der er-
wachsenen Amerikaner. Viele Menschen, die meine Neigung
zur Suche nach außerirdischem Leben kennen, erwarten von
mir, daß ich für die UFO-Idee empfänglich bin. Sie kommen
zu mir, um zu berichten, daß sie ein UFO gesehen haben oder
sogar von Aliens entführt worden sind.

Selbstverständlich lasse ich diese Leute ausreden, und ich
habe viel Zeit dafür aufgewendet, solche Berichte zu studie-
ren. Einige Male war ich auch an Untersuchungen über UFO-
Berichte beteiligt. Von den Objekten konnten einige nachweislich als riesige Meteoriten identifiziert werden, die mit
einem Feuerschweif durch die Atmosphäre stürzten. In solch
besonderen Fällen erhofften sich meine Kollegen und ich, am
Boden auf Meteoritenbruchstücke zu stoßen. Deshalb befragten wir die Augenzeugen dieser Abstürze. Wir wußten
jedenfalls genau, daß sie nur den Feuerball eines Meteoriten
gesehen hatten. Ich kam gar nicht aus dem Staunen heraus,
von sogenannten gesunden Durchschnittsbürgern zu hören,
sie hätten ein Raumschiff mit Besuchern von einem anderen

Planeten gesehen, seltsam aussehende Kreaturen, die aus dem Raumschiff gesprungen seien. Ihre der eigenen Phantasie entstammenden Versionen hatten sie in aller Unschuld zusammengebraut. Die meisten UFO-Beobachtungen sind nichts anderes als Fehlinterpretationen natürlicher Phänomene – als da sind: irdische Flugkörper, Raumfähren oder Wetterballons. Etliche Berichte stellen sich allerdings auch als Schwindel oder Schabernack heraus. Ihre Zahl ist Legion. Für die Behauptung, fremde Raumschiffe hätten uns bereits besucht, gibt es keine soliden Anhaltspunkte. So fest ich daran glaube, daß irgendwo im Universum intelligentes Leben existiert, halte ich auch an meiner Überzeugung fest, daß es sich bei den UFOs nicht um außerirdische Besucher handelt, sondern vielmehr um Produkte intelligenten Lebens auf unserem Planeten.«

Hat er recht? Oder sprechen aus seiner Überzeugung Vorurteile, weil er nicht informiert ist? Und der Roswell-Zwischenfall – ist er etwa auch nur ein Produkt intelligenten Lebens auf der Erde?

Die Trümmerweide

Roswell, 5. Juli 1995.

Das in der North Main gelegene Internationale UFO-Museum und Forschungszentrum war wegen des silbernen Modells einer »fliegenden Untertasse« über der Eingangstür nicht zu verfehlen. Ich wollte dort Walter G. Haut aufsuchen, den Präsidenten des Museums, um mit ihm über das Roswell-Geschehen zu sprechen.

1947 hatte der damalige Lieutenant Walter Haut als Presseoffizier des Roswell Army Airfield bei der Pressemeldung über den Roswell-Zwischenfall eine Schlüsselrolle gespielt. So gab er damals unter anderem in seiner eidesstattlichen Erklärung zu Protokoll: »... ausgeschlossen, daß es sich um eine Verwechslung mit einem Wetterballon gehandelt hat ... Es war eine Art Raumschiff.«

Auf dem Weg zu Walter Hauts Büro glitten meine Augen über die an den Wänden und in Glasvitrinen veranschaulichte Chronologie des UFO-Phänomens, mit dem Roswell-Zwischenfall als Hauptthema. In seinem kleinen Büro erhob sich Haut hinter seinem Schreibtisch. Liebenswürdig begrüßte mich der hochgewachsene Mann, musterte mich freundlich durch seine Brillengläser und bat mich, ihm gegenüber Platz zu nehmen.

»Dieses Museum ist der ideale Ausgangspunkt für jeden, der Informationen über außerirdische, unbekannte Flugobjekte sucht«, sagte er

18 William »Mac« Brazel, der Verwalter der Foster Ranch, der am 5. Juli 1947 auf einer Weide rätselhafte Trümmer entdeckte.

und lehnte sich zurück. »Der 1947 in dieser Gegend abgestürzte mysteriöse Flugkörper wurde zu dem am meisten
dokumentierten und publizierten Ereignis in der Geschichte
unbekannter Flugobjekte«, fuhr er fort. »Und das darin
verstrickte Personal vom damaligen Roswell Army Airfield sowie die Zivilisten – von denen übrigens einige immer noch hier
leben –, die zur Bergung des Materials und dessen Abtransport
zu höheren Kommandostellen abkommandiert waren, sind
ebenfalls Bürgen der Echtheit des Geschehens vom Juli 1947.«

   »Ein entscheidender Faktor in diesem Zusammenhang
war wohl dieser eigenartige Fund, ich meine das von William
›Mac‹ Brazel auf der Foster Ranch bei Corona entdeckte Trümmerfeld. Was hat sich dort, Ihren Informationen zufolge, in
Wahrheit abgespielt?« fragte ich Haut.

   »Persönlich war ich zwar nicht am Trümmerfeld, habe
aber auf Anordnung von Oberst William Blanchard, dem Kommandanten der 509. Bombergruppe, die aufsehenerregende
Pressemeldung an die Rundfunkstation und die Tageszeitung
Roswell Daily Record herausgegeben.« Sinnierend schaute Haut
über den Rand seiner Brille auf einen unsichtbaren Punkt.
»Nach allem, was mir von den Augenzeugen bekannt ist, hat
sich damals folgendes zugetragen …«

Während eines Gewittersturms über Lincoln County in New
Mexico hatte Brazel am späten Abend des 4. Juli 1947 ein oh-
renbetäubendes Krachen gehört, das aber kein Donnerschlag
gewesen sein konnte. Auch andere Rancher in der Gegend erinnerten sich später daran.

   Am frühen Morgen des 5. Juli machte Brazel mit William
»Dee« Proctor, dem siebenjährigen Sohn seines Nachbarn,
einen Inspektionsritt, um zu kontrollieren, ob das Ranchgelände durch das schwere Gewitter Schäden erlitten hatte.
Denn Regengüsse waren nicht selten die Ursache für

Schlammlawinen, durch die die Zäune aus ihren Fundamenten gerissen wurden. Dazu hatte der Sturm oft genug seine Windmühlen lahmgelegt. Vor allem aber wollte er Schafherden auf frische Weideflächen treiben.

Der hagere, wortkarge Brazel und der kleine »Dee« ritten über Felsen, Gestrüpp und Präriegras in südlicher Richtung des Ranchhauses. Auf einer kleinen Anhöhe angelangt, bot sich ihnen schon von weitem ein überraschender Anblick: Ein mit unzähligen Metalltrümmern übersätes Gebiet zog sich von der Höhe einer schmalen Schlucht bis zum nächsten Hügel hin – eine Weidefläche von etwa tausendzweihundert Meter Länge und hundert Meter Breite. Einige der Fragmente glänzten silbrig, während die meisten ein metallisch mattes Aussehen hatten. Es gab große und kleine Bruchstücke, die sich leise im Wind bewegten.

Die beiden ritten zum Trümmerfeld hinüber, um diese sonderbare Entdeckung aus der Nähe zu betrachten. Für Brazel gab es keinen Zweifel, daß diese »Bescherung« mit dem undefinierbaren, explosionsartigen Geräusch in der Nacht zusammenhing. Sie saßen ab, um die im Wind flatternden Fragmente in die Hand zu nehmen. Sie waren federleicht, glichen Metallfolie; außerdem gab es beigefarbene, mit purpurfarbenen, erhabenen Hieroglyphen bedeckte kleine Doppel-T-Träger, die so leicht wie Balsaholz waren. Brazel, der sie mit dem Messer durchschneiden wollte, brachte es nicht einmal fertig, ihnen einen Kratzer zuzufügen. Ebensowenig gelang es ihm, sie mit einem Streichholz in Brand zu setzen. Das Material war unbrennbar.

Als Brazel seine Schafe zur Wasserstelle auf der anderen Seite des Trümmerfeldes treiben wollte, weigerten sich die Tiere, die Weide zu überqueren. Er hob einige der kleineren Bruchstücke auf, um sie den Proctors zu zeigen. »Mal sehen, was deine Eltern davon halten«, sagte er zu dem Jungen.

19 Der Chaves-County-Sheriff, George A. Wilcox. Er verständigte die Roswell-Militärbasis über »Mac« Brazels sonderbaren Fund.

»Meiner Meinung nach sind das keine Fetzen von einem Wetterballon. Die kenne ich nur zu gut. Davon habe ich schon einige gefunden. Das hier ist etwas ganz anderes.«

Um die Mittagszeit brachte er William »Dee« zu seinen Eltern, Floyd und Loretta Proctor, zurück. Sie wohnten etwa sechzehn Kilometer von der Foster Ranch und rund zweiunddreißig Kilometer von der »Trümmerweide« entfernt in einem weiß angestrichenen Holzhaus auf einer Anhöhe. Hinter diesem Ranchhaus ragten rötliche Felswände empor. Als Brazel den Proctors einige Bruchstücke des alufolieähnlichen Materials sowie einen der kleinen Doppel-T-Träger zeigte, waren sie nicht weniger verwundert als er selbst.

Floyd Proctor versuchte, mit dem Messer etwas von dem Material abzuschneiden. Vergeblich. Nicht einmal ein Kratzer war zu sehen. Beim Versuch, das »Zeug« mit einem Streichholz anzuzünden – schließlich sah es aus wie Balsaholz –, wurde es nicht einmal schwarz. Noch unbegreiflicher war allerdings die Tatsache, daß sich die dünne, federleichte »Metallfolie« zusammenknüllen ließ, nach dem Loslassen aber von selbst glättete, ohne die leiseste Spur von »Knitterfalten« aufzuweisen.

Brazel schlug den Proctors vor, die Trümmerstätte gemeinsam aufzusuchen. Aber die konnten sich nicht dazu durchringen, weil sie zuviel Arbeit hatten und ihnen zudem die Entfernung dorthin zu groß war. Sie rieten Brazel vielmehr, sich mit den Behörden – dem Sheriff oder der Regierung – in Verbindung zu setzen, da es sich möglicherweise um Bruchstücke eines militärischen Geheimprojektes handelte.

»Wer auch immer dafür verantwortlich ist, muß die Schweinerei beseitigen«, beschwerte sich Brazel verärgert.

»Ich muß die Schafe auf großen Umwegen zur Wasserstelle bringen, denn sie weigern sich, die Weide mit diesem Schrott zu überqueren. Und überhaupt, wer soll die Aufräumarbeiten bezahlen?«

»Vielleicht ist ja eine Belohnung ausgesetzt«, beschwichtigten die Proctors den aufgebrachten Brazel. »Wir haben irgendwo gehört, daß es für den Nachweis einer ›fliegenden Untertasse‹ eine Belohnung gibt.«

»Na ja, eventuell stammt das sonderbare Zeug ja von einer ›fliegenden Untertasse‹«, nahm »Mac« Brazel diese Möglichkeit auf.

Als er zu seiner Familie ins Ranchhaus zurückkehrte, zeigte er seinen Fund. Am Nachmittag war er mit seiner vierzehnjährigen Tochter Besse und seinem dreizehnjährigen Sohn Vernon bereits wieder unterwegs zur »Trümmerweide«, um »dort aufzuräumen«, wie er sich ausdrückte. Sie wollten wenigstens die im Wind »knatternden« Fragmente auflesen, vor denen sich die Schafe fürchteten. Sie sammelten einige Stunden Bruchstücke ein, packten sie in Säcke und verstauten sie in einer Hütte neben dem Ranchhaus.

Der Inhalt dieser Säcke war allerdings nur ein äußerst geringer Teil der noch auf der Weide vorhandenen Bruchstücke. Sinnlos, sie aufzulesen, entschied Brazel. Die Schafe mußten getränkt werden. Also fuhr er mit dem Pickup (Kleinlaster) zu ihnen hinüber, um sie nach und nach aufzuladen und zur Wasserstelle zu transportieren. Abends fuhr er noch nach Corona, um einzukaufen. Dort erzählte er Bekannten von den Trümmern auf seiner Weide; er erfuhr von einer Belohnung in Höhe von fünftausend Dollar für denjenigen, der das Rätsel um diese »fliegenden Untertassen« lösen könne. Daraufhin

20 Frank Joyce, Rundfunkjournalist des Roswell-Senders KGFL.

entschloß sich Brazel, am nächsten Tag den weiten Weg nach
Roswell zum Sheriff auf sich zu nehmen.

Am Sonntag, dem 6. Juli 1947, setzte sich »Mac« Brazel
nach einem reichlichen Frühstück gegen halb acht in seinen
Pickup und fuhr nach Roswell. Er hatte eine lange, etwa drei-
einhalbstündige Fahrt auf schlechten Straßen durch das kar-
ge Wüstengebiet New Mexicos vor sich. Bei brütender Hitze
kam er gegen elf Uhr in Roswell an und fuhr sogleich zum
Büro des Sheriffs George A. Wilcox. Der war wenig angetan
von dem Cowboy in verschmutzten Hosen, Stiefeln und mit
einem schweißfleckigen Lederhut über dem verstaubten
Gesicht. Als der ihm auch noch verkündete, eine »fliegende
Untertasse« sei auf seiner Ranch abgestürzt, hatte der Sheriff
nur ein Wort parat: »Wirklich?«

Unbeeindruckt fuhr Brazel fort: »Ich hab' gleich ein paar
Bruchstücke mitgebracht. Sie sind draußen auf meinem Pickup. Zu Hause ist eine ganze Viehweide voll von dem Zeug, und
wo das runtergekommen ist, sieht das Gras wie verbrannt aus.«

Schließlich ging der Sheriff mit Brazel hinaus und sah sich
das knapp einen Meter breite Bruchstück auf der Ladefläche
des Pickups sorgfältig an. Ein paar kleinere Fragmente nahm
er mit in sein Büro und beauftragte zwei Hilfssheriffs, die Foster Ranch aufzusuchen und sich »die Bescherung« anzusehen.
»Mac« Brazel gab er gleichzeitig zu verstehen, daß es an der
Zeit sei, die 509. Bombergruppe über den Vorfall zu informieren.

Am Telefon meldete sich, wie jeden Sonntag um diese
Zeit, der Rundfunkjournalist des KGFL-Senders, Frank Joyce,
der vom Sheriff wissen wollte, ob sich etwas für die Zwölf-
Uhr-Nachrichten Nennenswertes zugetragen habe. Da Wilcox
mit keinem Trunkenbold aufwarten konnte, den er in der letzten Nacht eingelocht hatte, griff er auf »Mac« Brazel zurück,
der ihm eine exotische Geschichte unterbreitet hätte und in

seinem Büro sitze. Joyce, der eine interessante Story witterte, wollte den Mann umgehend sprechen.

Da dem Rundfunkreporter Brazels Geschichte reichlich abenteuerlich erschien, schlug er dem Mann vor, sich mit dem Roswell Army Airfield in Verbindung zu setzen, das für außergewöhnliche Vorfälle in Frage kommen dürfte. Sheriff Wilcox

rief also die Basis an und wurde mit dem zuständigen Geheimdienstoffizier, Major Jesse A. Marcel, verbunden. Diesem schilderte er, was er von dem Verwalter der Foster Ranch gehört hatte, und gab dann den Hörer auf Wunsch von Major Marcel an Brazel weiter.

21 *(links)* Major Jesse A. Marcel, Geheimdienstoffizier der 509. Bombergruppe in Roswell.

22 *(Mitte)* Major Edwin S. Easley. Er bestätigte die Bergung eines außerirdischen Raumschiffs und seiner toten Besatzung kurz vor seinem Tod 1992.

Nach dessen ausführlichem Bericht über seinen Fund auf der Foster Ranch – irgend etwas, worauf er sich »keinen Reim« machen könne, sei dort am vergangenen Tag oder auch schon vorher abgestürzt – verabredete sich der Major mit Brazel gleich nach Tisch im Sheriff-Büro. Wilcox nutzte die Zeit, um seiner Familie die von Brazel mitgebrachten mysteriösen Bruchstücke zu zeigen.

23 *(rechts)* Lewis S. Rickett vom CIC-Spionageabwehroffice in Roswell. Er nahm an der Bergung teil und beschrieb das exotische Material des Raumschiffs.

Bereits kurz vor dreizehn Uhr erschien Major Marcel in Wilcox' Büro. Nach sorgfältiger Betrachtung der Bruchstücke lud er das größte in sein Fahrzeug und fuhr damit direkt zum Basis-Kommandanten, Oberst William Blanchard. Vor der Abfahrt hatte er Brazel noch gebeten, im Sheriff-Büro auf seine

Rückkehr zu warten. Nachdem Blanchard das merkwürdige, metallene Bruchstück von allen Seiten begutachtet hatte, erkundigte er sich bei Marcel, wie viele solcher Fragmente es da draußen gäbe. Der meinte, nach Aussagen des Ranchers handele es sich um eine ganze Menge.

Daraufhin entschied Oberst Blanchard, der Major solle sich mit den drei ihm unterstellten Spionageabwehr-Agenten umgehend auf den Weg machen, um den Schauplatz des Geschehens persönlich zu inspizieren. Der Major setzte sich telefonisch mit Captain Cavitt, dem ranghöchsten CIC-Mann (Counter Intelligence Corps = Spionageabwehr) in Verbindung; sie vereinbarten das Sheriff-Büro als Treffpunkt. Marcel fuhr in seinem 42er Buick, gefolgt von Cavitt, der einen Jeep-Transporter der Basis benutzte. Um siebzehn Uhr machte sich der Konvoi mit Brazel an der Spitze auf den Weg.

Unterdessen waren allenthalben die »Buschtrommeln« in Aktion getreten. Blanchard hatte sofort Brigadegeneral Roger Ramey, den Kommandanten der 8. Air Force auf Fort Worth Airfield, Texas, dem die 509. Bombergruppe unterstellt war, kontaktiert. Von hier aus wurde die Nachricht dann ohne Verzug an das Pentagon in Washington weitergeleitet. Rameys Stabschef, Oberst Thomas Jefferson DuBose, erhielt etwa um fünfzehn Uhr Central Time (Ortszeit), aber vierzehn Uhr (Rocky Mountains Time) in Roswell, einen Anruf aus dem Pentagon von General Clements McMullen, dem Vizekommandanten des strategischen Luftkommandos, mit der strikten Anweisung, das Brazelsche »Material« schnellstmöglich in versiegelten Behältern über Fort Worth zum Andrews Airfield bei Washington transportieren zu lassen, wo es an General McMullen persönlich auszuhändigen sei.

Nun forderte Oberst DuBose umgehend von Oberst Blanchard das Material an. Der wiederum sorgte dafür, daß um fünfzehn Uhr eine Maschine nach Fort Worth startete.

Oberst Al Clark, der dortige Basis-Kommandant, nahm die sorgfältig versiegelten Bruchstücke gegen achtzehn Uhr (Ortszeit) in Empfang und schleppte sie höchstpersönlich zu einer bereits startklaren B-26 in Richtung Washington. Sogleich nach dem Abflug gab Oberst DuBose General McMullen die voraussichtliche Ankunftszeit der Maschine bekannt. Der General bedankte sich und ließ den Oberst wissen, daß er den Inhalt sofort mit persönlichem Kurier in seiner Maschine zu General Chidlaw nach Wright Field senden würde. Benjamin Chidlaw war kommandierender General des Air Material Command – AMC – der Army Air Force. »Übrigens, vergessen Sie nicht, daß die ganze Operation unter strengster Geheimhaltung steht!« mahnte General McMullen den Oberst.

Die von Sheriff Wilcox zur Absturzstelle geschickten Hilfssheriffs kamen am frühen Abend zurück. Wenn sie auch vergeblich nach dem Trümmerfeld gesucht hatten, war ihnen doch wenigstens eine große Fläche mit verglastem und schwarz verfärbtem Sand aufgefallen.

Als der Konvoi mit Marcel, Cavitt und Brazel auf der Foster Ranch eintraf, fiel bereits die Dämmerung ein. Trotzdem konnte Brazel den Offizieren noch die zur Ranch mitgenommenen Bruchstücke zeigen, die er in einem Schuppen untergebracht hatte, und von denen das größte etwa einen Durchmesser von dreieinhalb Metern hatte. »Schwer zu sagen, ob das Zeug radioaktiv ist«, meinte er. Marcel holte aus seinem Wagen einen Geigerzähler und hielt ihn über die Metallstücke. »Negativ«, sagte er, da es keine nennenswerten Ausschläge gab. Das Material war also ungefährlich. Nach einer einfachen Mahlzeit legten sich die Männer schlafen, denn am nächsten Morgen wollten sie in aller Herrgottsfrühe mit Brazel zur Trümmerstätte aufbrechen.

Es war etwa sieben Uhr am nächsten Morgen, als Brazel nach dem Frühstück die Pferde sattelte. Für Cavitt, den seine Freunde »Cav« riefen, bedeutete die Reiterei kein Problem, denn als geborener Texaner war er auf der Ranch seiner Eltern in Cowboystiefeln groß geworden. Anders dagegen Marcel, der sich noch nie einem Pferderücken ausgeliefert hatte. »Ich fahre lieber mit Cavs Jeep hinterher«, bedeutete er Brazel, damit dieser nicht das dritte Pferd für ihn sattelte. »Wir können dann gleich die Bruchstücke aufladen, um Zeit zu sparen«, verbrämte er sein Unvermögen.

Sie konnten das Trümmerfeld schon aus der Ferne erkennen. »Soweit das Auge reichte, waren nichts als Bruchstücke zu sehen. Über knapp anderthalb Kilometer Länge und rund hundert Meter Breite lagen sie gleichmäßig auf dem Boden verstreut. Es sah aus, als wäre etwas in der Luft explodiert und sei ›wie Regen‹ zur Erde gefallen. Erstaunlicherweise ließ sich ganz leicht feststellen, aus welcher Richtung es gekommen war und wohin es sich fortbewegte: nämlich von Nordosten nach Südwesten. Jedenfalls zeigte die Lage der Fragmente diese Richtung an – Anfang und Ende des ›Trümmerregens‹ waren klar erkennbar, da sich der Streifen dort verdünnte.

Es war nicht möglich, das gesamte mit diesem Zeug übersäte Gebiet zu untersuchen. Wo wir jedoch angefangen hatten, war der Streifen breiter und wurde in südwestlicher Richtung schmäler. Wir fanden etliche kleinere Metallstückchen, aber das meiste Material, das uns unter die Hände kam, ist schwer zu beschreiben«, erklärte Marcel in einem späteren Interview. »Mir ist niemals etwas ähnliches unter die Augen gekommen, und ich weiß immer noch nicht, was es war.«

Die drei Männer lasen die Fragmente einzeln auf und versuchten, das Material mit einem Feuerzeug anzuzünden, aber es war unbrennbar. Zudem gab es da einige undefinierbare

Zeichen, eine Art Hieroglyphen, und kleine, unbiegsame feste Streben, die unzerbrechlich waren. Sie schienen nicht aus Metall zu sein, sondern erinnerten eher an Holz, hatten unterschiedliche Größen und waren beinahe gewichtslos – ähnlich wie Balsaholz. An der Längsseite waren sie mit kleinen Markierungen versehen, mit zweifarbigen Zeichen, chinesischen Schriftzeichen vergleichbar.

Die drei Männer mühten sich den ganzen Tag bis in die Abenddämmerung damit ab, sowohl die Ladefläche von Cavitts Jeep als auch den Kofferraum von Marcels Wagen mit Bruchstücken zu füllen. Schließlich gaben sie resigniert auf, denn sie hatten nur einen ganz geringen Teil des herumliegenden Materials aufsammeln können. Gegen einundzwanzig Uhr fuhren sie endlich nach Roswell zurück.

Bevor Marcel sich auf der Basis zurückmeldete, machte er einen kurzen Abstecher nach Hause, um seiner Frau Viaud und seinem Sohn Jesse den einzigartigen Fund zu zeigen. Er trug ein paar Bruchstücke in die Küche und legte sie auf dem Boden nebeneinander. Dann weckte er seinen zwölfjährigen Sohn auf. »Schau dir das hier an«, sagte er. »Es ist etwas ganz Besonderes und nicht von dieser Welt. Ich wünsche mir, daß du es dein Leben lang nicht mehr vergißt.«

»Mein Vater kam um zwei Uhr morgens nach Hause«, erinnert sich der heutige Chefarzt einer Hals-Nasen-Ohren-Klinik, Dr. med. Jesse Marcel jr., ein engagierter Helikopterpilot, der am Vietnamkrieg teilgenommen hat. Er ist Oberst der Reserve in der US-Luftwaffe, seit 1978 Flugarzt der Nationalgarde, dazu vereidigter Flugunfallsachverständiger der US-Bundesluftfahrtbehörde.

»Wir haben Teile einer fliegenden Untertasse sichergestellt«, berichtete er in heller Aufregung. Mein Vater konnte es kaum erwarten, mir den außergewöhnlichen Fund zu zeigen.

Unter den Bruchstücken, die ich zu sehen bekam, sind mir diese Doppel-T-Träger, wie ich sie nenne, am unvergeßlichsten geblieben. Sie waren federleicht, dabei aber von unbeschreiblicher Festigkeit und an der Innenseite mit fremdartigen Schriftzeichen versehen, wie ich sie noch nie gesehen hatte.«

»Es war keinesfalls Material von einem Wetterballon, sondern von einer Art Raumschiff«, beharrte der nach dem Roswell-Zwischenfall zum Oberst beförderte Major Jesse Marcel senior einunddreißig Jahre nach dem Ereignis bei einem Interview. Als hochqualifizierter Geheimdienstoffizier hatte Marcel einen ausgezeichneten Ruf. Er war Absolvent der Air Intelligence School in Harrisburg, Pennsylvania. Danach flog er in Neuguinea B-24-Bomber, um dann auf der Langley Field Base, Virginia, in die neueste Radartechnologie eingewiesen zu werden. Nachdem er mit allem, was Flügel hatte, umgehen konnte, wurde er zum Major befördert und der 509. Bombergruppe zugeteilt. Nach der Teilnahme am ersten A-Bombentest 1946 im Bikini-Atoll wurde er nach Roswell versetzt.

»Was ich sah, hatte mich total verblüfft. Ich brauchte eine ganze Weile, bis der Groschen fiel und mir aufging, daß da etwas ganz und gar nicht stimmte. Denn die von uns mitgenommenen Metallstücke waren zwar so dünn wie die Alufolie einer Zigarettenschachtel, dazu federleicht, ließen sich aber weder verbiegen noch mit einem Vorschlaghammer verbeulen.«

Am Dienstag, dem 8. Juli 1947, meldeten sich Major Marcel und Captain Cavitt verabredungsgemäß um sechs Uhr morgens bei Oberst Blanchard in dessen auf dem Basis-Gelände gelegenen Haus zum Rapport. Sie unterrichteten den Kommandanten über alle Einzelheiten des Fundes und legten ihm entsprechende Fragmente vor. Cavitt erhielt daraufhin den

Auftrag, sich umgehend zur Foster Ranch zu begeben, das umliegende Gebiet absichern beziehungsweise absperren zu lassen, weiteres Bruchmaterial sicherzustellen und Brazel nach Roswell mitzunehmen. Marcel blieb zur Koordination der Operation auf der Basis in Roswell.

In Begleitung des CIC-Agenten Master Sergeant Lewis S. Rickett machte sich Cavitt auf den Weg zum Trümmerfeld, gefolgt von einem Jeep mit vier MPs. Kaum hatten sie Roswell in nördlicher Richtung verlassen, wurden die beiden in Zivil gekleideten CIC-Leute durch eine Straßensperre der Militärpolizei veranlaßt, zu halten und sich auszuweisen. Der MP-Jeep durfte ungehindert passieren. Als der MP-Posten Cavitts Papiere sah, entschuldigte er sich damit, daß »da draußen irgendwas gelandet« sei. An der Abzweigung nach Corona war die nächste Straßensperre postiert.

Auf dem Trümmerfeld der Foster Ranch angelangt, hatten bereits etwa dreißig Mann unter Oberaufsicht des Kommandeurs der Roswell-Militärpolizei, Major Edwin S. Easley, den größten Teil der Bruchstücke aufgelesen. Ein noch auf dem Boden liegendes, leicht kurviges Metallstück fiel Rickett in die Augen. Er bückte sich und hob es auf. Es war sehr leicht; er wollte es biegen – vergeblich. Er wunderte sich, woraus es bestand, denn es hatte die Griffigkeit von Plastik. Ihm war noch nie ein so dünnes, unbiegsames Stück Metall unter die Augen gekommen.

Als sie umhergingen und alles genau inspizierten, gab Cavitt dem Master Sergeant zu verstehen, daß sie beide auf dem Trümmerfeld der Foster Ranch nie gewesen seien und auch keine Soldaten gesehen hätten. Rickett bestätigte Cavitt, daß sie »das Büro der Basis nie verlassen hätten«. Schließlich fanden sie Brazel und brachten ihn nach Roswell.

Oberst Blanchard hatte den Presseoffizier der Basis, Lieutenant Walter Haut, um neun Uhr morgens in sein Büro beordert und ihn angewiesen, eine von Blanchard diktierte Pressemeldung an die örtlichen Zeitungen und Rundfunkstationen herauszugeben. In der Meldung hieß es, daß die Basis im Besitz einer fliegenden Untertasse sei.

»Ich ging wieder in mein Büro«, erzählte mir Walter Haut, »und tippte die Meldung herunter. Sie enthielt die Formulierungen Blanchards praktisch wortwörtlich, da er darauf größten Wert gelegt hatte. Gegen elf Uhr fuhr ich dann zu den Rundfunksendern KGFL und KGWS, anschließend zu den Lokalblättern *Roswell Daily Record* und *Morning Dispatch*. Die Abendzeitung *Roswell Daily Record* veröffentlichte den Text noch am selben Tag, dem 8. Juli 1947, unter der Schlagzeile:

»RAAF erbeutet fliegende Untertasse auf Ranch in der Roswell-Region:

Das Nachrichtenbüro der 509. Bombergruppe des Roswell Army Airfield gab heute mittag bekannt, daß die Basis im Besitz einer fliegenden Untertasse sei.

Informationen zufolge, die von der Abteilung des Geheimdienstoffiziers J. A. Marcel verlautbart wurden, ist der Diskus auf einer Ranch in der Roswell-Gegend geborgen worden, nachdem ein unbekannter Rancher Sheriff George Wilcox informiert hatte, daß er das ›Gerät‹ auf seinem Land gefunden hätte. Major Marcel und Mitarbeiter seiner Abteilung begaben sich auf die Ranch und haben die fliegende Scheibe geborgen, heißt es.

Nachdem die Nachrichtenabteilung das ›Gerät‹ eingehend untersucht hatte, wurde es zu höheren Dienststellen ausgeflogen. Die Nachrichtenabteilung gab bekannt, daß über die Konstruktion und das Aussehen der fliegenden Scheibe keine Einzelheiten veröffentlicht würden ...«

In einer ergänzenden Meldung wurde mitgeteilt:

»Die vielen Gerüchte um die fliegenden Scheiben wurden

gestern Wirklichkeit, als das Nachrichtenbüro der 509. Bombergruppe des 8. Air Force Roswell Army Airfield dank der Zusammenarbeit mit einem einheimischen Rancher und dem Büro des Sheriffs in der glücklichen Lage war, in den Besitz einer fliegenden Scheibe zu gelangen.

Das Flugobjekt landete auf einer Ranch nahe Roswell irgendwann in der vergangenen Woche. Da er kein Telefon besaß, lagerte der Rancher das ›Gerät‹, bis es ihm möglich war, das Büro des Sheriffs in Kenntnis zu setzen. Dieses wiederum informierte unverzüglich Major Jesse A. Marcel vom Nachrichtenbüro der 509. Bombergruppe, der umgehend in Aktion trat und die Bergung der Scheibe auf der Ranch veranlaßte. Sie wurde anschließend auf dem Roswell Army Airfield untersucht und durch Major Marcel höheren Dienststellen zugeführt.«

Der Sender KSWS kabelte die Meldung an die Agentur Associated Press (AP), und KGFL informierte United Press (UPI) über Western Union. Von dort aus ging sie in alle Welt. Danach überschlugen sich die Nachfragen aus allen Himmelsrichtungen. Der Sender, Sheriff Wilcox' Büro und das Roswell Army Airfield wurden mit Anrufen aus aller Herren Länder überschüttet.

Der ehemalige Chefredakteur des *Roswell Morning Dispatch*, Art McQuiddy, kommentierte dazu in einem Interview:

»Die Aufregung in diesem Zusammenhang war unglaublich. Ich, ein kleiner Provinzredakteur in einer kleinen Stadt in New Mexico, sprach mit Paris und Rom, mit London und Tokio; an alle kann ich mich heute nicht mehr erinnern. Jedenfalls habe ich den ganzen Nachmittag mit denen telefoniert, und ich weiß, daß meine Kollegen von der Konkurrenz, vom *Daily Record* und den Rundfunksendern, das gleiche getan

24   Artikel im
Roswell Daily Record vom
8. Juli 1947.

haben. Übrigens brachten die Radiostationen stündliche Berichte.«

Ganz nebenbei gesagt veröffentlichte der *Roswell Daily Record* am Tag der Meldung über den Roswell-Zwischenfall zufällig« eine einspaltige Umfrage über die Einstellung der »Roswellians« zu fliegenden Untertassen. Unter anderem hieß es da:

»Roswell weiß nicht recht, was von den ›fliegenden Untertassen‹ zu halten ist. Zumindest wurde das aus einer Umfrage deutlich, die heute mit Einwohnern der Stadt durchgeführt wurde. Die Reaktionen schwankten zwischen völliger Ablehnung und der Überlegung, ob da nicht vielleicht Regierungsexperimente im Spiel sein könnten. Keiner der Befragten dachte auch nur im entferntesten daran, die Herkunft der ›flying saucers‹ außerhalb der USA zu vermuten.

Dr. A. D. Crile bezeichnete sie als ›Zwangsvorstellung‹ und kommentierte: ›Bei einigen Leuten ist die Verfassung der Augen so geartet, daß sie bei einem Blick in den Himmel diese Objekte zu sehen glauben. Aber sie sind nur eine Zwangsvorstellung und existieren überhaupt nicht.‹

Ben Ginsberg meinte dagegen: ›Ich bin überzeugt, daß es sich nicht um eine Illusion handelt. Dafür gibt es meiner

25 *(links)* Oberst Thomas J. DuBose, Stabschef der 8. Air Force.

26 *(rechts)* Brigadegeneral Roger M. Ramey, kommandierender Offizier der 8. Air Force, Fort Worth Army Airfield, 1947.

Ansicht nach genügend Hinweise. Sicher ist hier ein Regierungsexperiment im Spiel ...‹«

Der ehemalige Rundfunksprecher des Senders KGFL, Frank Joyce, erinnerte sich, den Presseoffizier Walter Haut nach Kenntnisnahme der Meldung über die Bergung einer fliegenden Untertasse telefonisch gewarnt zu haben, wie er so etwas überhaupt habe schreiben können. Das Militär würde ihm eine solche Tatsachenbehauptung nicht durchgehen lassen.

»Sie können doch nicht einfach in die Welt setzen ›die Luftwaffe erklärt, sie hat ...‹; geht Ihnen das nicht auf? Ich an Ihrer Stelle würde mich hüten, so etwas zu tun ...«, habe er Haut vor Augen geführt, aber lediglich die Antwort erhalten, daß alles seine Richtigkeit habe und die Meldung vom Kommandanten abgesegnet sei. Der Sendung stünde also nichts im Wege.

27 Wright Field, um 1947.

Frank Joyce konnte zu diesem Zeitpunkt nicht im entferntesten ahnen, wie recht er mit seiner Warnung haben sollte, noch dazu, daß sozusagen auf dem Fuß eine geradezu geniale Vertuschungsoperation in die Wege geleitet wurde ...

Vor Ort

Als ich mittags auf einen Snack zu Denny's in Roswell gegangen war, dachte ich darüber nach, ob die Absturzstelle und das Trümmerfeld tatsächlich in ursächlichem Zusammenhang standen. Auf den ersten Blick ist diese Möglichkeit kaum von der Hand zu weisen. Darum gehen auch praktisch alle, die sich mit dem Roswell-Zwischenfall befaßt haben, von diesem Standpunkt aus. So ist der Ablauf des Geschehens ihrer Ansicht nach eindeutig:

Gewitternacht. Durch Blitzeinschläge gerät das Antriebssystem des außerirdischen Raumschiffs in Schwierigkeiten. Es kommt zu einer Explosion. Metall»häute«, T-Träger und andere Fragmente des Flugobjekts fallen auf eine Weide der Foster Ranch – die »Außerirdischen« versuchen notzulanden; schließlich kommt es fünfunddreißig Meilen (rund fünfundsechzig Kilometer) nordwestlich von Roswell zu einer Bruchlandung.

Hat es sich wirklich so abgespielt?

Das Problem der Wahrheitsfindung hängt in jedem Fall von den Aussagen der Augenzeugen und den Berichten aus zweiter Hand ab, die jedoch stets eng mit der eigenen Wahrnehmung und Weltanschauung verknüpft sind. Ja, selbst die Beobachtungen dienen meist der Bestätigung eigener Hypothesen. »Wenn daher deine Augen erst einmal geöffnet waren, entdeckst du überall bestätigende Beispiele: Die Welt war voller Verifikationen für die Theorie. Was auch geschah, es bestätigte sie«, schrieb der Wissenschaftsphilosoph Karl Popper einmal über die Problematik der Wahrheitsfindung. Ich muß mich also hüten, selbst in diese Falle zu geraten.

Grundsätzlich würde dazu eine einzige UFO-Konfrontation, die nachweislich – ohne Wenn und Aber – mit einem außerirdischen Raumschiff identisch ist, reichen, um das Phänomen ein für allemal zum Faktum zu wandeln.

Ich verließ Denny's, setzte mich bei brütender Hitze in meinen Jeep und ließ Roswell hinter mir, um auf dem Highway 285 die angebliche Absturzstelle in nordwestlicher Richtung aufzusuchen. Ich wollte die Schauplätze des Geschehens mit eigenen Augen – vor Ort – sehen; die Foster Ranch mit dem ehemaligen Trümmerfeld aufsuchen und dann mit Mrs. Proctor auf der Nachbarranch sprechen.

Nach knapp fünfundsechzig Kilometern bog ich am Marker 132 in Richtung Hub Corn Ranch ab. Bitter root, der endlos kurvige Ranchweg, führte bergauf, bergab über »Stock und Stein« durch die von der gnadenlosen Sonne ausgebrannte ockerfarbene Landschaft. Die Hinterräder des Fahrzeugs wirbelten eine kilometerlange Staubfahne auf. Ein paar Rinder schlurften träge zu einer nahe gelegenen Wasserstelle.

Wenn es nur den Roswell-Zwischenfall gäbe, könnten wir des UFO-Phänomen getrost als Spinnerei abhaken, hing ich meinen Gedanken nach und fuhr mit vier Fingern unwillig durch das schweißnasse Haar. Aber leider war ja nicht abzuleugnen, daß sich einige sehr gut dokumentierte Fälle nicht ignorieren ließen, zum Beispiel hier in New Mexico das aufsehenerregende Socorro-Ereignis.

Socorro ist sicherlich nicht die aufregendste Stadt in New Mexico, und die meisten verschwenden nicht einmal einen Blick in ihre Richtung, wenn sie den Interstate Highway 25 benutzen. Der Ort hatte eigentlich noch nie mehr zu bieten als andere verschlafene Wüstennester am Wegesrand.

1964 war die Anziehungskraft von Socorro noch geringer als heutzutage, wenn dem Ort auch ein gewisser Charme nicht abgesprochen werden kann. Da gibt es die endlose Main Street zum »Flanieren« sowie Shirley's Drive-In zum Genuß von Milchshakes und Burgers. Damals hatten die »Oldtimer« genügend Unterhaltung rund um den Marktplatz. Socorro erweckte stets einen selbstzufriedenen Eindruck, wenn es auch nur wenige Besucher anzog. Als ich vor kurzem wieder einmal dort gewesen war, hatte sich an dieser Charakterisierung eigentlich nichts geändert. Wenn überhaupt ein Fremder hier anhält, muß er entweder auftanken oder seinen Motor wegen eines beunruhigenden Geräuschs überprüfen.

Am 25. April 1964, um 17.50 Uhr, stoppten zwei ungewöhnliche Besucher am Stadtrand von Socorro. Sie standen in einem Trockental südlich der Stadt und hatten allem Anschein nach ein typisches Touristenproblem: Sie mußten einen Blick »unter die Motorhaube« werfen. Minuten später waren sie auf und davon, aber die Kleinstadt Socorro würde nie wieder die gleiche sein wie zuvor.

An diesem windigen Frühlingsnachmittag fuhren aber auch noch andere Touristen durch die Stadt. So befand sich ein Ehepaar mit seinen drei Spößlingen in einem grünen Cadillac, Jahrgang 1955, mit Colorado-Nummernschildern gerade auf dem Highway südlich der Stadt, als ein ovales, metallisches Objekt über den Wagen hinwegschoß. Was auch immer es gewesen sein mochte, es flog so tief, daß es die Antenne des Wagens streifte. Die fassungslose Familie starrte dem »neuen Flugzeugtyp« hinterher, der blitzschnell unterhalb ihres Blickfelds im wilden, unerschlossenen Gelände westlich des Highway verschwand.

Kurz darauf sahen die fünf im Cadillac einen weißen Polizei-Pontiac aus einer Parallelstraße des Highway 85 in einen Feldweg einbiegen und in Richtung des von ihnen beobachteten Flugobjekts abwärts holpern.

Berichten zufolge wurden die Ereignisse der nächsten drei Minuten später monatelang untersucht und bis auf Bruchteile von Sekunden analysiert.

Der heute noch in Socorro lebende Lonnie Zamora war Fahrer des Polizeiwagens und galt als der klassische Vertreter des idealen Kleinstadtgesetzeshüters: seriös, professionell und erfahren in seinem Beruf; ein wachsamer Mann mit schnellen Reaktionen, einem scharfen Auge für Einzelheiten und ausgezeichnetem Gedächtnis. Keiner, der ihn gut kannte, hätte je an seiner Integrität gezweifelt.

Als er einem Verkehrssünder folgte, der den Süden der Stadt mit überhöhter Geschwindigkeit verunsicherte, hörte er plötzlich ein dröhnendes Geräusch und sah etwa eine halbe Meile entfernt im Südwesten eine blaue Flamme zu Boden sinken. Ihm war bekannt, daß dort in einer Hütte Dynamit gelagert war; weshalb er logischerweise eine Explosion vermutete. Er wendete sein Fahrzeug und nahm den Weg, der dorthin führte. Mit durchdrehenden Rädern jagte er den steilen Abhang bis zur Anhöhe hinauf, dort erblickte er ein sonderbares weißes Metallobjekt unten im Trockental.

Auf den ersten Blick dachte er an ein umgekipptes Auto. Aber dann fiel ihm die merkwürdige Form des Objekts auf und daß es zudem auf vier stelzenähnlichen Verlängerungen zu balancieren schien. Darüber hinaus bemerkte er, daß sich zwei kleine Gestalten in der Nähe des großen Objekts aufhielten. Später sagte er aus, die Figuren hätten overallähnliche Kleidung getragen und seien sichtlich erschrocken gewesen, als er auftauchte. Während Zamora sich der Stelle näherte, nahm er über Sprechfunk Verbindung zum Sheriff's Office auf und berichtete von dem möglichen »Unfall«. Gleichzeitig bat er um Verstärkung durch Polizeisergeant Samuel Chavez.

Beim Durchqueren einer Mulde verlor er das Objekt für einen Moment aus den Augen. Als er wieder auf dem Hügelkamm anlangte, war das fremdartige Gebilde noch ungefähr siebzehn Meter von ihm entfernt, nah genug, um rätselhafte rote Insignien an der Seite erkennen zu können – einen mit einem Querbalken abgeschlossenen Halbkreis, in dem sich ein auf den Kopf gestelltes »V« mit einem senkrechten Strich befand. Die zwei kleinen »Kerlchen« waren inzwischen verschwunden. Als Zamora den Wagen anhielt und ausstieg, hörte er, daß an dem Objekt etwas heftig zugeschlagen wurde. Es klang so, als würde die Öffnungsluke eines Panzers zugeknallt. Dem ersten Knall folgte ein zweiter, den das seltsame Objekt verursacht hatte.

Zamora war kaum mehr als drei Schritte auf das Objekt zugelaufen, als auf der Unterseite des Flugkörpers eine hellblaue Flamme ausgestoßen wurde, begleitet von ohrenbetäubendem Dröhnen. Zamora warf sich instinktiv auf den Boden. Nachdem er seine Fassung einigermaßen wiedererlangt hatte, rannte er in geduckter Haltung hinter dem Wagen herum, stolperte und verlor dabei seine Brille. Ohne sich umzusehen, lief er etwa neun Meter weiter. Als er zurückschaute, stieg der eiförmige Flugkörper gerade auf. Zamora, der eine Explosion erwartete, rannte nochmals einige Meter weiter. Plötzlich verebbte das Dröhnen, die blaue Flamme versiegte, und das Objekt flog in schnurgerader Linie davon.

Zamora lief zu seinem Dienstwagen zurück und hob unterwegs seine Brille auf; über Funk versuchte er dem Dienststellenleiter der Polizei in Socorro seine Beobachtung zu beschreiben. Nachdem das Objekt etwa eine Meile weit in zirka sieben Meter Höhe geflogen war, schoß es aufwärts, verschwand über den Bergen im Südwesten und entzog sich schließlich seiner Sicht.

Es dauerte nicht lange, bis Sergeant Chavez von der Staatspolizei am Schauplatz eintraf. Gemeinsam mit dem stark mitgenommenen Zamora ging er ins Trockental hinunter zu einem großen, schwelenden »Greasewood«-Strauch. Sie fanden vier fünfundzwanzig mal fünfundvierzig Zentimeter große Abdrücke im Boden, die etwa die Form eines Rhom-

bus hatten. Spätere Untersuchungen ergaben, daß die Abdrücke beziehungsweise Vertiefungen im Boden nur durch ein
mehrere Tonnen schweres, sanft aufsetzendes Objekt verursacht worden sein konnten.

Allmählich stellten sich auch andere Polizeioffiziere ein,
von denen sich wenigstens zwei den schwelenden Strauch
ansahen. Offizier Ted Jordan machte Polaroidaufnahmen der
Bodenvertiefungen, und bei genauerer Untersuchung der
Brandfläche stellte sich heraus, daß der Sand dort zu Glas ver-
schmolzen war.   .

Mittlerweile hatte das Sheriff's Office in der Stadt drei
Anrufe von Einwohnern erhalten, die im südlichen Stadtge-
biet ein strahlend-blaues Licht beobachtet hatten. Und der
Tankstellenwart Opal Grinder berichtete eine tolle Geschich-
te, die er von einer aufgeregten Familie aus Colorado beim
Auftanken ihres grünen Cadillac gehört hatte.

Auf der Polizeiwache in Socorro kam in dieser Aprilnacht
des Jahres 1964 niemand zur Ruhe. FBI-Agent J. Arthur Byrnes
war schon gegen sieben Uhr im Polizeibüro eingetroffen;
ihm folgte drei Minuten später Captain Richard T. Holder,
Uprange Commander des Raketentestgeländes White Sands.
Sie machten sich auf den Weg zu dem bis dahin unbedeuten-
den Trockental, wo das gelandete Flugobjekt gesichtet worden war.

Die Presse wurde offiziell im Laufe des folgenden Vor-
mittags unterrichtet. Daraufhin fielen die Reporter in großer
Zahl in Socorro ein. Bis zu diesem Zeitpunkt waren bei der
Untersuchung des Schauplatzes zusätzliche Abdrücke im Boden entdeckt worden, kleinere und weniger tiefe, etwa 1,20
Meter von der Brandstelle entfernt; dazu ein paar kleine
»Schuhabdrücke« genau an der Stelle, wo – nach Zamoras Behauptung – die humanoiden Gestalten gestanden hatten. Er
konnte den Standort der Fremden deshalb so genau bestim-

men, weil sich ihre Silhouetten von einem großen »Greasewood«-Strauch abgehoben hatten.

Spekulationen von Beobachtern zufolge könnten die zusätzlich aufgefundenen kleinen runden Abdrücke im Boden durch die ausgefahrene Leiter des Flugkörpers verursacht worden sein.

Inzwischen schien die Air Force alles unter strenger, wenn auch subtiler Kontrolle zu haben. Lonnie Zamora war von Captain Holder angewiesen worden, mit niemandem über bestimmte Aspekte des Vorfalls zu sprechen, insbesondere nicht über die an der Seite des Flugkörpers angebrachten Insignien.

Der vor einigen Jahren verstorbene Astrophysiker und UFO-Berater der US Air Force, Professor Allen Hynek, informierte seinen Vorgesetzten, Major Hector Quintamela, den Leiter des geheimen UFO-Forschungsprojektes Blue Book, daß er von der Glaubwürdigkeit Zamoras absolut überzeugt

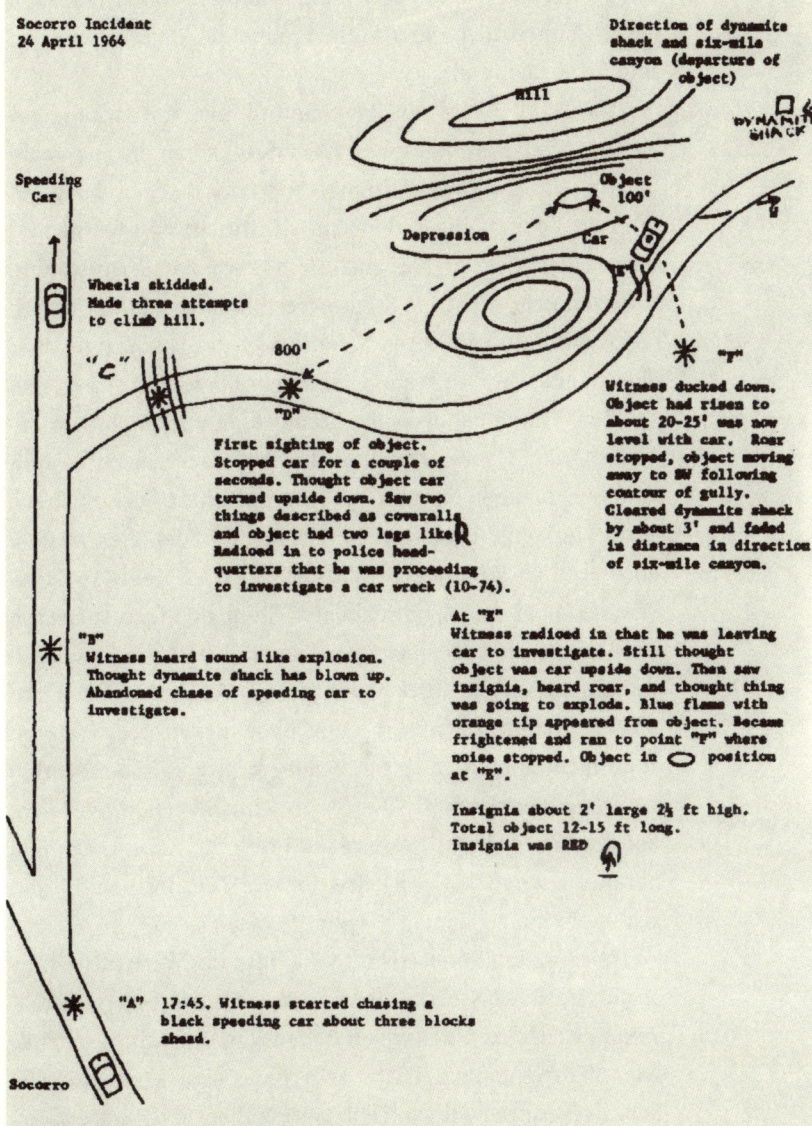

Socorro Incident
24 April 1964

Direction of dynamite
shack and six-mile
canyon (departure of
object)

HILL

DYNAMITE SHACK

Object 100'

Depression

Car

Speeding Car

Wheels skidded.
Made three attempts
to climb hill.

800'

"C"

"D"

"F"

First sighting of object.
Stopped car for a couple of
seconds. Thought object car
turned upside down. Saw two
things described as coveralls
and object had two legs like
Radioed in to police headquarters that he was proceeding
to investigate a car wreck (10-74).

Witness ducked down.
Object had risen to
about 20-25' was now
level with car. Roar
stopped, object moving
away to SW following
contour of gully.
Cleared dynamite shack
by about 3' and faded
in distance in direction
of six-mile canyon.

"B"

Witness heard sound like explosion.
Thought dynamite shack has blown up.
Abandoned chase of speeding car to
investigate.

At "E"
Witness radioed in that he was leaving
car to investigate. Still thought
object was car upside down. Then saw
insignia, heard roar, and thought thing
was going to explode. Blue flame with
orange tip appeared from object. Became
frightened and ran to point "F" where
noise stopped. Object in ⬭ position
at "E".

Insignia about 2' large 2½ ft high.
Total object 12-15 ft long.
Insignia was RED

"A" 17:45. Witness started chasing a
black speeding car about three blocks
ahead.

Socorro

sei. Bei der Vor-Ort-Untersuchung in Socorro war Hynek dann jedoch hinsichtlich einer Stellungnahme erstaunlicherweise sehr zurückhaltend.

Da der UFO-Forscher Ray Stanford eine Vertuschung beziehungsweise ein Komplott vermutete, nahm er eine unabhängige Vor-Ort-Untersuchung vor. Er stieß sehr schnell auf die zwei Zeugen, die in der Nähe des Trockentals lebten und unter Eid aussagten, daß auch sie das von Zamora erwähnte Dröhnen gehört hätten. Stanford erfuhr auch von der Brandstelle mit dem verglasten Sand. Als er die Landestelle aber danach absuchte, deutete nichts mehr darauf hin.

Zum erstenmal besuchte Stanford den Schauplatz in Begleitung von Hynek, Zamora und Chavez. Sie machten Aufnahmen, nahmen Proben des verkohlten Strauches sowie einige verkohlte Papierfetzen mit. Beim Niederknien an dem nordwestlich gelegenen Abdruck des Landefußes stieß Zamora auf einen »angebrochenen« Stein, der beim Aufsetzen wahrscheinlich von einem der Landefüße gestreift worden war. Dabei war ein Stück abgebrochen. Vor den anderen hatte sich Stanford seine Erregung über diesen unerwarteten Fund nicht anmerken lassen. Später kehrte er allein dorthin zurück und fotografierte den Stein. Schließlich bückte er sich, um ihn bei leichtem Nieselregen im Boden zu lockern und herauszuziehen. Er wickelte ihn in Zeitungspapier und schleppte ihn zu seinem Wagen.

In rund fünf Minuten hatte Stanford das wertvollste physikalische Beweisstück vom Socorro-»Tatort« sichergestellt, wenn er sich auch der vollen Bedeutung noch nicht bewußt war. Wahrscheinlich hätte sein Beweisstück das gleiche Schicksal erlitten wie fünfzehn Jahre früher »Mac« Brazels »Andenken« von der Absturzstelle in Roswell. Am 30. April 1964 brauste Stanford mit seiner Beute bereits in aller Herrgottsfrühe auf dem Highway 60 gen Westen.

Daheim in Phoenix packte er den Stein vorsichtig aus und hielt ihn ins Sonnenlicht, um sich die abgebrochene Stelle genauer anzusehen. Es ist schwer nachzuvollziehen, was er empfunden haben mag, als er an der Bruchstelle feine Spuren glänzenden Metalls entdeckte. An der rauhen Oberfläche des Steins waren deutliche, vertikal ausgerichtete Metallabriebspuren erkennbar.

Stanford rief Richard Hall an, den NICAP-Repräsentanten in Washington D.C. (NICAP: National Investigations Committee for Areal Phenomena = Nationales Untersuchungskomitee für Luftphänomene. 1956 gegründet, inzwischen eingestellt.) Hall ordnete die Untersuchung des Steins durch das Goddard Space Flight Center der NASA an. Stanford wußte natürlich, daß nur eine Einrichtung wie Goddard die notwendigen Voraussetzungen bot, um eine genaue Analyse des Metallabriebs auf dem Stein durchzuführen. Dennoch trennte er sich nur widerwillig von seinem kostbaren Besitz. Er lieferte den in einem Spezialbehälter untergebrachten Stein bei der Spacecraft Systems Branch von Goddard persönlich ab. Dort wurden die Metallpartikel entfernt und einer akribischen und langwierigen Analyse unterzogen.

Nach acht Tagen unterrichtete der Abteilungsleiter der Spacecraft Systems Branch, Dr. Henry Frankel, sowohl Stanford als auch Hall telefonisch darüber, daß erstaunliche Testergebnisse zu verzeichnen seien. Bei dem Metall handele es sich um eine auf der Erde unbekannte Legierung, die vorwiegend aus Zink und Eisen bestehe. Besonders erstaunlich sei die Tatsache, daß diese Legierung in keiner Auflistung, einschließlich der russischen, geführt werde, in dieser spezifischen Kombination auf der Erde also nicht hergestellt worden sei. »Diese Entdeckung bestärkt uns in der Überzeugung, daß der Ursprung des Socorro-Objekts außerirdischer Herkunft sein muß«, schloß Frankel seine telefonische Mitteilung.

Mit dieser Enthüllung unterlief Frankel anscheinend ein ähnlicher Fehler, wie ihn Lieutenant Haut viele Jahre zuvor in Roswell gemacht hatte. Innerhalb weniger Tage wurde Frankel die Verantwortung für die Steinprobenanalyse von Socorro entzogen, und schon bald erklärte die NASA in einem formellen Dokument, daß es sich bei den Partikeln an Stanfords Stein lediglich um Quarz handele, ein häufig vorkommendes Element.

Damit waren alle physikalischen Beweisstücke von der Landestelle in Socorro – so wenige es auch gewesen sein mögen – aus dem Weg geräumt; nichts wies mehr auf den verglasten Sand hin, und der Metallabrieb vom abgeschlagenen Stein war zwar recht plump, aber immerhin offiziell in Mißkredit gebracht worden. Zwei Jahre später tauchte dann in Socorro ein militanter »UFO-Entlarver« auf, Philip J. Klass, der die Leute überall in der Stadt ausfragte und schließlich zu dem Schluß kam, daß es eigentlich nie einen UFO-Zwischenfall in Socorro gegeben habe. Klass schrieb dazu: »Die ganze Geschichte war nur ein Schwindel, eine Inszenierung, um Touristen anzulocken.«

Klass unterstellte, die Stadt habe aus dem UFO-Wirbel Kapital schlagen wollen. So sei von Amtspersonen veranlaßt worden, daß der an der Landestelle vorbeiführende holprige Weg schnellstens ausgebessert beziehungsweise begradigt wurde, um Touristen den Zugang zu erleichtern. Klass erschien es anrüchig, daß sich dieses Gelände im Besitz des Bürgermeisters von Socorro befand.

Außerdem war er davon überzeugt, daß der grüne Cadillac aus Colorado eine reine Erfindung war. Schließlich schaffte er es, einen Einheimischen aufzustöbern, der auf der windabgewandten Seite des Trockentals wohnte und das Dröhnen des UFOs nicht gehört hatte. Klass hatte zwar nur Aufnahmen von der Brandstelle gesehen, aber sie zeigten seiner Meinung nach keinen so schwerwiegenden Schaden, wie er infolge eines derartigen »Feuerstrahls« zu erwarten gewesen wäre. Eigentlich könne der Zwischenfall nur bedeuten, daß es sich entweder tatsächlich um eine außerirdische Landung oder aber um einen Schwindel handele. Er jedenfalls sei absolut davon überzeugt, daß letzteres der Fall sei.

Doch die Klass'sche Analyse hat ihre Schwächen, da sie vor allem unterstellt, daß eine Reihe von Leuten gelogen hat: Lonnie Zamora, Samuel Chavez, Opal Grinder, jene Zeugen, die behaupteten, das Dröhnen gehört zu haben, und jene anderen, die von der blauen Flamme berichteten. Zur Durchführung eines solchen Schwindels hätte es allerdings eines stattlichen Ensembles entsprechend lausiger Charaktere oder auch glänzender Schauspieler bedurft.

Und wenn es so wäre, hätten verschworene Komplizen ein derartig aufwendiges Komplott tatsächlich durchziehen können? Als erstes hätten sie die Landestelle präparieren müssen. Nach sorgfältigen Messungen hätten dann Abdrücke des Landegestells ebenso wie die Abdrücke der Leiterbeine ausgeschaufelt oder vielmehr in den Boden gepreßt werden müssen. Zudem galt es auch noch, jene kleinen Schuhabdrücke abseits zu kreieren, ohne Spuren der eigenen zu hinterlassen. Ferner wären noch andere Einzelheiten zu bedenken gewesen, zum Beispiel der beschädigte Stein und vor allem die zwingende Notwendigkeit, alle Kollaborateure »unter einen Hut« bringen zu müssen, soweit es um die Geschichte der so plötzlich von der Bildfläche verschwundenen Stelle des zu Glas verschmolzenen Sandes ging.

Während der Durchführung dieses ausgeklügelten Komplotts hätten die Mitwirkenden nur hoffen können, nicht von Außenstehenden beobachtet zu werden.

Nachdem der Schauplatz vorbereitet gewesen wäre, hätte Lonnie Zamora in Aktion treten können. Er wäre mit auf-

31 Der vom Militär mit Steinen markierte Abdruck eines Landefußes des Socorro-UFOs. Analysen zufolge wog das Objekt mehrere Tonnen.

32 Vor Ort in Socorro.

heulendem Motor über das unwegsame Gelände gefahren, hätte einen auswendig gelernten Text in sein Sprechfunkgerät gebrüllt, wäre den Steilhang hinuntergeholpert und hätte den Strauch anzünden müssen.

Laut Regieanweisung wäre Sam Chavez dann gerade zur rechten Zeit gekommen, um die schwelenden Überreste von Lonnies »Freudenfeuer« zu sehen.

All das wäre wahrscheinlich noch der leichteste Teil des Schwindels gewesen. Viel schwieriger hätte sich der Umgang mit der Presse, der Air Force, dem FBI und den fähigsten UFO-Forschern des Landes gestaltet. Die Übeltäter würden Tag für Tag, Stunde um Stunde verhört, ohne sich preisgeben zu dürfen. Am schwersten würde es aber sicherlich sein, die Fassade für die nächsten zwanzig Jahre aufrechtzuerhalten, ohne irgendwo und irgendwann das »Bravourstück« prahlerisch auszuplaudern.

Ist die Socorro-Landung ein Schwindel gewesen? Nun, wenn es so wäre, dann hätte Lonnie Zamora für seine Leistung als bester Schauspieler des Jahres 1964 einen »Oscar« verdient.

Selbstverständlich wurde der Tourismus durch die UFO-Landung in Socorro nicht angeheizt. Als ich vor einigen Monaten wieder einmal dort war, hatte ich das Glück, mit einigen Augenzeugen über den Zwischenfall sprechen zu können. Für mich besteht nicht der geringste Zweifel, daß dieser Vorfall – um was es sich bei diesem Objekt auch immer gehandelt haben mag – kein Schwindel war. Daher ist auch nicht weiter überraschend, diese Begegnung der dritten Art in den Geheimakten des Forschungsprojektes Blue Book als unidentifiziert eingestuft zu finden.

Zamora zufolge war das Objekt von weißlicher Farbe: »Das eiförmige beziehungsweise ovale Flugobjekt wirkte gegen das Gestein im Hintergrund wie aus Aluminium; seine

Oberfläche war glatt, und es hatte keine Fenster. Die zwei kleinen Gestalten trugen enganliegende, weiße Overalls.«

Interessanterweise hat der Socorro-Zwischenfall in mancher Hinsicht erstaunliche Parallelen mit einem Ereignis, das sich ein Jahr später auf dem europäischen Kontinent, in Frankreich, zutragen sollte.

Maurice Masse, ein französischer Lavendelbauer, hatte in den frühen Morgenstunden des 1. Juli 1965 ein außergewöhnliches Erlebnis, das sein weiteres Leben stark beeinflussen sollte. Der damals vierzigjährige Inhaber einer Lavendeldestillation war in Valensole beheimatet, im Zentrum des französischen Lavendelanbaugebietes im Departement Alpes-de-Haute-Provence.

Wie so oft, war er auch am 1. Juli 1965 schon bei Tagesanbruch damit beschäftigt, den Boden um die Lavendelpflanzen auf seinem Feld zu hacken. Mit steigendem Unmut hatte er im Laufe des Juli den zunehmenden Diebstahl von Lavendelsetzlingen auf seinem Feld verfolgt.

Als Masse nach einer Zigarettenpause um sechs Uhr wieder an die Arbeit gehen wollte, schreckte ihn ein kurzes Pfeifen auf. Da er sich am Ende eines kleinen Weinberges, der sein Feld abgrenzte, auf einen »Steinriegel« gesetzt hatte, sprang er nun auf, um dem Geräusch, das seiner Meinung nach von einem Hubschrauber stammen mußte, nachzuspüren. Zu seiner maßlosen Verwunderung erblickte er aber statt dessen nicht weit entfernt eine merkwürdige Flugmaschine von der Größe eines Renault-Dauphine und der Form eines Rugbyballes. Das Gebilde »saß« rund einen halben Meter über dem Erdboden auf einem sechsbeinigen Landegestell. Daneben waren zwei Gestalten emsig bestrebt, dem Feld so viele Lavendelsetzlinge wie möglich zu entnehmen.

Mit zunehmendem Grimm beobachtete Masse die »Spitzbuben« eine Weile durch das Weinlaub, bis es ihn nicht mehr hielt und er wutschnaubend auf die Missetäter zurannte. Einer der beiden wandte Masse den Rücken zu, während der andere ihn kommen sah. Als die Entfernung zwischen Masse und den Fremden noch etwa zehn Meter betrug, drehte sich der ihm Abgewandte unvermutet um und richtete etwas in seiner rechten Hand auf ihn. Anschließend steckte er diesen Gegenstand in eine Art Tasche an seiner linken Seite. Masse fühlte sich wie gelähmt; er konnte sich nicht mehr bewegen und war völlig gefühllos.

Als der Lavendelbauer später polizeilich vernommen wurde, beschrieb er die Fremden als Wesen von etwa 1,20 Meter Körpermaß mit auffallend großem, kahlem Kopf, der den Anschein erweckte, direkt auf den Schultern zu sitzen. Masse zufolge wirkte der lippenlose Mund wie ein Loch, während die Augen unter den wimpernlosen Lidern menschenähnlich ausgesehen hätten. Die Schultern dieser Geschöpfe seien wenig breiter gewesen als der Kopf, und die Hautfarbe hätte mit der von Mitteleuropäern Ähnlichkeit gehabt. Über die Gliedmaßen der Fremden befragt, konnte Masse zwar bestätigen, daß er Arme und Beine wahrgenommen habe, auch wenn er sie nicht näher beschreiben konnte. Die Fremden trugen enganliegende Kombinationen, die auf der linken Seite mit einem kleinen und auf der rechten mit einem großen Behälter versehen waren.

Masse berichtete außerdem, daß die Fremden nach kurzer Zeit wieder in ihre Flugmaschine geklettert seien und ihn von dort aus durch eine Art Glaskuppel im Auge behalten hätten. Von unten nach oben habe sich so etwas wie eine Rolltür geschlossen; danach sei auch das Landegestell im Boden der Flugmaschine verschwunden, die mit einem dumpfen Knall vom Boden abgehoben habe und lautlos hinweggeschwebt sei. Nach etwa dreißig Metern sei das Flugobjekt urplötzlich verschwunden gewesen, so, als würde Licht ausgeschaltet.

33 Das Lavendelfeld im Departement Alpes-de-Haute-Provence, Frankreich. Die deutlich erkennbare UFO-Landestelle.

Der Lavendelbauer konnte sich erst nach einer Viertelstunde wieder bewegen und fuhr schnurstracks zur Polizei, um den Vorfall zu melden. Zwei Ortspolizisten nahmen die erste Tatortbesichtigung vor.

Am nächsten Tag tauchte dann der inzwischen mit dem Fall betraute Polizeioberstleutnant Valnet bei dem Lavendelbauern Masse auf. Bei einer Ortsbesichtigung fand er heraus, daß der Boden an der Stelle, wo das fremde Flugobjekt, Masse zufolge, gelandet war, aufgeweicht war – obwohl es nicht geregnet hatte. Zudem waren dort im Erdreich eine unerklärliche Vertiefung von 1,20 Meter Durchmesser und ein vierzig Zentimeter tiefes Loch von im Zentrum achtzehn Zentimetern Durchmesser.

Als Valnet wissen wollte, ob Masse vor den Fremden Angst gehabt hätte, antwortete ihm dieser, ihre Ausstrahlung auf ihn sei so friedlich und beruhigend gewesen, daß er nicht die geringste Furcht empfunden habe.

Befragte Nachbarn, Bekannte und Freunde bezeichneten Masse als absolut vertrauenswürdigen und mit einem gesunden Verstand ausgestatteten Menschen.

Übrigens wuchs der Lavendel an jener von Masse als Landeplatz bezeichneten Stelle jahrelang nur noch kärglich. Erst nach zehn Jahren – 1975 – hatte sich das Wachstum der Lavendelpflanzen wieder normalisiert.

Nach seinen Untersuchungen kam Oberstleutnant Valnet zu folgender Schlußfolgerung: »Der Zeuge hat die Wahrheit gesagt. Er ist ein vernünftiger, verantwortungsbewußter Mann, der sich nichts vormachen läßt. Er steht mit beiden Beinen auf der Erde und ist körperlich und geistig völlig gesund.«

Auch Richter Chautard vom Appellationsgericht in Lyon kam zum gleichen Resultat wie Valnet, nachdem er den Fall seinerseits eingehend geprüft hatte. Seiner Überzeugung nach handelte es sich bei dem Zwischenfall

34 Wissenschaftler, die französische Luftwaffe und die Gendarmerie haben den Valensole-Zwischenfall gründlich untersucht.

von Valensole keinesfalls um eine Erfindung. Er hielt in seinem Bericht fest: »Ich hatte sogar das eigenartige Gefühl, daß Monsieur Masse selbst eine gewisse Zeit brauchte, um akzeptieren zu können, was ihm zugestoßen war.«

Das sind nur zwei aus einer ganzen Reihe interessanter Zwischenfälle mit Flugobjekten unbekannter Herkunft aus meinem Archiv.

Inzwischen hatte mich ein schmaler, steiniger Pfad zu einer kleinen Hochebene hinaufgeführt, die wie ein Amphitheater von einem felszerklüfteten Steilhang im Halbkreis eingeschlossen war. Geröll und spärliche Büschel von Präriegras waren alles, was die Gegend zu bieten hatte. Das Wrack eines verlorenen Ford-Pickup aus den vierziger Jahren rostete – ein einsamer Zeuge für alle Jahreszeiten – unter glühender Sonne, in Wind und Gewitterstürmen vor sich hin. Das war sie also, die Absturzstelle vom 4. Juli 1947. So jedenfalls wurde es von Augenzeugen behauptet.

Beim Aussteigen hörte ich ein Motorengeräusch. Kurz darauf tauchte ein neuzeitlicher Pickup auf, dessen Fahrer neben meinem Wagen hielt und sich als Besitzer der Hub Corn Ranch vorstellte, um mir dann alles über den UFO-Absturz von 1947 zu erzählen und lebhaft auf eine gut markierte Stelle in der Mitte des halbkreisförmigen Steilhanges hinzudeuten.

Nachdem er mich vor den Klapperschlangen gewarnt hatte, machte ich mich auf, um den »historisch bedeutsamen Ort« aus nächster Nähe in Augenschein zu nehmen. Sollte hier tatsächlich der Versuch einer Notlandung durch außerirdische Astronauten unternommen worden sein, hätten sie allem Anschein nach ein von der Außenwelt ideal abgeschirmtes Gelände gewählt – wäre es nicht zu jenem tragischen Ausgang gekommen, überlegte ich, während ich gleichzeitig rein prophylaktisch den Boden auf Klapperschlangen hin inspizierte.

Kurz vor der Steilwand fiel das Gelände plötzlich in ein schmales, mit Buschwerk und Felsbrocken übersätes Flußbett ab. Vor der Stelle, wo das UFO angeblich gegen die Felswand geprallt war, befand sich eine mit roten und weißen Fähnchen versehene Absperrschnur. Ich kletterte vorsichtig hinunter, obwohl mir klar war, daß es nach rund fünfzig Jahren nicht mehr die geringsten Spuren gab. Ganz abgesehen davon, daß das Militär bereits 1947 jeden auch noch so geringen Hinweis mit geradezu pedantischer Sorgfalt beseitigt hätte – wenn es sich hier tatsächlich um die Absturzstelle handelte. Denn genaugenommen bürgen nur Frank Kaufmann und Jim Ragsdale als Kronzeugen für eben diese Stelle.

Inzwischen wartet letzterer mit einer neuen, diesmal angeblich rund achtzig Kilometer westlich von Roswell gelegenen Absturzstelle auf. Eine Behauptung, die im krassen Widerspruch zu der des anderen »Kronzeugen«, Frank Kaufmann, steht. Darüber hinaus hat sich Ragsdale zur Freude der Roswellschen UFO-Anhängerschaft nach knapp fünfzig Jahren unerwartet daran »erinnert«, daß er von der Anhöhe zu den toten Außerirdischen hinuntergegangen sei und versucht habe, einem der Toten den Helm abzunehmen.

Damit taucht erstmals in dieser Geschichte ein Helm auf, obwohl im letzten halben Jahrhundert immer nur von Kahlköpfen die Rede war. Spekulationen über die Hintergründe die-

ser brandneuen Version führen möglicherweise in pekuniäre
Bereiche. »Denn Ragsdale hat sein Wissen um die Absturzstelle exklusiv an das International UFO Museum in Roswell ver-
hökert«, behauptet der UFO-Entlarver Philip J. Klass in seinem
Skeptics UFO News Letter. Allerdings darf nicht unerwähnt bleiben, daß Klass, wie auch andere fanatische UFO-Gegner, aus
emotionalen Gründen vor Diffamierungen nicht haltmacht.
Ich spreche hier aus eigener schlechter Erfahrung: In diesem
Zusammenhang sind soviel Neid, Haß und Profilierungssucht
im Spiel, daß manche nicht einmal vor Lügenkampagnen, Tele-
fonterror und sogar Morddrohungen zurückschrecken. Bedauerlicherweise ist das UFO-Phänomen zum Tummelplatz der
unterschiedlichsten Interessengruppen für Desinformationen
geworden. Sowohl UFO-Gläubige als auch UFO-Gegner präsentieren sich in vielen Fällen als Sektierer, die sich aus diesem
Themenkreis eine Ersatzreligion gestrickt haben.

Inzwischen war mir Mr. Miller Hub Corn zur Absturzstelle gefolgt und erklärte, daß der immer noch sichtbare »Knick« in
der vor mir aufragenden Steilwand durch den Aufprall des
Raumschiffs verursacht worden sei.

»Sind Sie sicher, daß die ganze Geschichte mit dem hier
angeblich abgestürzten unbekannten Flugobjekt auf Tatsachen beruht und keine ›Ente‹ ist?« forderte ich den etwa vier-
zigjährigen Rancher mit der grünen Baseballkappe und dem
Schnäuzer im freundlichen Gesicht heraus. »Selber hab' ich
das alles ja nicht miterlebt, da war ich noch nicht auf der Welt.
Aber ich kann mich getrost auf die Aussagen äußerst glaubwürdiger Augenzeugen aus dem Militär- und Zivilbereich verlassen«, antwortete er gleichmütig.

Da ich als nächstes Ziel die »Trümmerweide« auf der Foster
Ranch eingeplant hatte, verabschiedete ich mich. Nach einer
guten halben Stunde war ich wieder auf dem US Highway 285

und fuhr in nördlicher Richtung weiter. Zusehends wurde die hügelige Wüstenlandschaft flacher, und nach dem winzigen Nest Mesa bog ich auf den State Highway 247 in Richtung Corona ab.

Nach einigen Stunden schweißtreibender Fahrt mit dem regelmäßigen Griff nach Getränken in der Kühlbox verließ ich den Highway, um auf einer endlosen »dirt road« (Schotterstrecke) zur Foster Ranch zu gelangen. Plötzlich war sie dann da, die Hütte, in der »Mac« Brazel und Major Marcel damals die Nacht verbracht hatten. Daneben stand immer noch der verrostete Wellblechschuppen mit dem Flachdach, in dem Brazel einen Teil der exotischen Trümmer untergebracht hatte.

Eigentlich war die Zeit hier stehengeblieben – 1947 oder 1995, was hatte das schon zu bedeuten? Zumindest gab es in diesem Fall keinen Zweifel, daß in einer Gewitternacht Anfang Juli 1947 an diesem Ort etwas Sonderbares vorgefallen war. Aber wen konnte ich dazu befragen? So weit das Auge reichte, war in dieser Einöde keine Menschenseele zu sehen, nicht einmal ein weidendes Schaf. Ich lief um Hütte und Schuppen herum, als könnte ich von ihren morphogenetischen Feldern Informationen auffangen.

Auf meiner Gebietskarte hatte ich die genaue Position der »Trümmerweide« markiert. Danach fuhr ich an zwei weißen Windmühlen vorbei bis zu einer Weggabelung, bog rechts ab auf einen schmalen Pfad und erreichte nach einigen Kilometern eine kleine Anhöhe, wo ich gleich rechter Hand auf die Trümmerweide stieß.

Als ich dort stand, hörte ich im Geist Marcel sen.: »Trümmer, so weit das Auge reichte. In einer Länge von etwa tausendzweihundert Metern und achtzig Metern Breite war die Weide mit Bruchstücken übersät, so, als sei irgend etwas in der Luft explodiert und dann heruntergefallen. Überraschend war nur, daß sich bestimmen ließ, woher das Ding in der Luft gekommen war und in welcher Richtung es sich fortbewegte, nämlich von Nordosten nach Südwesten ...«

Die Air Force behauptete in ihrer Stellungnahme, bei dem fraglichen Objekt habe es sich um den Mogul-Ballon-Flug 4 gehandelt. Was nach der Materialbeschreibung kaum zutreffen kann, da dieser Ballon aus Neopren, also aus Gummi, hergestellt war. Wenn überhaupt, käme allenfalls der aus Plastik – Polyäthylen – gefertigte, möglicherweise mit einer Radar-Reflektor-Nutzlast bestückte Mogul-Ballon-Flug 9 in Frage. Die Bruchstücke auf der Weide wurden meistens als flach und schalenförmig beschrieben. Ein Hinweis, der die Ballon-Unterstellung unter Umständen stützen würde.

Dem steht jedoch entgegen, daß die gesamte Hüllenfläche des Mogul-Flugs 9 selbst bei großzügigster Berechnung nur aus knapp hundertachtundsechzig Quadratmetern Polyäthylen bestand. Das hätte niemals ausgereicht, um die riesige Fläche der Trümmerweide zu bedecken. Dazu wären mindestens vier bis fünf gleichzeitige Abstürze des Mogul-Flugs 9 erforderlich gewesen. Bei dieser Überlegung wäre auch die Trümmerverteilung auf der Weide ein entscheidender Faktor. Aber leider ist die Dichte der Materialkonzentration nicht bekannt. Nach den Aussagen von »Mac« Brazel und Major Marcel war allerdings die gesamte Weidefläche mit Fragmenten übersät.

»Die Ausdünnung der Trümmer auf der Weide zeigte deutlich den Verlauf: Das Objekt flog von Nordosten nach Südwesten«, hatte Marcel in seiner Stellungnahme gesagt. Damit flog das Objekt jedoch genau in entgegengesetzter Richtung zur angeblichen Absturzstelle, die, von der Trümmerweide aus gesehen, also in südöstlicher Richtung auf der Hub Corn Ranch liegt. Demnach hätte das Objekt aus nordwestlicher Richtung kommen müssen. Die tatsächliche Flugroute läßt also eine ganz andere Absturzstelle vermuten, die, wie sich zeigen wird, auch viel logischer wäre.

Warum hatte Major Jesse Marcel nie über die Absturzstelle gesprochen, sondern stets nur vom Trümmerfeld? Und warum hatte er sich nie über das Wrack und die Leichen der Außerirdischen geäußert? Bohrende Fragen, auf die ich Antworten suchte, während sich mein Blick an der parallel zur Weide verlaufenden Anhöhe verfing. Es war absolut still ringsum, nur der Wüstenwind strich flüsternd über den Sand, das Gestein und fahle Grasbüschel.

Irritierende Widersprüche ... Denn Marcel war absolut davon überzeugt, daß die exotischen Bruchstücke von einem außerirdischen Flugobjekt stammten. Für ihn war dies die einzige Erklärung für die rätselhaften Eigenschaften des Materials. Oder war Marcel – bewußt oder unbewußt – Teil eines Komplotts, das dazu diente, von einer anderen, supergeheimen Operation abzulenken? War auch er nur eine Marionette in einem gigantischen Täuschungsmanöver, einer Desinformationskampagne, die bis heute anhält?

Auf dem Weg zum nächsten Nachbarn, der rund fünfunddreißig Kilometer entfernten Ranch der Familie Proctor, änderte sich das Landschaftsbild ganz unerwartet. Es war hügelig geworden, und aus dem roséfarbenen Sand erhoben sich dunkle Nadelbäume und blaugrünes Buschwerk. Kalkweiße Steinplatten bedeckten den Boden ausgetrockneter Flußläufe, und rötliche Felsblöcke säumten den Pfad, über den mein Jeep »hüpfte«. Über dem verzauberten Land wölbte sich ein azurblauer Himmel.

Ein Holzschild mit den ausgeblichenen Buchstaben PROCTOR'S führte mich zu einer Anhöhe. Dort stand das Ranchhaus – ein langgezogenes weißes Gebäude mit abblätternder Farbe und Fliegengittern, das offensichtlich bessere Zeiten erlebt hatte. Schützend erhob sich im Hintergrund das heilige

Felsmassiv, eine Kultstätte heimischer Indianer. Allerlei Gerät, ein ausgedientes altes Fuhrwerk sowie ein Autowrack rotteten vor sich hin. Beim Aussteigen spürte ich eine Katze, die mir zur Begrüßung um die Beine strich.

Die äußerst rüstige dreiundachtzigjährige Loretta Proctor musterte mich wohlwollend über den Rand ihrer Brille, als sie die Tür öffnete. Da ich mich telefonisch vorangemeldet hatte, führte sie mich ohne Umschweife in ihr heimeliges, holzgetäfeltes Wohnzimmer. An den Wänden ringsum hingen Fotos und Ölbilder mit Indianer- und Pferdemotiven sowie Familienaufnahmen. In den Regalen standen unter anderem wertvolle alte Indianer-Töpferwaren.

Nachdem wir es uns in den Sesseln bequem gemacht hatten, beantwortete Loretta Proctor bereitwillig meine Fragen. Sie erzählte mir, »Mac« Brazel sei damals bei ihnen – ihrem Mann und ihr – zu Pferd erschienen und habe ihnen allerlei Bruchstücke gezeigt, die er auf einer seiner Weiden entdeckt hatte, sowie Träger, die mit rosa- oder purpurfarbenen Schriftzeichen versehen waren. Die Funde hätten Ähnlichkeit mit Plastik und Balsaholz gehabt. Auch metallähnliche Fragmente seien dabei gewesen, die sich von selbst wieder glätteten, wenn sie zusammengeknüllt worden waren. »Wir sagten ›Mac‹, daß dieses Zeug wahrscheinlich von einer fliegenden Untertasse stamme und er es besser melden solle.« Bei diesen Worten sah mich Loretta Proctor leicht unsicher an und lachte verlegen.

»Könnte das Material nicht vielleicht doch von einem Ballon stammen?« gab ich zu bedenken.

»Auf gar keinen Fall!« Mit aller Bestimmtheit schüttelte sie den Kopf.

»Was passierte eigentlich danach?« wollte ich wissen.

»Sobald das Militär eingeschaltet war und ›Mac‹ ihnen in die Hände geriet, war er völlig verändert. Er sprach nie wieder über den Vorfall, war aber offensichtlich zu Geld gekommen, denn er hatte plötzlich einen neuen Pickup, zog nach Alamogordo, kaufte sich dort ein neues Haus und ein Tiefkühllagerhaus, obwohl er bis dahin doch ein armer Schlucker gewesen war.«

»Können Sie sich vorstellen, daß hier Schweigegeld im Spiel war oder gar ein gigantisches Komplott inszeniert wurde?«

Betroffen sah Loretta Proctor vor sich hin. »Ja«, sagte sie leise.

Das Komplott

In Roswell hatte der Sprecher des Rundfunksenders KGFL, Frank Joyce, Brazels phantastische Geschichte an Walt Whitmore, den Eigentümer des Senders, weitergegeben. Da dieser sofort eine Sensation witterte, fuhr er zur Foster Ranch hinaus, um Brazel nach Roswell zu holen und die Konkurrenz auf diese Art und Weise auszuschalten.

Am 7. Juli wurde beim Sender umgehend eine Tonbandaufzeichnung gemacht. Da es aber bereits zu spät geworden war, konnte sie in der Nacht nicht mehr ausgestrahlt werden.

Frank Joyce hatte jedoch inzwischen die Pressemeldung des Roswell Army Airfield an das Büro der Western Union weitergeleitet. »Danach rief mich ein Mann aus Washington D.C. an«, so Frank Joyce. »Er gab sich als Oberst Johnson aus und überschüttete mich in autoritärem Tonfall mit Wutausbrüchen, die keinen Widerspruch duldeten. Er wollte wissen, ob ich die Pressemeldung herausgegeben hatte. Natürlich bestätigte ich das. Ich weiß nicht mehr genau, was er nun ›vom Stapel ließ‹, sondern hatte nur noch den Eindruck, daß ich verdammt in Schwierigkeiten war. Als ich ihn darauf hinzuweisen wagte, daß ich Zivilist sei, brüllte er, das sei ihm sch ... egal und ändere nichts an der Tatsache. Ich wollte dem mit mir befreundeten Presseoffizier zwar keine Ungelegenheiten bereiten, kam aber letztlich nicht umhin, meine Informationsquelle preiszugeben. Ich wagte einen schüchternen Verteidigungsversuch und sagte, ›schließlich handelt es sich doch um eine offizielle Pressemeldung der 509. Bombergruppe‹. Das schlug dem Faß den Boden aus. ›Woher kam das?‹ zischte der Mann und knallte den Hörer auf. Eine knappe halbe Stunde später wurde die Pressemeldung in meinem Büro vom Militär konfisziert.«

Die Tonbandaufzeichnung des Brazelschen Interviews ging nie über den Äther, da dem Sender die Ausstrahlung auf direkten Befehl des Senators Dennis Chavez und der Federal Communications Commission untersagt worden war. George »Jud« Roberts, Anteilseigner von KGFL, erinnerte sich später: »Uns wurde klargemacht, daß wir vierundzwanzig Stunden Zeit hätten, um uns nach einem anderen Job umzusehen, wenn wir die Brazel-Story unter die Leute brächten.«

Aufgrund der »Übereinkunft« zwischen dem Militär und Walt Whitmore, besser gesagt, infolge der Anordnung des Militärs, wurde »Mac« Brazel am frühen Morgen des 8. Juli unter »Begleitschutz« vom Sender abgeholt.

George Walsh, dem Programmchef des anderen Roswell-Senders KSWS, gab Presseoffizier Walter Haut zu verstehen, daß ihm vom Verteidigungsministerium in Washington D.C. »nahegelegt« worden sei, »das Maul zu halten«. Nach Walshs Meinung ein sehr ungewöhnliches Verhalten; er hätte aber gern gewußt, ob das Ministerium die Meldung richtiggestellt habe oder wer nun für die Presse zuständig sei. Haut sagte daraufhin, »das weiß ich nicht. Mir wurde befohlen, ich zitiere: ›Halt's Maul.‹ Ende des Zitats.«

Beim *Roswell Morning Dispatch* ging dagegen ein offizieller Anruf ein, der lautete, daß die Pressemeldung ein Irrtum sei und es sich bei dem geborgenen Objekt um einen Wetterballon handele.

Johnny McBoyle, Reporter und Teilhaber von Radio KSWS in Roswell, telefonierte gegen sechzehn Uhr mit der Fernschreiber-Operatorin, Lydia Sleppy, von KOAT Radio in Albuquerque und sagte ihr: »Da ist eine von den fliegenden Untertassen nördlich von Roswell abgestürzt.« Er sei in einem Restaurant gewesen, erzählte er Sleppy, als ein Mann hereinkam und behauptete, er hätte das Ding in einem Viehschuppen gelagert. Daraufhin sei er, McBoyle, dorthin gefahren, um es sich anzusehen. Er beschrieb das Objekt als eine riesige eingedrückte Schüssel.

Sleppy begann McBoyles Story in den Fernschreiber zu tippen, bis die Maschine ganz abrupt stoppte. Danach schrieb sie aus: »Achtung Albuquerque: Übertragung abbrechen. Wiederhole, Übertragung abbrechen. Betrifft nationale Sicherheit. Bleiben Sie in Bereitschaft.«

»Vergessen Sie's«, sagte McBoyle zu Sleppy. »Sie haben nie was von der Geschichte gehört. Wie Sie sehen, dürfen Sie davon überhaupt nichts wissen. Sprechen Sie mit niemandem darüber.«

Um 18.17 Uhr sandte das FBI-Office in Dallas ein Fernschreiben an Direktor J. Edgar Hoover und den Special Agent in Charge (SAC), Cincinnati:

»Fliegende Untertasse, betrifft Information.

[Zensiert] das Hauptquartier der 8. Air Force teilte diesem Office telefonisch mit, daß ein Objekt, angeblich eine fliegende Untertasse, in der Nähe von Roswell, New Mexico, sichergestellt worden sein soll. Die Scheibe in sechseckiger Form war mit einem Kabel an einem Ballon [sic!] verankert. Dieser Ballon [sic!] hatte einen Durchmesser von rund sieben Metern. [Zensiert] weitere Empfehlung, daß das Objekt einem Höhen-Wetterballon mit Radarreflektor gleicht, daß jedoch das Telefonat zwischen deren Büro und Wright Field diese [zensiert beziehungsweise unleserlich gemacht] Annahme nicht bestätigen konnte.

Spezialmaschinen transportierten Scheibe und Ballon zur Untersuchung nach Wright Field. Aus Gründen des nationalen Interesses stellt dieses Office Informationen über den Vorfall zur Verfügung [zensiert beziehungsweise unleserlich gemacht], und auch wegen der Tatsache, daß die Nationale Rundfunkgesellschaft NBC, Associated Press und

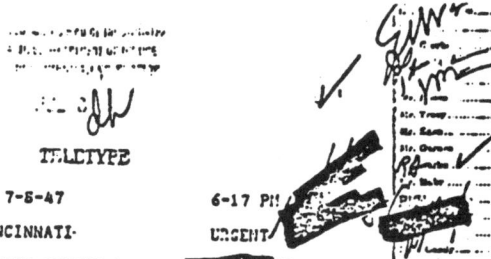

TELETYPE

FBI DALLAS   7-8-47   6-17 PM

DIRECTOR AND SAC, CINCINNATI·   URGENT

FLYING DISC, INFORMATION CONCERNING. ████████, HEADQUARTERS

EIGHTH AIR FORCE, TELEPHONICALLY ADVISED THIS OFFICE THAT AN OBJECT

PURPORTING TO BE A FLYING DISC WAS RE COVERED NEAR ROSWELL, NEW

MEXICO, THIS DATE. THE DISC IS HEXAGONAL IN SHAPE AND WAS SUSPENDED

FROM A BALLON BY CABLE, WHICH BALLON WAS APPROXIMATELY TWENTY

FEET IN DIAMETER. ████████ FURTHER ADVISED THAT THE OBJECT

FOUND RESEMBLES A HIGH ALTITUDE WEATHER BALLOON WITH A RADAR

REFLECTOR, BUT THAT TELEPHONIC CONVERSATION BETWEEN THEIR OFFICE

AND WRIGHT FIELD HAD NOT ██████ BORNE OUT THIS BELIEF. DISC AND

BALLOON BEING TRANSPORTED TO WRIGHT FIELD BY SPECIAL PLANE FOR EXAMINATIO

INFORMATION PROVIDED THIS OFFICE BECAUSE OF NATIONAL INTEREST IN CASE .

████ AND FACT THAT NATIONAL BROADCASTING COMPANY, ASSOCIATED PRESS, AND

OTHERS ATTEMPTING TO BREAK STORY OF LOCATION OF DISC TODAY. ████

████ ADVISED WOULD REQUEST WRIGHT FIELD TO ADVISE CINCINNATI

OFFICE RESULTS OF EXAMINATION. NO FURTHER INVESTIGATION BEING

CONDUCTED.

            WYLY

END   RECORDED

CXXXX ACK IN ORDER   29 JUL 22 1947

UA ½ FBI CI MJW

BPI HS

8-36 PM O

6-22 PM OK FBI WASH D.   YH

andere Agenturen heute den Standort der Scheibe veröffentlichen wollen. [Zensiert] Empfehlung, würde Wright Field ersuchen, das Cincinnati Office über die Untersuchungsergebnisse zu unterrichten. Es werden keine weiteren Ermittlungen durchgeführt.« (Eine Kopie dieses Fernschreibens liegt dem Autor vor.)

Im Fernschreiben wird eine stark verzerrte Beschreibung der Scheibe wiedergegeben. Wie auch immer, die dem FBI übermittelte Information stammt von Major E. M. Kirton, dem stellvertretenden Nachrichtenoffizier des Army-Airfield-Nachrichtendienstes in Fort Worth, der auf direkten Befehl von Brigadegeneral Roger Ramey, Kommandant der 8. Air Force, handelte. Zu diesem Zeitpunkt hatte die Army Air Force allerdings nicht die Absicht, dem FBI Einzelheiten über die sichergestellten »Fundstücke« preiszugeben, sondern wollte nur die Unterstützung des »Bureau's«, um die außer Kontrolle geratene Fliegende-Untertassen-Story abzuwürgen. Da die Presse letztlich die Wetterballon-Erklärung »schluckte«, bestand keine Veranlassung mehr, das FBI weiterhin zu informieren.

Es dürfte kaum ein Zweifel darüber bestehen, daß »Mac« Brazel während seines »Zwangsurlaubs« auf der Roswell-Basis »umgedreht« wurde oder, besser gesagt, sich freiwillig/unfreiwillig dazu überreden ließ, seiner Trümmerweiden-Geschichte eine »Neufassung« zu geben. Jedenfalls erschien er am Abend des 8. Juli in Begleitung von zwei Offizieren im Büro des *Roswell Daily Record*, um sich für ein Interview zur Verfügung zu stellen.

Zwei Reporter aus Albuquerque, Robin D. Adair und Jason Kellahin, waren von Associated Press in New York nach Roswell geschickt worden, um Aufnahmen von Brazel und Sheriff Wilcox telegrafisch zu übermitteln. Brazel erzählte den Reportern nun, daß er bei der Inspektion seiner Viehweiden in

Begleitung seiner Frau, seiner Tochter Betty und seines Soh-
nes Vernon Bruchstücke gefunden habe.

In dem Interview, das der *Roswell Daily Record* in seiner
Ausgabe vom 9. Juli 1947 veröffentlichte und das von den
Rundfunksendern übernommen wurde, behauptete Brazel
nun plötzlich, das Objekt sei aus rauchgrauem Gummi gefer-
tigt und über eine Fläche von rund hundertachtzig Metern
Durchmesser verstreut gewesen. Der Zeitungsartikel im *Roswell Daily Record* vom 9. Juli 1947 lautet folgendermaßen:

»Brazel erklärte, er und sein achtjähriger Sohn Vernon
seien am 14. Juni etwa zehn oder zwölf Kilometer vom Ranchhaus der von ihm verwalteten J. B. Foster Ranch entfernt auf
ein großes, mit hellen Wrackteilen übersätes Gebiet gestoßen. Die Wrackteile bestanden aus Gummistreifen, Alufolie,
sehr widerstandsfähigem Papier und Stöcken.

Damals war Brazel in Eile, mit seiner Runde fertig zu werden, und achtete daher nicht darauf. Aber er erinnerte sich
daran, es gesehen zu haben. Am 14. Juli ging er mit seiner
Frau, der vierzehnjährigen Tochter Betty und Vernon zu dieser Stelle zurück und las eine Menge der Trümmer auf.

Am nächsten Tag hörte er erstmals von den fliegenden
Untertassen und wunderte sich, ob die von ihm und seiner
Familie gefundenen Bruchstücke von einer solchen stammen
könnten.

Am Montag kam er in die Stadt, um Wolle zu verkaufen,
und weil er schon einmal dort war, suchte er Sheriff George
Wilcox auf und brachte ihm vertraulich, ›unter vorgehaltener
Hand‹, bei, daß er möglicherweise eine fliegende Untertasse
gefunden hätte.

Wilcox setzte sich mit dem Army Airfield in Verbindung,
und Major Jesse A. Marcel und ein Zivilist begleiteten ihn nach
Hause, wo sie die restlichen Trümmerstücke der Scheibe
zusammenzusetzen versuchten, um diese zu rekonstruieren.

Brazel zufolge waren sie dazu überhaupt nicht imstande. Dann versuchten sie, einen Drachen daraus zu machen oder es sonstwie passend zusammenzusetzen. Aber auch das gelang ihnen nicht.

Dann brachte Major Marcel das Zeug nach Roswell, und das war das letzte, was er davon hörte, bis die Geschichte die Runde machte, er habe eine fliegende Scheibe gefunden.

Brazel sagte, er hätte sie weder vom Himmel fallen gesehen noch in dem Zustand, bevor sie zerfetzt war. Deshalb wisse er auch nicht, welche Größe oder Form sie gehabt hätte. Aber er dachte, sie könnte etwa die Größe einer Tischplatte gehabt haben. Der Ballon, von dem sie getragen wurde, falls es so gewesen sei, war seiner Meinung nach etwa vier Meter lang – verglichen mit der Größe des Raumes, in dem er saß. Das Gummimaterial sah rauchgrau aus und war über ein Gebiet von rund hundertachtzig Metern Durchmesser verstreut.

Nachdem die Trümmer aufgelesen waren, ergaben Alufolie, Papier, Band und Stäbe ein Bündel von knapp einem Meter Länge und zwanzig Zentimetern Stärke, während das Gummibündel eine Länge von rund fünfzig Zentimetern und zwanzig Zentimetern Stärke hatte. Seiner Schätzung nach hätte das alles in allem nicht mehr als zweieinhalb Kilo gewogen.

In dem Gebiet fanden sich keinerlei Anzeichen von Metall, die von einem Triebwerk oder Propeller stammen könnten, obwohl mindestens eine Papiersteuerflosse auf Alufolie geklebt war.

Auf den Instrumenten wurde keine Beschriftung gefunden, auch wenn sich auf einigen Teilen Buchstaben befanden. Bei der Konstruktion wurden beachtliche Mengen Tesafilm und eine Art Klebestreifen verwendet.

Weder Schnüre noch Drähte wurden gefunden, aber einige Ösen im Papier ließen eine Art Befestigung vermuten.

Brazel sagte, er sei früher schon auf zwei Wetterbeob-
achtungsballons gestoßen; aber was er dieses Mal entdeckt
hätte, sei damit in keiner Weise zu vergleichen.

›Ich bin sicher, daß es sich bei meinem Fund um keinen
Wetterbeobachtungsballon gehandelt hat. Sollte ich aber
außer einer Bombe noch etwas anderes entdecken, werde ich
Ihnen das Leben schwermachen, bevor Sie mir auch nur eine
Silbe entlocken!‹ sagte Brazel.« – Soweit der Bericht im *Ros-
well Daily Record*.

Die vom Redakteur des *Roswell Daily Record*, Paul McEvoy, er-
wähnten Offiziere begleiteten Brazel aus der Zeitungsredak-
tion. Auf dem Weg zum Wagen liefen ihnen zufällig zwei von
Brazels Nachbarn über den Weg, Floyd Proctor und Lyman
Strickland. Sie wunderten sich, warum Brazel an ihnen wie an
Fremden vorüberging.

Zwei weitere Nachbarn, Leonard Porter, Besitzer einer
Ranch südlich derjenigen der Proctors, und der Rancher Bill
Jenkins hatten Brazel in Roswell im Kreis von Militärs gesehen; er habe mit niedergeschlagenen Augen dort gestanden
und vorgegeben, niemanden zu sehen.

Brazel wurde mit einer Militäreskorte zum Rundfunk-
sender KGFL gebracht. Er »durfte« allein hineingehen. Frank
Joyce zufolge stand er dort an der Wand und erzählte die ihm
vorher aufoktroyierte Deckgeschichte, wonach das sonderbare Objekt nichts anderes gewesen sei als ein Ballon.

Joyce war empört und sagte Brazel unverblümt, er hätte
trotz besseren Wissens die Unwahrheit gesagt. Er erinnerte
ihn daran, daß er ein paar Tage zuvor, als das Militär noch nicht
bei ihm aufgetaucht war, einen völlig anderen Sachverhalt
geschildert hätte. Insbesondere habe er mit keiner Silbe erwähnt, daß er einen »Familienausflug« auf das Ranchgelände
gemacht habe, und es sei wohl seinem Gedächtnis entfallen,

daß er vorher erheblich größere Ausmaße des Trümmerfeldes beschrieben hätte als die inzwischen auf rund hundertachtzig Meter Durchmesser geschrumpfte Fläche.

Jedenfalls ließ sich Brazel von seiner neuen Version nicht mehr abbringen. Hochgradig erregt meinte er schließlich: »Es kann sehr schwierig für mich werden.« Wahrscheinlich waren ihm die Konsequenzen vor Augen geführt worden, falls er sich anders besinnen sollte.

Während des Interviews blieb Joyce am Controlboard des Senders. Nur hin und wieder streifte er Brazel mit einem flüchtigen Blick. Nach Beendigung der Sendung verließ Brazel das Gebäude und wurde draußen von den wartenden Offizieren in Empfang genommen. Die brachten ihn zur Basis zurück, wo er dann sozusagen in Einzelhaft festgehalten wurde.

Als er Wochen später seine Nachbarn Lyman und Marian Strickland aufsuchte, beklagte er sich bitterlich über die ihm durch die Offiziere zuteil gewordene schlechte Behandlung während der achttägigen Haft. Er durfte nicht einmal zu Hause in Tularosa anrufen, um seiner Frau zu sagen, wo er festgehalten wurde.

Da er den jungen Proctor schützen wollte, hatte er den Offizieren fälschlich erzählt, er sei allein auf der Ranch gewesen, als er bei seinem Routineritt auf das Trümmerfeld stieß. Anscheinend war der Junge aber mit Freunden vor Beginn der Aufräumungsarbeiten durch das Militär nochmals dort gewesen. Dabei hatte einer der Knaben heimlich ein paar Trümmer »mitgehen lassen«, um sie seinem Vater zu zeigen. Später hatten sie das Material in der Scheune versteckt.

Der militärische Nachrichtendienst kam nur zu bald dahinter, was vorgefallen war, einschließlich der Tatsache, daß »Dee« Proctor mit Brazel zusammen auf der Trümmerweide und der Junge danach mit einigen Freunden nochmals dort gewesen war. Innerhalb weniger Tage wurden die beteiligten

Jungen von Militärpersonen verhört und veranlaßt, das sich
»unrechtmäßig in ihrem Besitz« befindliche Material sofort
abzuliefern. Das jedenfalls ergaben die Recherchen von
Randle und Schmitt.

Nach seiner Rückkehr aus der Haft sprach Brazel kaum
darüber, was er in Roswell erlebt hatte. Einige seiner Nachbarn berichteten, er hätte von einem auf der Ranch gefundenen Wetterballon gesprochen. Aber der zwei Monate nach
dem Ereignis eingestellte Rancharbeiter Tommy Tyree behauptete, es sei eine der japanischen Ballonbomben gewesen,
die im Verlauf des Zweiten Weltkrieges zur Anwendung gekommen waren.

Im engsten Familien- und Freundeskreis erzählte »Mac«
Brazel allerdings eine anderslautende Geschichte, wenn er
auch nie vergaß, daß ihn die Armee einen Schweigeeid hatte
ablegen lassen. Bill Brazel äußerte in diesem Zusammenhang
lediglich, daß sein Vater das Zeug gefunden und ihm darüber
etwas erzählt habe. Nicht viel. Schließlich sei er von der Air
Force veranlaßt worden zu schwören, gegenüber keinem
Menschen Einzelheiten von dem Vorfall zu berichten. »Und
mein Vater gehörte zu den Männern, die ihr Schweigen selbst
auf dem Sterbebett nicht brechen.«

Trotz der akribischen Vorkehrungen des Militärs, restlos
alle Bruchstücke von der Trümmerweide zu bergen, fand
»Mac« Brazels Sohn Bill immer wieder Materialfragmente. »Eines Abends, etwa zwei Jahre nach dem Vorfall, fuhr ich nach
Corona«, erzählte er. »Ich erinnere mich, irgend jemandem gegenüber meine Bruchstücksammlung auf der Ranch erwähnt
zu haben. Wahrscheinlich hatte ich zuviel geredet; das hätte
ich besser unterlassen. Denn am nächsten Tag kam ein Stabs-
fahrzeug mit einem Captain und drei Soldaten. Mein Vater
war zu diesem Zeitpunkt unterwegs. Wie sich aber herausstellte, galt der Besuch mir. Der Captain, ich glaube, er hieß

Armstrong, hatte offensichtlich von meiner Sammlung ›Wind bekommen‹ und wollte sie sehen. Natürlich zeigte ich ihm alles. Daraufhin erklärte er mir, daß das Zeug für die nationale Sicherheit von eminenter Bedeutung sei und ich es ihm auszuhändigen hätte. Besonders interessiert war der Captain an dem angelschnurähnlichen Material, das sich übrigens weder zerschneiden noch brechen ließ. [Jahre später wurden diese ›Schnüre‹ von Augenzeugen mit Glasfaserkabeln verglichen.] Was blieb mir also übrig, als dem Captain das Material zu übergeben.«

So wie andere Nachbarn des Verwalters der Foster Ranch bestätigte auch Alma Hobbs, die Tochter der Proctors, daß der 1963 verstorbene »Mac« Brazel nach dem Zwischenfall plötzlich zu viel Geld gekommen sein müsse. Denn er kaufte nicht nur das neue Haus in Tularosa und das Kühlhaus in Las Cruces, sondern investierte noch beträchtliche Summen im Fleischverpackungsgewerbe.

Nach den Berichten von Augenzeugen wurden die Wrackteile, die aufgefundenen Trümmer und die Leichen der Außerirdischen im Hangar 84 der Roswell-Basis untergebracht, nachdem er speziell für diesen Zweck geräumt worden war. Frank Kaufmann, mit dem ich 1995 in Roswell ein langes Gespräch geführt habe, bestätigte mir diesen Vorgang, und auch die Tatsache, daß die vorher im Basis-Hospital von zwei Pathologen – Major Sanford vom Beaumont General Hospital in Fort Bliss, Texas, und Major Sullivan aus Chicago – einer vorläufigen Autopsie unterzogenen Leichen im Hangar von einem oben angebrachten grellen Scheinwerfer – zur Unterstützung der Wachposten – angestrahlt wurden. Das Gelände rings um den Hangar 84 stand unter strengster Bewachung der Militärpolizei.

Übrigens wird der so »berühmt« gewordene Hangar 84,

den ich mir natürlich angesehen habe, heute zur Wartung von Frachtflugzeugen genutzt.

Sergeant Melvin E. Brown war bei der Überführung der toten Außerirdischen nicht nur als Wache abkommandiert, sondern gehörte anschließend auch zum Wachpersonal des Hangars 84. Brown behauptete, dabei ein paar der Leichen gesehen zu haben. Das jedenfalls erfuhr der englische UFO-Forscher Timothy Good von einer der Töchter Melvin E. Browns, Beverly Bean: »Ich glaube, Dad las diesen Artikel Ende der siebziger Jahre im *Daily Mirror*, tippte mit dem Finger darauf und sagte uns: ›Ich war dort!‹ Er sagte, bis auf einen Punkt sei alles wahr gewesen, und ergänzte, daß jeder verfügbare Mann zu dieser Absturzstelle abkommandiert wurde. Sie hatten um das, was immer es war, einen Kordon zu bilden, bis es auf einen Sattelschlepper verladen war. Ferner erhielten sie den Befehl, nicht hinzuschauen, keine Notiz davon zu nehmen, und wurden zu strengster Schweigepflicht vereidigt.

Ich erinnere mich, daß mein Vater verwundert war, warum sie Kühlwagen haben wollten. Und er mußte mit einem Kameraden hinten auf einem Lastwagen sitzen, um das ›Zeug‹ zu einem Hangar zu begleiten. Es war in Trockeneis verpackt. Wie er sagte, hatte er die Plane hochgehoben und darunter drei Leichen erblickt. Man hätte sich vor ihnen nicht fürchten müssen, denn sie sahen freundlich aus und hatten angenehme Gesichter. Er sagte, ihr Gesichtsschnitt sei in etwa als asiatisch zu bezeichnen, wenn sie auch größere, kahle Köpfe hatten. Sie waren von gelblicher Hautfarbe. Dad fühlte sich nicht ganz wohl in seiner Haut. Schließlich wußte er, daß er etwas streng Verbotenes tat. Also warf er nur noch einen flüchtigen Blick darauf, bevor er die Plane wieder sorgfältig darüberdeckte. ›Mit ihren Schlitzaugen wären sie ohne weiteres als Chinesen durchgegangen!‹ sagte er.«

Auf dem Roswell Army Airfield war Brown zur Bewachung
des Hangars eingeteilt. Dort forderte ihn sein kommandierender Offizier auf, mit ihm in den Hangar zu gehen. Als sie
drinnen waren, war nichts zu sehen. Denn alles war bereits
zum Abtransport am nächsten Tag verpackt.

36 Sergeant Melvin
»Brownie« Brown (links)
gehörte zum Wach-
personal des Hangars 84
und bekam dort
nach Aussagen seiner
Tochter die ET-Leichen zu
Gesicht.

Hin und wieder besprach Melvin Brown den Vorfall mit
seiner Frau und den drei Töchtern, aber hinterher bereute er
es regelmäßig. In diesem Zusammenhang erzählte seine Tochter Beverly, daß er jedesmal die »Jalousien herunterließ, wenn
sie mehr wissen wollten«. Dennoch hätte er wohl gern mit
irgend jemandem darüber gesprochen. Sobald jedoch Fragen
gestellt wurden, verstummte er. Auch im Schlaf ließ ihn das
Geschehen nicht zur Ruhe kommen, wie seinem Gemurmel zu
entnehmen war. Selbst auf dem Sterbebett machte ihm die
Geschichte noch zu schaffen.

»Freundlicherweise erhielt ich von Beverly Kopien über die militärische Laufbahn ihres Vaters, aus denen hervorgeht, daß er im betreffenden Zeitraum 1947 in Roswell stationiert war«, schreibt Timothy Good. »Allerdings sind sie kein Beweis dafür, daß er die Leichen der Außerirdischen gesehen hat, aber zumindest geht daraus hervor, daß er auf eine makellose Karriere in der US Army und in der Air Force zurückblicken konnte und im Zweiten Weltkrieg hohe Auszeichnungen erhalten hatte. Durch seinen ›Non-Commissioned-Officer-Club-Ausweis‹ des Roswell Army Airfield wird bestätigt, daß er im Juli 1947, also zur Zeit der Bergung des Wracks, der Leichen und der Trümmer, in der Tat Mitglied war.«

Bei einem Gespräch mit Frank Kaufmann erwähnte dieser noch den stark in die Angelegenheit verwickelten Fotografen Woodrow Jack Rodin aus Roswell. Dieser wurde in den Hangar gebracht, um einige der sichergestellten Bruchstücke zu fotografieren. Ein Soldat händigte Rodin fotografische Platten aus, die er belichten und anschließend dem Soldaten wieder zurückgeben mußte. Als Rodin seine Arbeit beendet hatte, wurde eine Bestandsaufnahme der belichteten Platten angefertigt, um sicherzugehen, daß keine verschwunden war. Danach wurde der Fotograf unter Begleitschutz wieder nach Hause gefahren. Natürlich war auch er zum Schweigen vereidigt worden.

Nachdem Rodin gegangen war, durfte außer den Wachen niemand im Hangar bleiben. In der Mitte des Hangars befanden sich in einem von oben hell beleuchteten großen kastenähnlichen Verschlag die für den Abtransport bestimmten Leichen, Wrackteile und Bruchstücke. Obwohl der Hangar durch eine komplette Wachmannschaft abgesichert war, hielten im Innern, um den Kasten herum, zusätzliche MPs Wache. Niemand konnte den Hangar ohne Spezialausweis betreten oder sich gar dem Kastenbereich nähern. Laut Kaufmann

1 *(oben)* Sogenannte Dirt Road – Schotterstraße – quer durch die endlose Hochwüste von New Mexico.
2 *(unten)* Die violetten Kronen der Capitan-Berge im Lincoln County über seinen idyllischen Tälern und Waldgebieten.

3 *(links)* Absturzstelle zirka 56 Kilometer nordwestlich von Roswell. Hier wurden das außergewöhnliche Wrack und seine tote Mannschaft laut Augenzeugen am 5. Juli 1947 geborgen.

4 *(oben)* Die Absturz- oder Bergungsstelle war damals, am 5. Juli 1947, vom Militär total abgesperrt.

5 *(unten)* Ein alter Pickup aus jener Zeit rostet als stiller Zeuge verloren vor sich hin.

6 *(oben)* Es gibt unzählige Sternensysteme wie unsere Milchstraße, in deren Spiralarmen mit großer Wahrscheinlichkeit Planetensysteme existieren.

7 *(unten)* Die Entdeckung ständig neuer Planetensysteme in unserer Milchstraße läßt auf die Existenz außerirdischen Lebens schließen.

8 Mit Hilfe des 304 Meter großen Radioteleskops in Arecibo, Puerto Rico,
ersucht Projekt Phoenix außerirdische Botschaften aufzufangen.

9 *(oben)* Hütte und Schuppen auf der Foster Ranch. Hier übernachteten Major Marcel, Captain Cavitt und »Mac« Brazel, der Verwalter, vom 6. auf den 7. Juli 1947. Im Schuppen hatte Brazel bereits einige Bruchstücke in Sicherheit gebracht.

10 *(unten)* Die Trümmerweide auf der Foster Ranch. Hier entdeckte Brazel mit dem kleinen William »Dee« Proctor die exotischen Wrackteile.

11 *(oben)* Hangar 84 auf der ehemaligen Roswell Army Air Base, in dem die Wrackteile des abgestürzten Flugobjekts und die angeblichen Leichen der Außerirdischen für den Abtransport unter strenger Bewachung gelagert wurden.

12 *(unten)* Das ehemalige Roswell-Basis-Hospital. Hier wurden die Leichen, laut Augenzeugen, einer ersten Obduktion unterzogen.

13 *(oben)* Hier, in der ehemaligen Kneipe von Corona, zeigte »Mac« Brazel einigen Bekannten Bruchstücke des rätselhaften Materials.

14 *(unten)* Das Chavez County Sheriff's Office in Roswell. Hier suchte Brazel den damaligen Sheriff George A. Wilcox nach seiner Entdeckung auf.

15 *(oben)* Die Feuerwache in Roswell. Von hier aus fuhr der Feuerwehrmann Dan Dwyer mit seiner Mannschaft am Morgen des 5. Juli 1947
mit einem Löschzug zur Absturzstelle.

16 *(unten)* Die Polizeiwache in Socorro. Am 25. April 1964
wurde der Police Officer Lonnie Zamora Augenzeuge einer UFO-Landung
am Stadtrand.

17 Eigenen Aussagen zufolge war Frank Kaufmann als
Mitglied eines strenggeheimen Spionage-Abwehr-Teams – Codename
»The Nine« – maßgeblich an der Bergung des Wracks und der
Leichen (die er für mich zeichnete) beteiligt.

18 *(oben)* Die 84jährige Loretta Proctor, Nachbarin des inzwischen erstorbenen Verwalters der Foster Ranch, »Mac« Brazel. Von ihr erfuhr ich Einzelheiten über die damaligen Vorgänge.

19 *(unten)* Glenn Dennis mit mir vor dem Ballard-Beerdigungsinstitut in Roswell. Er war damals für das Institut tätig und berichtete mir erstaunliche Einzelheiten über die Leichen der Außerirdischen.

20 *(oben)* Walter Haut, der damalige Presseoffizier der 509. Bomber-gruppe der Roswell-Basis. Auf Befehl des Basiskommandanten Oberst Blanchard veranlaßte er die Veröffentlichung über die Bergung einer fliegenden Untertasse.

21 *(unten)* Der ehemalige Operationsoffizier Robert J. Shirkey war an der Verladung der Wrackteile des UFOs in die B-29 als Augenzeuge beteiligt und wußte zudem von der Existenz der Leichen der Außerirdischen im Hangar 84.

22 *(oben)* Socorro, UFO-Landestelle. Hier beobachtete der Polizeioffizier Lonnie Zamora am 25. April 1964 ein eiförmiges Objekt, das gelandet war. Die hinterlassenen Metallabriebspuren geben bis heute Rätsel auf.

23 *(unten)* Landschaft auf dem Weg von Socorro nach Magdalena.

24   Das Felsentor bei Magdalena. Nach Aussagen des Santillischen Kameramannes »J. B.« soll hier im Trockensee vor dem Felsentor am 3. Juni 1947
auch ein abgestürztes UFO mit seiner Besatzung – den Freaks – geborgen worden sein.

25/26 Felsentor und Absturzstelle bei Magdalena. Es ist deutlich zu erkennen, daß hier vor langer Zeit Erdarbeiten beziehungsweise eine Aufschüttung des Bodens – kreisförmig – durchgeführt wurden. Der Autopsiefilm (Santilli) zeigt angeblich die *hier* und nicht die bei Roswell geborgenen Leichen.

hatten die Wachen bei jeder unautorisierten Annäherung Schießbefehl. Bezeichnenderweise ließ Frank Kaufmann verlauten, der Verschlag würde nach Andrews Army Airfield, Washington D.C., und von dort anschließend zum Army Airfield in Dayton, Ohio, abtransportiert werden. Der Abflug von Roswell erfolgte nachts zwischen zwei und drei Uhr. Andere, bereits festgelegte Flüge wurden umdirigiert, Bestimmungsorte im Verlauf der Flüge geändert, während bei anderen nachträglich die Dokumente »frisiert« wurden. Kaufmann hatte nie zuvor derartig aufeinander abgestimmte Bemühungen zur Durchführung von Vertuschungsmanövern erlebt, die offensichtlich für den Fall alle Spuren verwischen sollten, daß irgend jemand versuchen würde, Nachforschungen anzustellen.

Kaufmann kannte natürlich den Bestimmungsort der Leichenkisten, da er sich mit dem Verbindungsoffizier Robert Thomas an Bord der Transportmaschine, einer C-54, befand. Der Flugkommandant war Oliver »Pappy« Henderson. Die im Hangar 84 gelagerten Kisten wurden nachts unter außergewöhnlichen Sicherheitsmaßnahmen in die Maschine gebracht. Während des Verladens waren alle Lichter im Hangarbereich gelöscht. Wachpersonal und Mannschaften mußten Taschenlampen benutzen, um sehen zu können.

Auf dem Andrews Army Airfield wurden die Kisten dann im Schutz der Dunkelheit ausgeladen und für etwa vierundzwanzig bis dreißig Stunden in einem streng bewachten Hangar gelagert, um dem Army Chief of Staff (Armeegeneralstabschef), Dwight D. Eisenhower, sowie dem Secretary of War (Kriegsminister), Robert P. Patterson, zu ermöglichen, wenigstens eine der Leichen zu sehen.

Laut Kaufmann wurden nicht alle Leichen in einer Maschine transportiert, sondern auf zwei Transportmaschinen verteilt, um zu verhindern, daß bei einem eventuellen Absturz alles Beweismaterial vernichtet würde.

Die zweite Maschine startete etwa eine halbe Stunde nach der ersten.

Später wurden die Leichenkisten erneut in Flugzeuge verladen und zum Patterson Army Airfield geflogen. Übrigens lagen Wright Field und Patterson Field nahe beieinander; streng geheime Flüge wurden jedoch zu letzterer Basis dirigiert. Beide Basen wurden dann zum ausgedehnten Wright-Patterson-Air-Force-Basis-Komplex vereint.

Im Verlauf all dieser Ereignisse wurden, laut Kaufmann, nicht nur Akten geändert, sondern auch persönliche Dokumente, Referenz- und Aktenzeichen sowie Codewörter und Seriennummern, um bei einer späteren Nachforschung auszuschließen, daß diejenigen ausfindig gemacht wurden, die an der Bergung beteiligt gewesen waren. Durch ein gigantisches Komplott wurden sämtliche Spuren sorgfältig verwischt. Und das alles nur wegen eines harmlosen Wetterballons?

Erscheint es nicht geradezu lächerlich, daß ganze Militärkolonnen abkommandiert wurden, um die »Fetzen« eines angeblich abgestürzten Wetterballons aufzulesen? Mutet es nicht sonderbar an, daß neun riesige Militärtransportmaschinen dazu abgestellt waren, um zahllose Kisten mit der Aufschrift TOP SECRET, die lediglich die Bruchstücke eines Wetterballons enthielten, »weiß-Gott-wohin« zu befördern?

So am:

6. Juli 1947: ein Flug von Roswell nach Fort Worth zum
     Hauptquartier der 8. Air Force, dann weiter nach
     Washington D.C.;

8. Juli 1947: ein weiterer Flug nach Wright Airfield, Dayton,
     Ohio;

8. Juli 1947: ein Flug von Washington D.C. nach Roswell.
     Dort Entgegennahme einer großen, versiegelten
     »Trümmerkiste« durch die Besatzung;

8. Juli 1947: ein Flug von Roswell nach Fort Worth, Texas;

9. Juli 1947: Pressekonferenz mit Brigadegeneral Roger
    Ramey, in deren Folge die Fortsetzung der Flüge
    angeordnet wurde; drei Sonderflüge von Roswell nach
    Los Alamos;
9. Juli 1947: ein Flug von Roswell nach Fort Worth, Texas;
10. Juli 1947: ein Flug von Roswell nach Wright Airfield,
    Dayton, Ohio; dann weiter mit unbekanntem Ziel.

Diesen »Frachtflügen« waren hektische Aktivitäten und
Konferenzen auf höchster Ebene vorausgegangen.

Nach vorliegenden Protokollen haben sich am Montag,
dem 7. Juli 1947, folgende Ereignisse zugetragen: Die Roswell-
Basis nahm Verbindung mit dem Pentagon in Washington D.C.
auf.

General Curtis LeMay, der Vizestabschef der Air Force für
Forschung und Entwicklung, traf sich mit dem Vizekommandanten und Stabschef der Air Force, General Hoyt Vandenberg, im Pentagon. Thema: fliegende Untertassen.

General Nathan Twining, kommandierender General des
Lufttechnischen Nachrichtendienstes (ATIC) in Wright Field,
Dayton, Ohio, flog über Kirtland, Albuquerque, völlig unan-
gekündigt nach Alamogordo Field, New Mexico. Seine Dienst-
stelle beantwortete die Interviewanfragen von Reportern des
Houston Chronicle und des *Portland Oregonian* mit dem
Bescheid, daß der General abwesend sei – wahrscheinlich in
Washington D.C. Twining hielt sich in Wirklichkeit aber bis
zum 10. Juli in New Mexico auf. Am 16. Juli flog er über-
raschend zur Roswell-Basis und traf erst am Abend wieder in
Wright Field ein.

Noch mit Datum dieses Tages schickte er ein Entschuldi-
gungsschreiben für seine Absage des für den 10. Juli einge-
planten Besuchs der Boeing-Werke in Wichita, Kansas, wo er
vom Boeing-Vizepräsidenten J. E. Schäfer zur Besichtigung
des XL-15-Projekts erwartet worden war. Er teilte mit, daß er

seine Reisepläne »aufgrund einer sehr wichtigen und plötzlich sich entwickelnden Angelegenheit« habe ändern müssen. Es sei ihm deshalb leider erst jetzt möglich zu schreiben, da er die letzten beiden Wochen ständig außer Haus gewesen wäre. Unterwegs nahm er sogar zum UFO-Thema Stellung. So zitierte ihn am 9. Juli 1947 das *Albuquerque Journal* mit den Worten, »die ›fliegenden Untertassen‹ sind definitiv nicht das Produkt von Air-Force-Experimenten«.

Der CIC-Agent Lewis S. Rickett äußerte, daß eine »Flugzeugladung mit hohen Tieren« unter strengster Abschirmung von der Kirtland-Basis eintraf, um diese Geschichte »in die Hände« zu nehmen. Einige Bruchstücke wurden mit dieser Maschine am nächsten Tag ausgeflogen. Als Rickett sich nach dem Zielort der Maschine erkundigte, wurde ihm die Antwort zuteil, sie »flöge nach Osten«. Schluß der Vorstellung!

Laut Rickett wurde »Mac« Brazel übrigens am Nachmittag des 9. Juli 1947 über die Foster Ranch geflogen. Außerdem wurde er während seiner Haft auf der Basis von dem namhaften Spezialisten für die Erforschung der Flugbahnen von Himmelskörpern, Dr. Lincoln LaPaz, vom Institut für Meteor- beziehungsweise Meteoritenforschung an der Universität von New Mexico interviewt. LaPaz war besonders an der Aussage Brazels interessiert, seine Schafe hätten sich bei der Entdeckung der Trümmer in deren Nähe seltsam verhalten. Der Wissenschaftler entnahm der Trümmerweide Erdproben sowie Sand, der sich offenbar durch große Hitzeeinwirkung in eine glasartige Substanz verwandelt hatte.

»Wir füllten eine Kiste mit diesem Material. Soweit ich mich erinnere, waren auch ›Metallteile‹, ähnlich wie ›Alufolie‹, dabei«, sagte Rickett und fügte hinzu, daß diese Stelle »einige Meilen von der anderen entfernt« war. Zudem erinnerte er sich daran, daß LaPaz sagte, er sei sicher, daß das Ding in Schwierigkeiten geraten war, wegen Reparaturarbeiten eine

Notlandung habe vornehmen wollen, dann aber wieder abhob und explodierte. Seiner Meinung nach gäbe es keinen Zweifel, daß nicht nur ein Flugkörper im Spiel war, sondern auch andere, die nach dem in Not geratenen gesucht hätten.

Oberst Thomas Jefferson DuBose, Adjutant von Brigadegeneral Roger M. Ramey, erhielt nachmittags zwischen zwei und drei Uhr in Fort Worth einen Anruf von General Clements McMullen aus dem Pentagon. Dieser befahl DuBose, das Material nach Carswell zum Basis-Kommandanten Al Clark zu senden, der es persönlich McMullen im Pentagon überbringen würde. McMullen wies darauf hin, daß das gesamte Geschehen streng geheim zu behandeln sei und niemand mit anderen darüber sprechen dürfe. DuBose setzte sich daraufhin telefonisch mit Oberst Blanchard in Roswell in Verbindung und befahl ihm, die Bruchstücke nach Fort Worth transportieren zu lassen.

Robert E. Smith, der damals bei der 1.-Air-Transporteinheit in Roswell stationiert und zur Verladung der Wrackteile abgestellt war, erklärte an Eides Statt unter anderem: »Ich mußte Kisten mit Bruchstücken in die Transportmaschinen verladen. Alle Beteiligten, die zum Hangar 84 auf der Ostseite der Startbahn gingen, wußten, was ›gespielt‹ wurde. Unsere Leute mußten die Kisten nach Maß anfertigen, um sie dem Laderaum der Flugzeuge anzupassen. Ich sah kleinere und größere gezackte Materialfragmente. Wenn es zusammengeknüllt wurde, nahm es von selbst wieder seine ursprüngliche Form an und glättete sich automatisch, knisterte dabei wie Zellophan! Einer von unseren Leuten ließ ein Stück mitgehen.

Das größte Wrackteil war ungefähr acht Meter lang, zwei Meter breit und ebenso hoch. Die Kisten waren beschriftet, aber ich habe vergessen, was darauf stand. Für die Beladung

brauchten wir einen ganzen Tag. Ganz ungewohnt war, daß
uns das Mittagessen gebracht wurde.

Offiziell hieß es, ein Flugzeug sei abgestürzt. Von einem
Mann aus Roswell erfuhren wir jedoch, daß kein Flugzeugabsturz im Spiel sei, sondern ein fremdartiges Objekt ...

Wir verpackten die Kisten in drei oder vier C-54-Maschi-
nen und brauchten dazu beinahe acht Stunden. Eine der Kisten war praktisch so groß wie der Laderaum des Flugzeugs,
das von ›Pappy‹ Henderson und seiner Crew geflogen wurde.
Soweit ich mich erinnern kann, waren Sergeant Harbell Ellzey
und Sergeant Edward Bretherton sowie Stabsfeldwebel William Fortner dabei.

Wir hatten keine Ahnung vom Endziel der Ladungen,
wußten aber, daß sie in nördlicher Richtung flogen. Gegen jede Routine wurden die Flugzeuge unter ständiger Bewachung
beladen. Niemand konnte unbemerkt bis zur Rampe kommen.
Außerhalb des Hangars waren MPs postiert. Wir befanden uns
zwischen ihnen und den Flugzeugen.

Zusätzlich schwirrten überall Zivilisten herum, ›Inspek-
toren‹ aus Washington, nicht von der Basis.

Eine ganze Reihe von Leuten, die beteiligt waren, wurde
davon ›überzeugt‹, über diese Erlebnisse bis ans Ende ihrer
Tage schweigen zu müssen. Wir wurden lediglich aufgefordert, nicht über die ›heiße Lieferung‹ zu sprechen. Ich bin der
Überzeugung, daß wir nichts anderes als ein UFO verladen haben, das wegen technischer Probleme abgestürzt war. Manchmal geht selbst bei den intelligentesten Wesen etwas schief.«
Soweit Robert E. Smith.

Gegen fünfzehn Uhr ließ Master Sergeant Robert Porter
das verpackte Material an Bord einer B-29 verladen. »Uns wurde gesagt, es wären Teile einer fliegenden Untertasse, die
nach Fort Worth geflogen würden«, kommentierte er in einer
eidesstattlichen Erklärung. »Ich war Mitglied der Crew; außer-

dem waren noch Oberstleutnant Payne Jennings, stellvertretender Basis-Kommandant an Bord, Oberstleutnant Robert D. Barrowclough, Major Herb Wunderlich, Major Jesse Marcel und Hauptmann William E. Anderson.«

Diese Darstellung wurde vom damaligen 1st Lieutenant Robert J. Shirkey, der mich vergangenen Sommer mit seiner bezaubernden Frau in meinem Haus in Santa Fe besuchte, bestätigt. Shirkey war 1947 stellvertretender Operationsoffizier der Roswell-Basis, und die Bruchstücke wurden in seiner Gegenwart an Bord einer B-29 verladen. Bei Tee und Gebäck erzählte mir der absolut integere »Bob« Shirkey, der heute als Sicherheits- beziehungsweise Unfallverhütungsberater an der Eastern New Mexico University in Roswell tätig ist, faszinierende Anekdoten aus seiner Militärpilotenzeit.

»Es war keinesfalls ein Ballon«, kam er unvermittelt auf den Roswell-Zwischenfall zu sprechen und schaute nachdenklich zu den im Hitzedunst flimmernden Sangre-de-Cristo-Bergen hinüber. »Ich hab' das Material gesehen, es sah aus wie ›poliertes Aluminium‹. Die Doppel-T-Träger mit den fremdartigen Hieroglyphen ... Nein! Ausgeschlossen! Das hatte nichts mit einem Ballon zu tun.«

In seiner eidesstattlichen Erklärung bestätigte Shirkey, er habe gesehen, wie Wrackteile befördert wurden, und gehört, daß sie von der fliegenden Untertasse stammten. Ihm sei mitgeteilt worden, daß ein Sergeant und einige Soldaten an der Absturzstelle alles gefunden hätten; auch die später im Hangar 84 untergebrachten Leichen seien dabei gewesen.

Die B-29 aus Roswell traf gegen siebzehn Uhr in Fort Worth ein. Hier wurde das Material in eine B-25 umgeladen. »Uns wurde mitgeteilt, es ginge weiter nach Wright Field in Dayton, Ohio«, gab Master Sergeant R. Porter in einer eidesstattlichen Erklärung zu Protokoll. »Von Oberst Jennings wurden wir an-

gewiesen, das Flugzeug im Auge zu behalten, bis ein Wachposten da sei. Dann könnten wir zum Abendessen gehen.«

Major Marcel meldete sich indessen bei General Ramey,
dem er über den Vorfall Bericht erstattete und einige der
Bruchstücke vorlegte. Ramey ließ sich die Fundstelle im Kar-
tenraum auf der entsprechenden Gebietskarte zeigen. Nach
ein paar Aufnahmen durch den Militärfotografen ging Marcel
ins Offizierskasino. General Ramey hatte für den späteren
Abend eine Pressekonferenz angesetzt. Dort sollte auch Marcel anwesend sein, während die anderen Offiziere wieder
nach Roswell zurückflogen.

Der Reporter des *Fort Worth Star Telegram*, J. Bond John-

37 General Ramey und
Oberst DuBose
präsentieren die angeb-
lichen Roswell-Trümmer.

son, war beauftragt, die »abgestürzte Untertasse« für Associated Press zu fotografieren. Als er Rameys Büro betrat, war niemand da.

Auf dem Fußboden verstreut lagen Reste von Alufolie, Balsaholz und verbranntem Gummi. »Ein Haufen Müll!« So beschrieb Johnson später den Anblick, der sich ihm geboten hatte. Die von Marcel überbrachten Wrackteile waren dagegen aus dem Büro des Generals »spurlos« verschwunden. Statt dessen lagen auch die zerfetzten Teile eines Wetterballons auf dem Boden. Damit nahm der Vorfall eine dramatische Wendung.

Johnson machte vier Aufnahmen: Eine zeigt den General in der Hocke vor den zerknitterten Alufolienresten, zwei zeigen ihn mit Oberst Thomas DuBose und eine weitere mit Major Jesse A. Marcel. Dieser war inzwischen zurückgekommen und hielt fassungslos die Reste des Wetterballons in den Händen. Material, das gegen das von ihm mitgebrachte ausgetauscht worden war, wie er später verbittert aussagte. Ramey kommentierte die Situation lakonisch mit den Worten: »Wir sind übrigens dahintergekommen, was es ist. Wissen Sie was? Ein Wetterballon!« Nach einer Viertelstunde, in der sich Johnson mit dem General unterhalten hatte, verabschiedete er sich und begab sich umgehend zur Zeitungsredaktion. Dort entwickelte er die belichteten Platten in der Dunkelkammer. In der Redaktion war der Teufel los, alle wollten Exklusivaufnahmen. Johnson bereute, nur vier gemacht zu haben. Mit Hilfe der Techniker von Associated Press (AP) wurden die Bilder in alle Welt gekabelt.

Später am Abend hielt Ramey die angekündigte Pressekonferenz in seinem Büro ab, für die er sich einen ganz besonderen Gag ausgedacht hatte: die »Live-Identifizierung« der Ballonfetzen durch den Meteorologen, Oberstabsfeldwebel Irving Newton, den »Wetterfrosch« vom Fort Worth Army Airfield.

Der General rief ihn an und befahl ihm: »Bewegen Sie Ihren Hintern umgehend in mein Büro. Wir haben hier etwas, das Sie sich ansehen müssen.«

»Aye, aye, Sir«, antwortete Newton.

»Nehmen Sie das erste Transportmittel, um in mein Büro zu kommen.«

»Als ich das Zeug dann sah, fragte ich, ob das ihre fliegende Untertasse sei? Alle sagten ›Ja‹. Darauf ich: ›Zum Teufel, nein, das ist ein Ravin – ein Ravin-Zielballon.‹«

»Sind Sie sicher?« fragte der General.

»So sicher wie Salz und Pfeffer. Ich weiß, was das ist.«

»Tatsächlich?« meinte der General.

38 Major Jesse A. Marcel mit Ballonfragmenten für die Pressekonferenz in General Rameys Büro.

»Todsicher!« sagte ich.

Als diese »Show« ablief, schwieg Marcel. Er wurde hier zum Vollidioten abgestempelt, der nicht einmal in der Lage war, einen Wetterballon von einer fliegenden Untertasse zu unterscheiden. Aber was half's, Befehl war schließlich Befehl. Doch unter den gegebenen Umständen war es auch nicht weiter überraschend, daß eben dieser »Vollidiot« wenige Monate später die Treppe hinauffiel, das heißt, zum Oberstleutnant befördert, nach Washington D.C. versetzt und dem Special Weapons Programme zugeteilt wurde. Hier ging es darum, Luftproben aus der ganzen Welt nach radioaktivem Staub zu untersuchen, um festzustellen, ob die Russen bereits Atombomben hätten.

»Bei der Wetterballon-Erklärung handelte es sich um ein Verteidigungskomplott, um sich die Presse vom Hals zu schaffen«, erklärte Brigadegeneral Thomas Jefferson DuBose später an Eides Statt. Und der Sohn von Major Marcel – Dr. Jesse Marcel jr. – bestreitet kategorisch, daß das von seinem Vater 1947 auf dem Küchenboden ausgebreitete Material identisch sei mit den bei der Pressekonferenz in Rameys Büro fotografierten Ballonüberresten. Das bedeutet allerdings, daß Major Marcel zur Marionette in einem ungeheuren Täuschungsmanöver wurde. Erst einunddreißig Jahre später entschloß er sich, diese Rolle abzulegen und sein Schweigen zu brechen.

Der Kommandant der 509. Bombergruppe, Oberst William Blanchard, der den Presseoffizier Walter Haut beauftragt hatte, die Öffentlichkeit von der Bergung einer fliegenden Untertasse in Kenntnis zu setzen, wurde für seine »Dummheit« schon als Achtundvierzigjähriger mit einer Beförderung zum Vier-Sterne-General und schließlich mit der Ernennung zum Vizestabschef der US Air Force im Pentagon »bestraft«! – Dort

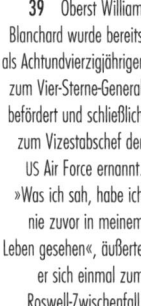

39 Oberst William Blanchard wurde bereits als Achtundvierzigjähriger zum Vier-Sterne-General befördert und schließlich zum Vizestabschef der US Air Force ernannt. »Was ich sah, habe ich nie zuvor in meinem Leben gesehen«, äußerte er sich einmal zum Roswell-Zwischenfall.

ist er übrigens Jahre später einem Herzinfarkt erlegen.

1965 nahm General Blanchard an einer Jubiläumsfeier in Roswell teil. Bei dieser Gelegenheit kam der Zwischenfall von 1947 wieder einmal zur Sprache. Der frühere Bürgermeister der Stadt, Bill Brainard, saß zusammen mit dem Vier-Sterne-General am Honoratiorentisch, als dieser über das Geschehen von 1947 befragt wurde. Aber Blanchard ließ sich auf keinerlei Diskussion ein, sondern äußerte nur, es sei »das Unglaublichste gewesen, was er jemals gesehen habe«. Einige Monate später, als ihn sein Freund, der Redakteur Arthur R. McQuiddy, wieder einmal mit Fragen löcherte, antwortete ihm Blanchard sinngemäß (an den genauen Wortlaut konnte sich McQuiddy nicht mehr erinnern): »Was ich sah, habe ich nie zuvor in meinem Leben gesehen!«

Noch am Abend der Pressekonferenz in General Rameys Büro ging folgende Meldung über den Fernschreiber:

»Nach diversen Telefonaten mit dem Pentagon in Washington D.C. gab Brigadegeneral M. Ramey bekannt, daß das ›unbekannte Flugobjekt‹ als Wrack eines Höhenwetterbeobachtungs-Ballons identifiziert worden sei. Später nahm Ramey auch im Rundfunk zu diesem Thema Stellung, um die Aufregung unter der Bevölkerung, die die erste Meldung verursacht hatte, zu beschwichtigen. ›Das Wrack befindet sich derzeit in meinem Büro‹, sagte er, ›und soweit ich es beurteilen kann, ist daran nichts Aufregendes …‹«

Der *Roswell Daily Record* brachte am 9. Juli 1947 einen Ar-
tikel unter der riesigen Schlagzeile: »General Ramey Empties
Roswell Saucer« (General Ramey leert beziehungsweise kippt
Roswell-Untertasse). Damit hatte Ramey die Untertasse in der
Tat erfolgreich gekippt. Im Artikel betonte er, die ganze Auf-
regung sei deswegen unnötig gewesen, weil es sich bei der
Scheibe um nichts anderes als um einen Wetterballon gehan-
delt habe.

Durch diese Wetterballon-»Ente« gelang es Ramey tatsächlich, die Medien und damit die Öffentlichkeit hinters
Licht zu führen und das Interesse an dem Zwischenfall zu er-
sticken.

1991, kurz vor seinem Tod, erzählte der pensionierte, zum
Brigadegeneral und Stabschef von Fort Worth aufgestiegene
DuBose, daß Ramey von Generalmajor McMullen, Vizekom-
mandant des Strategischen Luftkommandos in Washington,
den Befehl erhalten hatte, die ganze Geschichte »unter den
Tisch zu kehren« und das Feuer so schnell wie möglich zu
löschen! Wer McMullen kannte, wußte, daß er keinen Widerspruch duldete. McMullen machte klar, daß die Angelegenheit
von allerhöchster Priorität und, als »Above top secret« eingestuft, zur Präsidentensache geworden sei. »Niemand, ich
sage ausdrücklich, niemand, darf darüber mit seiner Frau, mit
Ramey, mit mir oder irgend jemandem sprechen! Soweit es uns
angeht, ist die Angelegenheit von diesem Moment an abgeschlossen«, befahl McMullen. DuBose hat persönlich die
Schweigeverpflichtung an Blanchard in Roswell weitergeleitet!

Übrigens hatte Oberst Alan Clark, der Basis-Kommandant
von Carswell – Fort Worth Army Airfield –, McMullen in Washington D.C. persönlich Bruchstücke überbracht.

Um noch einmal auf das bereits erwähnte Fernschreiben des
FBI vom 8. Juli 1947 an den FBI-Direktor J. Edgar Hoover

zurückzukommen, so ist es kaum verwunderlich, daß am gleichen Abend, an dem die Ramey-Pressekonferenz mit der Wetterballon-Mär stattfand, nachfolgendes Fernschreiben bereits um 18.17 Uhr durchgegeben wurde:

»... das Objekt einem Höhenwetterballon mit Radarreflektor gleicht ..., jedoch das Telefonat zwischen deren Büro und Wright Field diese Annahme N I C H T bestätigen konnte ... Wurde zur Untersuchung nach Wright Field gebracht. Dieses [FBI-]Büro wurde aufgrund der nationalen Bedeutung des Falles informiert ...«

Durch dieses Dokument wird eindeutig bewiesen, daß die Wetterballon-Konferenz eine billig inszenierte Posse war, ein Komplott, um die Weltöffentlichkeit zu täuschen. Und das ist im Grunde genommen bis heute gelungen.

Der Brigadegeneral Arthur E. Exon gilt im Roswell-Zwischenfall als hochrangiger Zeuge. In diesem Zusammenhang gewährte er auch den Autoren Randle und Schmitt ein ausführliches Interview.

Beruflich kann er auf eine steile Militärkarriere zurückblicken. So flog er als Pilot im Zweiten Weltkrieg mehr als hundertfünfunddreißig Kampfeinsätze. Als seine Maschine während eines Einsatzes abgeschossen wurde, mußte er abspringen und geriet in einjährige deutsche Kriegsgefangenschaft. Nach Kriegsende nahm er am Air-Force-Institut für Technologie an einer Spezialausbildung teil, und am 1. Juli 1947 wurde er schließlich als Oberstleutnant zum Air Material Command (AMC) in Wright Field versetzt. Von dort aus wurden auch geheimdienstliche Operationen durchgeführt. 1964 erhielt Exon seine Beförderung zum Kommandeur der Wright-Patterson-Air-Force-Basis und stieg bereits ein Jahr später zum Brigadegeneral auf. Im Laufe seiner beeindruckenden Karriere war er unter anderem auch Chef der ballistischen Raketensysteme der NATO für Italien und die Türkei.

Während eines Interviews über den Roswell-Zwischenfall äußerte sich Brigadegeneral Exon 1990 folgendermaßen über das Geschehen: »Wir erfuhren, daß die Trümmer nach Wright Field unterwegs waren. In den verschiedenen Laboratorien wurden verschiedene notwendige Versuche durchgeführt: chemische Analysen, Härtetests, Reißtests, Drucktests. Die Bruchstücke endeten in unseren Materialuntersuchungslabors als ... Die Jungs, von denen sie untersucht wurden, meinten, es sei äußerst ungewöhnliches Material ..., ließe sich [teilweise] leicht verändern ... Andere Teile waren zwar sehr dünn, aber unfaßbar stabil; ließen sich selbst mit Vorschlaghämmern nicht eindellen ... Bis zu einem gewissen Grad war das Material flexibel ..., einiges war dünn und verdammt fest, anderes war beinah wie Folie, aber sehr stabil. Sie [die Techniker] waren fassungslos ..., waren sich darüber im klaren, etwas ganz Neues in den Händen zu halten.« Das Metall und die anderen Materialien waren allen, mit denen Exon sprach, unbekannt. »Was immer sie fanden – ich weiß jedenfalls nicht, zu welchen Resultaten sie gekommen sind. Einige waren der Ansicht, daß die Bruchstücke von einem Objekt russischer Herkunft stammten; aber nach allgemeiner Vermutung war ihr Ursprung im Weltall.

Außerdem gab es noch eine andere Stelle ..., an der sich offenbar der größte Teil des Raumschiffs befand ... Es wurde behauptet, daß dort die Leichen lagen ... Anscheinend wurden alle außerhalb des Flugkörpers gefunden, befanden sich jedoch in recht gutem Zustand, das heißt, es gab keine wesentlichen Verletzungen.«

Nach Überzeugung von Brigadegeneral Exon befindet sich das Material immer noch in Wright Patterson unter Verschluß. Im Gebäude der Division für fremde Technologien müßten, seiner Meinung nach, wahrscheinlich Berichte sowie Fotos von der Trümmerweide, der Absturzstelle, von den Leichen und den Autopsien aufbewahrt werden. Denn nach dem Zwischenfall wurde ein Untersuchungsteam aus Wissenschaftlern und Angehörigen des Geheimdienstes gebildet – von Insidern allerdings als »die unheiligen Dreizehn« verspottet. Nach Exons Überzeugung handelte es sich beim Roswell-Zwischenfall um die Bergung eines Raumschiffs außerirdischer Herkunft.

Fast alle unmittelbar an der Bergung und dem Abtransport der Wrackteile, Trümmer und Leichen Beteiligten wurden kurz nach dem Roswell-Zwischenfall in alle Himmelsrichtungen versetzt. Einige sogar nach Übersee, wie beispielsweise Robert Shirkey. »Wir alle wußten, daß die Erklärung des Hauptquartiers der 8. Air Force, es sei ein Wetterballon gewesen, falsch war«, sagte mir Shirkey bei seinem Besuch in Santa Fe.

Und die toten »Außerirdischen«, was geschah mit ihnen?

Autopsie eines Phänomens

Roswell, 7. Juli 1995.

Die Sonne stand schon im Zenit, als ich zur ehemaligen Roswell-Basis fuhr, da ich mich bis in die frühen Morgenstunden hinein mit Berichten, Protokollen und Geheimdokumenten herumgeschlagen hatte und erst spät aufgestanden war. Auf meinem Weg zum ehemaligen Basis-Hospital hielt ich kurz am heutigen Frachtflughafen und betrachtete nachdenklich den jetzt so ungepflegt aussehenden Hangar 84, in dem gerade eine Maschine gewartet wurde. In der glühenden Mittagssonne wirkte er absolut harmlos, und seine Schlüsselrolle im Roswell-Geschehen des Jahres 1947 war ihm keineswegs mehr anzusehen.

Dann rollte ich gemächlich an den kleinen gepflegten Holzbungalows in strahlendem Weiß vorüber, an den ehemaligen Offiziersdomizilen der 509. Bombergruppe, darunter auch das von Major Jesse A. Marcel.

Schließlich hielt ich vor einer langgezogenen, löchrigen Baracke mit geschlossenen gelblich-braunen Holzläden an, von der sich die weiße Farbe wie verbrannte Haut ablöste. Sie kam mir vor wie ein ausgemustertes, verrottetes Schiff aus einer anderen Epoche – gefangen im eigenen Zeitfeld, in Erinnerungen, die Außenseitern unzugänglich bleiben sollten.

Leise umschritt ich das Hospital. »Tritt sachte auf, denn du schreitest über meine Träume«, kamen mir die Worte des großen irischen Dichters William Butler Yeats in den Sinn. Auf der Rückseite des Gebäudes, vor der einstigen Notaufnahme, verharrte ich, starrte fragend die stumme Wand an und versuchte mir vorzustellen, was sich hier abgespielt hatte.

Glenn Dennis hatte mit der Basis einen Arbeitsvertrag abgeschlossen, Tag und Nacht für Ambulanzdienste zur Verfügung
zu stehen. Am gleichen Tag, an dem er im Bestattungsinstitut
Ballard die merkwürdige telefonische Anfrage nach hermetisch abschließbaren und im Kinderformat anzufertigenden
Särgen beantwortete, erhielt er einen weiteren Anruf. Ein jun-
ger Flieger mit Kopfverletzung mußte versorgt und ins Basis-
Hospital transportiert werden. Da Dennis dem Wachpersonal
bekannt war, konnte er das Basis-Gelände als Zivilist an-
standslos betreten. Auch diesmal wurde er am Haupttor durch-
gewinkt und fuhr zur Notaufnahme auf der Rückseite des Hos-
pitals. Da die Rampe aber bereits von drei Feldambulanzen
besetzt war, mußte er zum Parken ein Stück weiterfahren.

Als er zurücklief, fiel sein Blick durch die offenen Türen
der Ambulanzen ins Innere. Zu seiner Verwunderung stellte er
fest, daß sie vollgepackt waren mit aluminiumartigem, glän-
zendem Material, das bläulich schimmerte. Ein Stück, das wie
das Vorderteil eines Kanus anmutete, lehnte seitlich an der
Wagenwand. Eines der größeren Stücke war mit erhabenen
Zeichen versehen, die ägyptischen Hieroglyphen glichen. Die
Ambulanzen wurden von MPs bewacht. Während der Flieger
behandelt wurde, erledigte Dennis für ihn die Formalitäten.

In seiner eidesstattlichen Erklärung vom 7. August 1991
gab er zu Protokoll, daß er danach in die Stabslounge gegangen sei, um eine Cola zu trinken und sich nach einer drei-
undzwanzigjährigen Krankenschwester zu erkundigen, die
vor drei Monaten nach dem College-Abschluß im Rang eines
2nd Lieutenant in Dienst gestellt worden war. Mit einem
Mundschutz versehen kam sie aus einem der Untersuchungszimmer und raunte ihm im Vorbeigehen aufgeregt zu: »Ver-
schwinde hier bloß, so schnell du kannst, sonst handelst du
dir einen Haufen Ärger ein.« Dann war sie durch eine andere,
von einem Hauptmann bewachte Tür verschwunden.

Der grauhaarige Offizier erkundigte sich nach Dennis' Namen und wollte wissen, was er im Hospital zu suchen hätte. Nachdem er die gewünschte Auskunft erhalten hatte, forderte er Dennis zum Warten auf. Hilfsbereit meinte der damals Zweiundzwanzigjährige, ob er sich zur Verfügung halten solle, da es allem Anschein nach einen Absturz gegeben habe? Darauf wurde ihm lediglich bedeutet, sich nicht von der Stelle zu rühren. Es dauerte nicht lange, bis zwei MPs auftauchten, die ihn aus dem Hospital holten und laut Befehl bis zum Bestattungsinstitut eskortieren sollten.

»Wir hatten kaum vier oder fünf Meter hinter uns, als eine Stimme schrie: ›Bringt den Hurensohn zurück, mit dem haben wir noch ein Hühnchen zu rupfen.‹ Hinter uns war ein anderer Hauptmann«, erklärte mir Dennis im Juli 1995 in Roswell bei unserem Gespräch, »ein Kerl mit fuchsrotem Haar und den hinterhältigsten Augen, die mir je begegnet sind. ›Du hast nichts gesehen, hier hat es keinen Absturz gegeben, und wenn du auch nur ein Sterbenswörtchen verlauten läßt, kriegst du 'ne Menge Ärger‹, schnauzte er. – ›Moment mal, Mann, ich bin Zivilist, und Sie haben mir, verdammt noch mal, nichts zu befehlen!‹ – ›Und ob wir das haben! Irgendwer wird deine Knochen im Sand finden‹, höhnte er, und ein schwarzer Sergeant mit einem Clipboard in der Hand bestätigte zynisch: ›Gegen den ist als gutes Hundefutter nichts einzuwenden!‹ – ›Raus mit dem Hurensohn!‹ brüllte der Hauptmann. Die MPs wichen mir bis zum Beerdigungsinstitut Ballard nicht von den Fersen.«

Am folgenden Tag wurde Dennis um elf Uhr von der Krankenschwester im Bestattungsunternehmen angerufen. Da sie dringend mit ihm sprechen wollte, verabredeten sie sich im Offizierskasino. Sie war in heller Aufregung, als sie kam. Bevor sie überhaupt etwas sagte, ließ sie Dennis schwören, unter keinen Umständen ihren Namen zu erwähnen im Zusammenhang mit dem, was sie im Hospital erlebt habe, da sie sonst mit schlimmen Konsequenzen rechnen müsse. Erst als Dennis ihrem Drängen nachgegeben hatte, erzählte sie ihm, was sich ereignet hatte: Als sie im Vorzimmer etwas holen wollte, kamen gleichzeitig zwei fremde Ärzte, die sie nie zuvor im Hospital gesehen hatte, aus einem Untersuchungszimmer und forderten sie auf, ihnen bei der Arbeit behilflich zu sein. Sie sollte alle von den Ärzten geleisteten Handgriffe und Untersuchungen schriftlich festhalten.

Im Untersuchungszimmer lagen Leichensäcke, von denen zwei arg verstümmelte, kleinwüchsige Leichen enthielten. Die zerfetzten Körper ließen vermuten, daß sie von Kojoten so schrecklich zugerichtet worden waren, meinte die Krankenschwester. Zudem sei der grauenhafte Geruch im Raum kaum zu ertragen gewesen. Wahrscheinlich seien die Ärzte wohl nur hinausgegangen, um frische Luft zu schnappen. Auf dem anderen Untersuchungstisch habe sich in einem dritten Leichensack ein fast unversehrtes, sehr kleines Geschöpf von etwa 1,20 bis 1,30 Meter Größe befunden.

In Ergänzung zu seiner eidesstattlichen Erklärung berichtete Dennis, daß die Ärzte im Beisein der Krankenschwester geäußert hätten, dergleichen nie zuvor gesehen zu haben, und daß kein medizinisches Lehrbuch etwas enthalte, was dem auf dem Untersuchungstisch auch nur im entferntesten gleiche. Sie erwähnte noch, daß einem der Ärzte und ihr von dem infernalischen Gestank übel geworden sei, und daß die Klimaanlage abgestellt werden mußte, damit nicht im ganzen Hospital die Luft verpestet wurde.

Schließlich nahm die Krankenschwester einen Block und einen Bleistift aus ihrer Kitteltasche und skizzierte den Körper und einen Arm mit einer vierfingrigen Hand. Dazu erläuterte sie, daß die Finger lang und feingliedrig gewesen seien, die Hände selbst aber klein und schmal. Erst als eine Hand auf den Handrücken gedreht wurde, sei ihr aufgefallen, daß der

Daumen fehlte und die Fingerkuppen so etwas wie »saug-
napfähnliche Vertiefungen« aufwiesen.

Den Kopf der Geschöpfe beschrieb sie als überproportional groß im Verhältnis zum Körper, haarlos, mit tiefliegenden
großen Augen, kleiner, unauffälliger, konkav gebogener Nase;
anstelle der Ohren habe sie nur zwei Öffnungen bemerkt mit
sich möglicherweise nach innen faltenden Ohrläppchen zum
Schutz der Gehörgänge. Der Mund sei sehr klein und schlitz-
artig gewesen und habe anstelle der Zähne eine harte Knor-
pelschicht aufgewiesen.

Als Dennis wissen wollte, ob es sich um männliche oder
weibliche Geschöpfe gehandelt habe, mußte die Krankenschwester passen, da sie noch immer unter Schock stand und
nicht darauf geachtet hatte. Alle weiteren von Dennis ge-
stellten Fragen, etwa zur Bekleidung, konnte sie nicht beant-
worten. Es sei so entsetzlich gewesen, sagte sie, daß ihr der
Magen vor Übelkeit wie zugeschnürt sei. Dennis begleitete
sie hinaus und sah ihr nach, als sie sich in Richtung Basis-Hospital entfernte.

Zwischenzeitlich hatte sich der Chave County Sheriff George
Wilcox beim Vater von Glenn Dennis gemeldet und ihm mitgeteilt, daß sein Sohn auf der Basis in Schwierigkeiten geraten sei. Er wisse allerdings nicht, was Glenn angestellt habe.
Ein schwarzer Sergeant habe ihn aber beauftragt, ihm, Glenns
Vater, zu sagen, er solle mit seinem Sohn sprechen und ihm
klarmachen, daß er auf der Basis nichts gesehen habe und gut
beraten sei, den Mund zu halten. Worum es wirklich ging, begriff Dennis erst, als er nach der Verabredung mit der Krankenschwester wieder im Beerdigungsinstitut eintraf und dem
Briefkasten den *Roswell Daily Record* entnahm mit der Schlagzeile: »RAAF erbeutet fliegende Untertasse auf Ranch in der
Roswell-Region«.

Am Tag darauf versuchte Dennis, die Krankenschwester telefonisch im Hospital zu erreichen, um sich zu erkundigen, ob es ihr besser ginge. Ihm wurde aber nur gesagt, sie sei nicht im Dienst und auch sonst nicht zu erreichen. »Ich versuchte es damals jeden Tag«, berichtete mir Glenn Dennis, »bis ich schließlich von einer ihrer Kolleginnen erfuhr, daß sie zusammen mit anderen Kollegen der Basis versetzt worden sei. Nach etwa zwei Wochen erhielt ich einen Brief von ihr mit einer Postfachadresse. Sie gab mir zu verstehen, wir könnten den Vorfall zukünftig brieflich erörtern. Ich antwortete ihr, erhielt mein Schreiben aber nach zwei Wochen zurück mit dem Vermerk: ›VERSTORBEN, an Absender zurück‹. Später hörte ich von einer Basis-Krankenschwester, sie sei angeblich mit fünf anderen Krankenschwestern auf dem Weg zu einem Fortbildungslehrgang bei einem Flugzeugabsturz zu Tode gekommen.«

Ein weiteres Indiz für die Existenz dieser Krankenschwester ist die Aussage des 1947 als Labortechniker im Basis-Hospital tätigen Toxikologen David N. Wagnon. In seiner eidesstattlichen Erklärung vom 15. November 1993 beschrieb er sie als »kleine attraktive Brünette in den Zwanzigern«. Darüber hinaus erinnerte er sich noch, daß sie vom Roswell Army Airfield versetzt wurde, er aber dort blieb. Gleichwohl: Mutet es nicht merkwürdig an, daß keiner der Beteiligten, nicht einmal Glenn Dennis, jemals den Namen der Krankenschwester nennt?

Als ich mit dem einstigen Geheimdienstoffizier und heutigen Berater der Handelskammer in Roswell, Frank Kaufmann, in meinem Hotelzimmer im Roswell Inn in einem ausführlichen Gespräch seine Beteiligung und Einschätzung des Roswell-Zwischenfalls diskutierte, sagte er unter anderem:

»Wissen Sie, mich läßt der Augenausdruck dieser Geschöpfe nicht mehr los. Sie sahen so überwältigend ruhig und abgeklärt aus, so, als könnten sie nie jemandem etwas zuleide tun. Sie wirkten auf mich, als seien sie in tiefem Frieden mit sich selbst.

An der Absturzstelle fanden wir das aufgerissene Raumschiff, vier Leichen und ein weiteres Wesen, das noch zu leben schien. Sie trugen enganliegende, silbrig schimmernde ›Overalls‹ mit einer Art Gürtel. Eigentlich sahen sie menschenähnlich aus, wenn auch mit größeren, haarlosen Köpfen, großen, tiefliegenden Augen, kleinen Nasen und schmallippigen Mündern und kaum erkennbaren Ohren. Sie waren schlank und feingliedrig, etwa 1,40 bis 1,50 Meter groß und hatten eine bleiche Haut. Über Funk wurden neben MPs und Sanitätspersonal auch Kranwagen, Tieflader und Mannschaften angefordert.

Die Toten wurden in Leichensäcken zum Hangar 84 nach Roswell transportiert. Vom Kirtland Army Airfield war eine Hundertschaft der Militärpolizei abkommandiert, die in Abteilungen zu je zwanzig MPs zur Bewachung der Bergung eingesetzt wurden.

Indessen wurden die Leichen im Basis-Hospital einer vorläufigen Autopsie unterzogen, die von zwei Pathologen, Major Sanford vom Beaumont General Hospital in Fort Bliss, Texas, und Major Sullivan aus Chicago, durchgeführt wurde. Danach wurden sie nach Fort Worth geflogen, anschließend zum Andrews Army Airfield bei Washington und endlich nach Wright Field überstellt.«

Da Kaufmann zur Begleitung der Leichen abkommandiert war, wußte er, daß diese in Washington nicht nur Präsident Truman, sondern auch einigen Generälen gezeigt werden sollten. Gleichzeitig hatten Abschleppfahrzeuge und Mannschaften das rochenförmige Raumschiff geborgen, bei dem sonderbarerweise kein Antriebssystem erkennbar war. Deshalb kam die Vermutung auf, daß hier ein revolutionäres Energiesystem im Spiel war. Übrigens sollen einige High-Tech-

Entwicklungen auf die Auswertung dieser fremden Technologie zurückzuführen sein, die zum Beispiel beim sogenannten
Tarnkappen- beziehungsweise Stealth-Bomber zum Tragen
kamen. So sollen unter anderem die rasante Entwicklung der
Mikrochips und der Mikroelektronik, lichtleitender Materialien und der Glasfasertechnik, Fortschritte in der Kristall-
forschung und die Nachtsichttechnologie auf Erkenntnissen
dieser exotischen Raumschifftechnologie beruhen.

Kaufmann zufolge war auf dem Roswell Army Airfield am
Tag nach der Bergung des Wracks, am 8. Juli 1947, der Teufel
los. Oberst Blanchard hatte für 7.30 Uhr in seinem Büro ein
Stabstreffen angesetzt, um Entscheidungen zu treffen. Dazu
wurden die Generäle Scanlon aus Washington D.C. und Ramey
von Fort Worth eingeflogen; fünfzehn weitere Offiziere trafen
ein, und selbst der Atlantik-Überquerer, der Flieger Charles
Lindbergh, war dabei.

Gemäß Kaufmann wurde dort ein wahrhaft hinterlistig-
raffiniertes Täuschungsmanöver ausgetüftelt: »Die Teilnehmer des Stabstreffens kamen zu dem Entschluß, die Bergung
einer fliegenden Untertasse unumwunden zuzugeben, den
Fund jedoch auf den ›Nebenschauplatz Foster Ranch‹ – eine
Trümmerweide ohne Flugobjekt und ohne Leichen – zu verlegen. Die Bruchstücke könnten in relativ kurzer Zeit einge-
sammelt und abtransportiert werden; damit hätte sich bereits
alles erledigt, wenn die Presse auf der Bildfläche erscheinen
würde. Um jedoch der ›UFO-Meldung‹ tatsächlich jede Aktua-
lität zu nehmen, würde General Ramey unverzüglich die Öffentlichkeit darüber unterrichten, daß es sich bei dem sogenannten abgestürzten UFO lediglich um die Verwechslung mit
einem Wetterballon gehandelt habe. Es sei also nicht der
Mühe wert, sich weiterhin mit dem Thema zu beschäftigen.«

Wie glaubwürdig sind nun die Aussagen von Frank Kaufmann? Er selbst sagte: »Ich überlasse es Ihnen, ob Sie mir

glauben oder nicht.« Die Roswell-UFO-Forscher Randle und
Schmitt sind vom Wahrheitsgehalt seiner Aussagen absolut
überzeugt. Andere, einige Skeptiker, aber auch UFO-Anhänger
hegen Zweifel an Kaufmanns Integrität. Andererseits wird die
Kaufmannsche Schilderung der Ereignisse durch eine Reihe
eidesstattlicher Aussagen gestützt. Auf mich wirkte Kaufmann bei unserer Unterredung ruhig, gelassen und von seinen Aussagen überzeugt. Gleichzeitig strahlte er jedoch eine
tiefe Bedrückung aus, als habe er innerlich etwas nicht ganz
verarbeitet. Er fertigte für mich Skizzen des beschädigten
Flugobjektes und von einem der fremden Geschöpfe an, die
sich mit den Beschreibungen anderer Augenzeugen decken.

Der Nuklearphysiker Stanton Friedman hat nicht nur bei
der Untersuchung des Roswell-Zwischenfalls wichtige Pio-
nierarbeit geleistet, sondern auch die Frage der Authentizität
der sogenannten »Majestic-12«-Dokumente unter die Lupe
genommen.

In dieser »Above-top-secret«-Dokumentation ist angeblich ein Protokoll über den Roswell-Absturz beziehungsweise
die Bergung des UFO-Wracks und seine wissenschaftliche
Untersuchung enthalten. Aber darauf komme ich später noch
zu sprechen.

Im Verlauf seiner Recherchen stieß Friedman unter anderem auf den damaligen Koch im Offizierskasino des Roswell Army Airfield. Ruben Anaya, wie so viele Einwohner
New Mexicos spanischer Herkunft, unterstützte den Vizegouverneur von New Mexico, den Hispano Joseph Montoya,
der sich für die Spanisch sprechende Minderheit einsetzte.
Anaya war nicht nur einer der rührigsten Wahlhelfer des Vi-
zegouverneurs, sondern auch persönlich mit ihm befreun-
det. Eines Abends, so erfuhr Friedman von Anaya, hätten er
und sein Bruder Pete gerade Besuch von Freunden gehabt,
als er einen Anruf von Montoya erhielt. Der sei völlig »aus

dem Häuschen« gewesen und habe Ruben in panischer Angst
gebeten, ihn umgehend mit dem Wagen von der Basis abzuholen.»Ich bin beim großen Hangar. Wir treffen uns dort.
Beeil dich!«

Da der gerade aus der Army entlassene, aber noch als
Koch im Offizierskasino tätige Ruben Anaya einen Basis-Paß
für sein Auto besaß, wurde er vom Posten am Tor anstands-
los durchgewunken. Er fuhr zum Hangar 84, um Montoya dort
zu suchen, aber er durfte nicht hineingehen. Überall standen
MPs herum. Dann kam Montoya aus dem Hangar heraus, er
war ganz blaß um die Nase und total daneben.»Laß uns so
schnell wie möglich von hier verschwinden«, war alles, was er
sagte. Anaya wollte ihn in sein Hotel bringen, doch Montoya
zog es vor, mit Ruben nach Hause zu fahren. Er »brauche
schnellstens einen Drink«.

Zu Hause angekommen, ließ er sich auf die Couch fallen
und leerte erst einmal ein volles Glas Bourbon, bevor er dem
Drängen der Anaya-Brüder nachgab und zu erzählen begann:
»Ihr könnt es glauben oder nicht, da war doch wahrhaftig
eine fliegende Untertasse – ein riesiger Teller mit einer Maschine mittendrin. Sie ist in der Nähe von Corona heruntergekommen. Dazu vier kleine Männer – nicht von dieser Welt,
und einer, der noch lebte.«

Joseph Montoya, wegen seines kleinen Wuchses auch als
»Little Joe« bekannt, erzählte, sie seien so klein, daß sie ihm
nicht einmal bis zur Brust reichten. Sie hätten sehr große Augen und einen winzigen Mund gehabt und wären in silbrige
Anzüge gekleidet gewesen. Die Brüder Anaya und deren
Freunde glaubten, ihren Ohren nicht trauen zu dürfen, und sie
fürchteten um Montoyas Verstand.

Dieser rief anschließend seine Frau an, danach das Nixon
Hotel, wo er wohnte, und bat seinen Bruder Tom sowie einen
Freund, ihn bei den Anayas abzuholen.

Am nächsten Vormittag suchten ihn diese zusammen mit Freunden im Hotel auf, um vernünftig mit ihm zu reden. Doch von Joseph Montoya hörten sie nur: »Ganz im Vertrauen, sie haben alles nach Texas abtransportieren lassen, und diese ›boys‹ sind jetzt im Army Air Force Hospital … Wenn aber einer von euch jemals behaupten sollte, ich hätte mit euch darüber gesprochen, werde ich ohne jede Hemmung sagen, daß ihr ein Haufen verdammter Lügner seid.«

Soweit sich Pete Anaya an den Vorfall erinnern konnte, hatte der Vizegouverneur das Objekt in seiner Beschreibung als »Flugzeug ohne Flügel« – als eine Art Teller – bezeichnet. An den mitten im Hangar auf Tischen liegenden vier kleinen Geschöpfen waren ihm die überproportional großen kahlen Köpfe mit den sehr großen Augen aufgefallen. Sie trugen einteilige Anzüge, die Taucherkombinationen ähnelten. Wie Montoya sagte, habe eines der Wesen noch gelebt und mit angewinkelten Knien hilflos stöhnend dagelegen und langsam eine Hand bewegt, an der er vier lange Finger erkennen konnte. Rings um die Tische hätten Ärzte gestanden. Daher sei es dem Vizegouverneur nicht möglich gewesen, näher zu kommen. Aber er habe trotzdem alles deutlich erkannt. Wenig später seien die Geschöpfe ins Roswell Army Airfield Hospital überführt worden, und etwa gleichzeitig hätten Soldaten Trümmer in den Hangar transportiert …

Phyllis McGuire, die Tochter von Sheriff Wilcox, erfuhr von ihrer verwitweten Mutter, Ines Wilcox, was sich damals zugetragen hatte. Sie sagte, daß eine fliegende Untertasse gefunden worden sei, dazu ein paar Leichen und einer, der noch lebte. Das Militär habe ihrem Vater und der ganzen Familie schlimmste Konsequenzen angedroht, falls sie auch nur ein Sterbenswörtchen verlauten ließen. Es seien Wesen aus dem Weltall gewesen mit großen Köpfen, die overallähnliche Kleidung aus seidenartigem, silbergrauem Material getragen hätten. Die Drohungen der Militärs ließen Wilcox den Glauben an sein Amt und seine Arbeit verlieren: Bei der nächsten Sheriff-Wahl ließ er sich nicht mehr als Kandidat aufstellen.

Am 5. Mai 1995 kam eine Reihe von Medienvertretern, international führenden UFO-Forschern und Journalisten auf spezielle Einladung nach London, um im London Museum die angekündigte Sensation – den filmischen Beweis für den »Roswell-Zwischenfall« – persönlich mitzuerleben. Auch die *Magazin-2000*-Herausgeber M. Hesemann und J. Schlotterbeck waren neben meiner Wenigkeit anwesend. Mehr noch, sogar die angeblich authentische Autopsie eines Außerirdischen sollte vorgeführt werden.

Nach eigenen Aussagen war der Filmproduzent Ray Santilli durch glückliche Umstände in den Besitz der 1947 von einem Militärkameramann namens Jack Barnett gedrehten 16-mm-Schwarzweiß-Filmrollen geraten.

Übrigens kann der seit über zwanzig Jahren im Mediengeschäft tätige Santilli auf eine stolze und abwechslungsreiche Karriere zurückblicken. So sagte er am 27. Juni 1995 in einem Interview mit dem englischen UFO-Forscher Philip Mantle (BUFORA; Auszüge mit freundlicher Genehmigung von *Magazin 2000*): »Nach dem Schulabgang begann ich mit Promotion und Marketing, managte Schallplattenkünstler und dergleichen mehr, bis ich meine erste Schallplattenfirma gründete. Damals handelten wir mit Walt-Disney-Produkten, World Disney Audio und hatten in England die Exklusivrechte für Disney-Soundtracks ... für einige Jahre ..., bis ich mich mehr auf den Handel mit Rechten und Uraufnahmen spezialisierte ... und Bücher zu publizieren begann ...«

Ray Santilli ist heute Geschäftsführer der »Merlin-Gruppe«, die sich auf Marketing, Vertrieb und Verkauf von Audio-, Video- und Buchproduktionen spezialisiert hat.

»Vor etwa zweieinhalb Jahren«, so Santilli, »waren wir in den Staaten, recherchierten für eine Musikdokumentation und suchten nach frühen Filmaufnahmen von Sängern wie Bill Haley, Pat Boone und Elvis Presley. Dabei stießen wir auf einen Kameramann, der in den Sechzigern ein Freischaffender war. Er arbeitete für verschiedene Agenturen und Anfang 1955 einmal für Universal News, um an einem bestimmten Wochenende eine Reihe von Rock-'n'-Roll-Konzerten an verschiedenen High-Schools der USA zu filmen. Universal News engagierte ihn deswegen, weil die Gewerkschaft der Kameraleute gerade streikte und daher ihre üblichen Kameramänner nicht beauftragt werden konnten; so erhielt er den Zuspruch und filmte einiges, was wir brauchen konnten.

Wir kauften ihm das Material 1993 ab, bezahlten in bar und bauten eine vernünftige, gute Beziehung mit ihm auf. Ihm gefiel unsere Geschäftsmethode der Barzahlung und des Ablaufs ohne viel Papierkram. Er kam auf uns zurück und fragte, ob wir vielleicht noch Interesse an etwas anderem hätten, bevor wir zurückflögen. Er erzählte uns, daß er einige Filmaufnahmen von der Autopsie eines außerirdischen Wesens hätte. Zu diesem Zeitpunkt wußte ich noch nichts über ... den Roswell-Zwischenfall, dachte aber, so etwas wird einem nicht alle Tage angeboten. So flogen wir mit ihm zu seinem Haus ...«

Dort angekommen, wartete Santilli dann, wie er sagt, bis der Kameramann mit einem Karton voller 16-mm-Filmrollen in Blechdosen zurückkam. »Das ist vielleicht das brisanteste Filmmaterial der Welt, Ray«, habe der Kameramann gesagt und ihn gefragt, ob er schon einmal von dem Roswell-Zwischenfall gehört habe. Damals sei dort nämlich ein UFO abgestürzt. »Wir haben das Wrack und vier Leichen geborgen. Ich war dabei und habe alles gefilmt«, will Santilli von dem Kameramann erfahren haben. Und weiter, daß Barnett vierzig

Jahre lang geschwiegen hätte, da er auf strengste Geheimhaltung eingeschworen worden sei. Er habe immer befürchtet, daß früher oder später irgend jemandem der Verlust der
dreißig Filmrollen auffallen würde und er als Verantwortlicher
zur Rechenschaft gezogen werden könnte. Da er aber mittlerweile über achtzig Jahre alt sei und seine Enkelin bald hei-
raten wolle, käme ihm das Geld ganz gelegen, um damit ihre
Existenz zu sichern.

Barnett habe ihm, Santilli, die Filmrollen für 150 000
Dollar Barzahlung angeboten. Und um den Wahrheitsgehalt
seiner Geschichte zu untermauern, habe er ihm seine militärischen Entlassungspapiere aus dem Jahre 1952 sowie Fotos und das Tagebuch aus seiner Dienstzeit vorgelegt. Natürlich sei er interessiert, sagte Santilli. Da er jedoch das Geld
nicht habe, versprach er, sich wieder bei Barnett zu melden.

Zurück in England, habe er, Santilli, sich umgehend mit
Philip Mantle von der »British UFO Research Association«
(BUFORA) in Verbindung gesetzt, ihm von den Filmrollen berichtet und versucht, Geld aufzutreiben. Nach etwa einem
Jahr, im November 1994, habe ihm schließlich sein deutscher
Geschäftsfreund, der Musikproduzent Volker Spielberg, die
geforderte Geldsumme zur Verfügung gestellt. Santilli behauptet, er sei umgehend in die Vereinigten Staaten geflogen,
habe das teilweise in sehr schlechtem Zustand befindliche
Filmmaterial gegen Zahlung von 150 000 Dollar entgegen-
genommen und es anschließend in einem Fachlabor restau-
rieren lassen.

Santilli sagt, im Januar 1995 habe er die ersten sieben Minuten des restaurierten Filmmaterials erhalten, auf dem eines
der Wesen zu sehen ist, das in einem Zelt seiner hautengen,
einteiligen Kombination entledigt wird. Neben der Leiche
stehen zwei Ärzte in weißen Kitteln, aber ohne Mundschutz.
Im Hintergrund ist ein greller Scheinwerfer zu sehen.

Santilli ließ das gesamte Material auf Videobänder über-
spielen und übergab Philip Mantle, Colin Andrews, dem englischen Kornkreisforscher, und dem englischen Popmusiker
Redge Presley von der Gruppe »The Troggs« (bei der er selbst
einmal mitgewirkt hatte) je eine Kopie. Damit wurde die Existenz dieses Filmmaterials natürlich bekannt und führte in
den Medien zu ersten sensationellen Spekulationen. Das Interesse am Roswell-Fall erlebte in aller Welt eine unglaubliche
Renaissance, obwohl, wie sich zeigen wird, die in diesem Film
aufgenommenen Leichen angeblich außerirdischer Herkunft
NICHTS mit den bei Roswell am 4. Juli 1947 geborgenen Toten
zu tun haben, sondern mit einem anderen Absturz zusam-
menhängen sollen, der sich zu einer anderen Zeit und an
einem anderen Ort abspielte.

Am 5. Mai 1995, kurz nach dreizehn Uhr, war es endlich soweit. Das ausgewählte Publikum – etwa sechzig bis siebzig
Personen – drängte nach einer Leibesvisite, Kameras waren
nicht erlaubt, erwartungsvoll in das kleine Auditorium des
London Museum. Bevor das Licht langsam erlosch, wurde der
mit einem gelben Deckblatt versehene MJ-12-Bericht unter
die Leute gebracht.

Keine Begrüßungsworte! Keine Einführung in den Film!
Keine Erklärung! Rein gar nichts! Weder von Santilli noch von
sonst jemandem. Ein bizarres Verhalten, um nicht zu sagen
schlechte Manieren gegenüber Besuchern, die aus aller Welt
gekommen waren, um dieses »historische Ereignis« mitzuerleben, dieses Filmmaterial kritisch zu begutachten. Denn Santilli hatte zuvor immerhin verkündet, daß das Material, wel-
ches Barnett sich widerrechtlich »unter den Nagel gerissen«
hatte, eine authentische Filmdokumentation des UFO-Zwi-
schenfalls aus dem Jahre 1947 sei.

In dem Film wären Soldaten zu sehen und ein Kran, der
das UFO auf einen Schlepper gehoben habe. Zudem sei Prä-

sident Truman während der Autopsie eines Außerirdischen
hinter einem Sichtfenster zu erkennen.

Urplötzlich, ohne jede Ankündigung, setzte der Film auf
der Leinwand ein. Fast gleichzeitig wurde es im Zuschauer-
raum mucksmäuschenstill: Ein kleiner Autopsieraum nahm
die Leinwand ein, in der Mitte ein kleiner OP-Tisch, darauf
eine entkleidete humanoide Gestalt, die auf dem Rücken lag.
Zwei Personen in weißen Schutzanzügen inklusive Kopf-
schutz mit Sichtschlitz waren im Raum, sonst niemand. Hinter einem großen Sichtfenster stand eine weißgekleidete
Figur mit Chirurgenmaske.

An der Wand, am Kopfende links von der Leiche, war neben der Glasfront ein schwarzes Wandtelefon mit Spiralkabel
angebracht. Und vom Betrachter aus gesehen an der linken
Wand hing eine große runde Uhr mit dunklem Rahmen, deren
Zeiger bei Beginn der Autopsie auf 10.10 Uhr standen. Neben
dem Autopsietisch links war ein Instrumententisch mit Glä-
sern und Schalen zu sehen. Bei den zwei in Schutzanzügen
gekleideten Gestalten soll es sich um Dr. Detlev Bronk und um
seinen Assistenten, Dr. Willies, gehandelt haben, die im Army
Airfield Hospital von Fort Worth bei Dallas, Texas, die von Barnett gefilmte Autopsie an der Leiche eines Außerirdischen
vornahmen.

Wenn die auf dem Autopsietisch liegende Leiche auch
menschlich aussah, für den Skeptiker sogar allzu menschlich,
gab es bei genauerer Betrachtung doch Abweichungen. Denn
der eher stämmig anmutende Körper war nur etwa 1,50 Meter groß. Der nabellose Bauch war aufgequollen wie bei einer
Schwangerschaft, die Genitalien rudimentär weiblich. Der
haarlose Kopf war groß mit einem stark ausgeprägten Hin-
terkopf.

Die großen dunklen Augen und der kleine Mund waren
wie im Schmerz (?) oder Schock (?) aufgerissen; Nase und Oh-

ren waren klein, und die letzteren waren wesentlich tiefer angesetzt als beim Menschen. Die menschenähnlichen Füße und Hände unterschieden sich nur durch die Anzahl von jeweils sechs Zehen und sechs Fingern. Das rechte Bein des Individuums wies schwerste Verletzungen auf. Brustwarzen waren im Ansatz zu erahnen.

Nachdem die »Ärzte« den Körper abgetastet hatten, begannen sie mit dem Sezieren. Gewebeproben und Organe wurden entnommen und in Glasbehälter gelegt. Bei den Skalpellschnitten quoll eine dunkle Flüssigkeit (Blut?) hervor. Von den Augäpfeln wurde mit einer Pinzette eine dünne schwarze Membrane entfernt. Darunter kamen weiße Augäpfel mit nach oben gerichteten Pupillen zum Vorschein. Der Schädel wurde mit einer Säge geöffnet und etwas wie eine dunkle Gehirnmasse entnommen ...

Nach achtundzwanzig Minuten wurde es ebenso plötzlich wieder hell, wie es vorher dunkel geworden war. Die Show war zu Ende. War das etwa alles? Enttäuschung machte sich unter den Anwesenden breit. Danach folgten endlose Diskussionen über das Für und Wider der Authentizität des Filmmaterials. Später gab Santilli bei einem Umtrunk in einem Pub ohne Umschweife zu, daß er mit diesem Filmmaterial das große Geld zu machen hoffe.

Inzwischen ist das Filmmaterial auf Video unter dem Titel *Roswell The Footage* international erhältlich. Außerdem werden hier neben der Autopsie die doppelten T-Träger mit fremdartigen Hieroglyphen und die »Instrumentenpaneele« gezeigt, deren sechsfingrige Handabdrücke mit Kontaktpunkten ausgerüstet sind.

Teile des Santilli-Streifens wurden von Fernsehanstalten weltweit ausgestrahlt und haben hitzige Diskussionen ausgelöst. Sowohl Skeptiker als auch Befürworter des UFO-Phänomens haben intensiv nach Punkten gesucht, um eine

Fälschung nachzuweisen. Uhr, Telefon, Leiche, Schutzkleidung, alles wurde ausgewertet, um einem Betrug auf die Spur
zu kommen. So stammt die Wanduhr aus dem Jahr 1936. Der
im Film sichtbare Telefontyp mit dem Spiralkabel kann im
Telefonmuseum der Bell-South-Telefongesellschaft in Atlanta,
Georgia, bewundert werden und kam 1946 auf den Markt.
Dagegen wurde das Spiralkabel von Bell & Co. bereits 1938 angeboten.

Bekannte Pathologen wie Professor Cyril Wecht, Leiter
der pathologischen Abteilung des St.-Francis-Krankenhauses
in Los Angeles, der italienische Professor Dr. Baime Bollone
oder auch Professor Dr. C. M. Milroy von der englischen Universität Sheffield und Chefpathologe von Scotland Yard haben
die im Film durchgeführte Autopsie sorgfältig analysiert. So
äußert sich Milroy: »Es schienen ein Herz und zwei Lungen-
flügel erkennbar. Aber bei Nahaufnahmen wurden die Organe
immer unscharf gezeigt ... Die Unterleibsorgane waren nicht
deutlich zu sehen ... Eine Schwangerschaft, die den aufge-
blähten Unterleib erklärt hätte, lag anscheinend nicht vor ...
Eine Nahaufnahme des Gehirns war zwar auch wieder unscharf, aber es hatte nicht den Anschein eines menschlichen
Gehirns ... Die Organstruktur war aufgrund der Unschärfe
aller Nahaufnahmen nicht genau bestimmbar. Wenn die Untersuchung auch grundsätzlich einer medizinischen gerecht wurde, deuten doch Einzelheiten an, daß kein autopsieerfahrener
Pathologe am Werk war, sondern eher ein Chirurg«, stellt
Milroy in seinem Gutachten fest.

Der französische Gerichtsmediziner Jean Pierre, dessen
Erfahrungen auf fünftausend Autopsien beruhen, bestätigte,
daß die Ärzte im Film mit Sicherheit Ärzte, aber keine Gerichtsmediziner waren. Er habe erste Anzeichen einer Verwe-
sung bemerkt, und wie Professor Bollone schließe er eine
Puppe aus.

Einige Special-Effects-Fachleute halten das Santilli-Film-
material für eine plumpe Fälschung. So erklärte mir der
Privatdetektiv, forensische Rekonstruktionsillustrator und
Special-Effects-Mann William Louis McDonald aus Kalifornien, nachdem er den Film gesehen hatte, er sei absolut davon
überzeugt gewesen, daß es sich dabei um eine Fälschung
handele. Eine weibliche Leiche, die unter dem Turner-Syn-
drom (eine genetisch bedingte Mißbildung, die sich im allge-
meinen aber anders als durch die im Film gezeigten Merkmale
äußert) gelitten habe, sei auf »außerirdisch« gestylt worden.
Im übrigen handele es sich bei dem Unschärfe-Effekt in ent-
scheidenden Phasen um eine Special-Effects-Technik der siebziger Jahre. Einer weiteren Behauptung zufolge soll es sich
bei der Film-ET-Leiche um eine clever fabrizierte Latexpuppe
mit den Innereien eines Tieres handeln.

Bedauerlicherweise konnte bis heute nicht eindeutig
nachgewiesen werden, ob der Film getürkt oder echt ist. Ich
selbst war und bin immer noch hin- und hergerissen, tendie-
re aber eher zur Annahme, daß eine raffinierte Fälschung im
Spiel ist – entweder aus nackter Geldgier oder um das wahre
Geschehen des Roswell-Zwischenfalls zu vertuschen beziehungsweise zu diskreditieren. Es kann nicht einmal ausgeschlossen werden, daß der Film ein Desinformationsprodukt
geheimdienstlicher Machenschaften ist.

Der Kapitän der Delta Air Line, Kent Jeffrey, Begründer der
internationalen Roswell-Initiative zur Wahrheitsfindung und
einer der Bestinformierten über den Roswell-Zwischenfall,
sagte mir im Verlauf unserer langen Gespräche, daß für ihn
das Hauptargument gegen die Echtheit des Films im allzu
menschlichen Aussehen des angeblich Außerirdischen liege.
»Ich zweifle nicht daran, daß im Film eine präparierte menschliche Leiche verwendet wurde«, argumentiert Jeffrey. »Wenn
das aber der Fall ist, wäre es eine der abscheulichsten und ver-

urteilungswürdigsten Fälschungen, die es je gegeben hat. Denn es würde bedeuten, daß diejenigen, die mit einer derartigen Scheußlichkeit aufgewartet haben, dafür den Körper eines einst lebenden Wesens (in diesem Fall einer Frau) mißbraucht, aus Raffgier dahingemetzelt hätten. Wenn sich das bewahrheiten sollte, muß eine strafrechtliche Untersuchung eingeleitet werden«, fordert Kent Jeffrey.

Nach Ansicht des Kamera- und Fotoexperten Bob Shell, Berater der US-Bundespolizei FBI, wäre 1947 für solche Aufnahmen eine 16-mm-Kamera von Bell & Howell verwendet worden. Diese Apparate waren mit einem drehbaren Drei-Linsen-Kopf – Normal-, Weitwinkel- und Teleobjektiv für Nahaufnahmen – ausgerüstet. Das verwendete Material war ein Kodak Super XX, ein Filmtyp, dessen Produktion 1957 eingestellt wurde. Da der Randcode von 1927, 1947 oder 1967 stammen kann und das Zelluloid weder 1927 noch 1967 hergestellt wurde, bleibt als einzige Möglichkeit das Herstellungsjahr 1947.

»Aufgrund meiner Untersuchung der physikalischen Charakteristiken des Films bestätige ich mit fünfundneunzigprozentiger Sicherheit, daß der Film das ist, was der Kameramann behauptet ...«, sagt Bob Shell. Es gebe keinen Grund, die unscharfen Filmsequenzen zu kritisieren, meint George Farrow, ein anderer Filmexperte. Denn 1947 habe es noch keine Automatisierung der Kameramechanismen für Autofocus und Zoomlinsen gegeben. An dem Santilli-Film habe ein gut ausgebildeter und erfahrener Kameramann gearbeitet, der versucht hätte, die Autopsie aus den verschiedensten Blickwinkeln festzuhalten.

Der Kameramann jedoch ist für mich persönlich ein wichtiges Argument gegen die Echtheit des Films. Denn Recherchen zufolge starb der Kameramann Jack Barnett bereits 1957 an einem Herzinfarkt und war nie beim Militär. So lautet denn auch die neueste Version: Santilli habe sich den Namen Jack

Barnett nur »ausgeborgt«, um den echten Kameramann, den er J. B. nennt, zu schützen. In Wahrheit sind Santilli und sein Begleiter Gary Shoeffield von Polygram, der seine Geschichte bestätigt, zu J. B. nach Orlando in Florida geflogen, um »das 1947er Filmmaterial« zu kaufen. Dieser Kameramann soll inzwischen fünfundachtzig Jahre alt sein und von 1959 bis 1973 in Los Angeles gelebt haben.

Für mich stellen sich hier nun folgende Fragen: Warum tritt dieser »J. B.« nicht in Erscheinung? Aus Furcht? Lächerlich! Warum wird er von Santilli sorgfältig aus dem Spiel gehalten und lediglich eine schriftliche Stellungnahme von ihm (oder von wem auch immer) präsentiert? Was verbirgt sich in Wahrheit hinter dieser Geschichte, und vor allem: Wer ist der Kameramann »J. B.«?

Das Felsentor

»Ich wurde 1942 zum Militär eingezogen und 1952 entlassen. Diese zehn Jahre, die ich meinem Land diente, waren die besten meines Lebens«, heißt es in dem Bericht »J. B.«.

»Mein Vater ist in der Filmbranche tätig gewesen. Aus diesem Grund war ich mit Kamera- und fotografischen Arbeiten bestens vertraut. Deswegen wurde ich trotz meiner Polioerkrankung in der Kindheit vom Militär als diensttauglich eingestuft.

Nach meinem Eintritt und der Ausbildung kam mir meine Kameraerfahrung zugute, und ich wurde einer der engagiertesten Kameramänner der US-Streitkräfte. Meine Einsätze waren vielerorts, und da wir uns in Kriegszeiten befanden, lernte ich sehr schnell, auch unter schwierigsten Bedingungen zu arbeiten.

Weitere Einzelheiten aus meinem Leben stehen hier nicht zur Debatte, lediglich die Tatsache, daß ich im Herbst 1944 zum Nachrichtendienst abgestellt wurde und dem Vizestabschef der Air Force unterstellt war. Je nach Einsatzort war ich ständig unterwegs. Während meiner Dienstzeit habe ich sehr viel gedreht, unter anderem auch die White-Sands-Versuche [Manhattan/Project/Trinity].

Mir ist sehr deutlich der Anruf in Erinnerung, mich nach White Sands (Roswell) zu begeben. Ich war gerade erst von St. Louis, Missouri, zurückgekommen, wo ich den neuen Ramjet (›Little Henry‹) gefilmt hatte. Am 1. Juni [1947] befahl mir General Donnell, mich bei General McMullen für einen Spezialauftrag zu melden. Bis dahin hatte ich keine Erfahrung, was es bedeutet, unter McMullen zu arbeiten. Nachdem ich jedoch ein paar Minuten mit ihm gesprochen hatte, wußte ich, daß ich diesen Mann nie zum Feind haben möchte.

Er kam ohne Umschweife zur Sache: Ich hatte mich zu einer Absturzstelle südwestlich von Socorro zu begeben. Es war ein dringender Auftrag, der darin bestand, alles zu filmen, was mir dort vor die Kamera kam, und die Örtlichkeit nicht eher zu verlassen, bevor alles abtransportiert war. Ich sei berechtigt, jeden ›Winkel‹ der Bergungsstelle zu betreten, und wenn der befehlshabende Offizier Schwierigkeiten machen würde, solle er McMullen anrufen. Einige Minuten nach Entgegennahme dieses Befehls erhielt ich die gleichen Instruktionen von Tooey, wenn auch mit der Erklärung, es gehe um den Absturz eines russischen Spionageflugzeugs. Zwei Generäle an einem Tag – dieser Auftrag mußte wichtig sein. Von Andrews aus flog ich mit sechzehn anderen Offizieren und weiteren Männern, vorwiegend Sanitätspersonal, nach Wright Patterson. Dort nahmen wir noch mehr Männer und Ausrüstungsmaterial auf und flogen in einer C-54 weiter nach Roswell.

Dort angekommen, wurden wir zur Absturzstelle gefahren. Als wir eintrafen, war die ganze Umgebung bereits abgesperrt. Von Anfang an war klar, daß es nicht um den Absturz einer russischen Spionagemaschine ging, sondern um eine große Scheibe, eine ›fliegende Untertasse‹, die auf dem Rücken lag. Der Boden um sie herum strahlte immer noch ungeheure Hitze aus.

Der Kommandant an der Absturzstelle übergab die Zuständigkeit an das SAC-Sanitätsteam [SAC: Strategisches Luftraum-Kommando], das immer noch auf Kenney wartete. Nichts wurde unternommen, da alle auf Befehle warteten.

Man hatte den Entschluß gefaßt, sich dem Flugobjekt erst zu nähern, wenn die Hitze nachgelassen hatte, da die Gefahr eines Feuerausbruches nicht ausgeschlossen werden konnte. Die Schreie der außerhalb liegenden Kreaturen – der ›Freaks‹ [wie sie der Kameramann bezeichnete] – verschlimmerten alles noch. Was in Gottes Namen sie waren, konnte niemand sagen, aber eines ist sicher, es waren Zirkusmißgeburten, Kreaturen, die hier nichts zu suchen hatten. Jede klammerte sich an einen Kasten, den sie mit beiden Armen an ihren Brustkorb drückte. Sie lagen einfach da, hielten diese Kästen fest und jammerten.

Sobald mein Zelt aufgestellt war, begann ich mit den Dreharbeiten. Zuerst kam das ›Gefährt‹ an die Reihe, dann die Absturzstelle und die Trümmer. Gegen sechs Uhr konnten wir uns dem Objekt allem Anschein nach gefahrlos nähern. Die ›Freaks‹ jammerten immer noch, und wenn sich ihnen jemand näherte, heulten sie laut auf. Sie hielten ihre Kästen krampfhaft fest, aber schließlich gelang es, einem von ihnen durch einen harten Schlag auf den Kopf mit einem Gewehrkolben einen Kasten zu entreißen.

Die drei ›Freaks‹ wurden weggezerrt und mit Stricken und Isolierband gefesselt. Einer war bereits tot. Die Sanitäter näherten sich ihnen anfangs nur zögernd, da sie aber teilweise verwundet waren, blieb ihnen keine andere Wahl. Nachdem die Kreaturen geborgen waren, mußten erst einmal alle leicht zu entfernenden Bruchstücke aufgelesen werden, da die Gefahr eines Brandausbruchs immer noch nicht ganz auszuschließen war. Die Trümmer stammten anscheinend von Außenträgern, die eine sehr kleine Scheibe an der Unterseite des Objektes hielten, die weggerissen worden war, als sich die ›fliegende Untertasse‹ überschlug.

Die Trümmer wurden zum Registrieren auf den Zeltplatz gebracht und dann auf Lastwagen verladen. Drei Tage später traf eine Abordnung aus Washington ein und entschied, das Flugobjekt fortzuschaffen. Die Luft im Innern war drückend schwer. Es war unmöglich, sich dort länger als ein paar Sekunden aufzuhalten, ohne daß einem übel wurde. Daher wurde entschieden, das Objekt auf der Basis zu analysieren. Es wurde auf einen Tieflader verfrachtet und nach Wright Patterson transportiert. Dort kam ich dann dazu.

Ich blieb drei Wochen in Wright Patterson, um die Bruchstücke filmisch festzuhalten. Dann wurde mir mitgeteilt, mich in Fort Worth, Dallas, zu melden, um eine Autopsie zu drehen. Normalerweise habe ich keine Probleme mit solcherlei Arbeiten, aber es stellte sich heraus, daß die Kreaturen eine Gefahr für die Gesundheit sein könnten. Also mußte ich, wie die Ärzte, einen Schutzanzug tragen. Es war kaum möglich, die Kamera richtig zu handhaben; Filme zu wechseln und die Kamera scharf einzustellen, war äußerst schwierig. Also habe ich befehlswidrig den Schutzanzug ausgezogen. Die ersten zwei Autopsien erfolgten im Juli 1947.

Nach beendeter Arbeit hatte ich einige hundert Rollen abgedreht. Nach dem Aussortieren der Problemrollen, die besonders sorgfältig bearbeitet werden mußten (das wollte ich später machen), wurde der erste Filmschub nach Washington gebracht. Die restlichen Rollen bearbeitete ich einige Tage später. Nachdem auch diese fertiggestellt waren, setzte ich mich mit Washington in Verbindung, um einen Abholtermin zu vereinbaren.

Unbegreiflicherweise kam nie jemand, um die Sachen abzuholen oder einen diesbezüglichen Termin zu vereinbaren. Ich habe x-mal angerufen und es schließlich aufgegeben. Seitdem ist der Rest dieser Filme, rund dreißig Rollen, in meinen Händen. Im Mai 1949 erhielt ich den Auftrag, die dritte Autopsie zu drehen.«

Das ist die von Ray Santilli präsentierte schriftliche Stellungnahme des Kameramanns »J. B.«.

Laut »J. B.« hatte die Fahrt von Roswell zur Absturzstelle über drei Stunden gedauert und trug sich am 2. JUNI 1947 zu. Außerdem soll sich der Absturz in der Nähe von Socorro ereignet haben, kann also in keinem Zusammenhang mit dem Roswell-Zwischenfall stehen, der am 4. JULI stattgefunden hat. Die rund dreistündige Fahrt von Roswell zur südwestlich von Socorro gelegenen Absturzstelle würde demnach völlig mit der Entfernung von rund zweihundertfünfzig Kilometern übereinstimmen. Natürlich nur unter der Voraussetzung, daß die Aussagen des Santillischen »J. B.« auch auf Tatsachen beruhen.

Sollte sich das bewahrheiten, hätten die von »J. B.« gedrehte Bergung und Autopsie nichts, aber auch rein gar nichts mit dem Roswell-Zwischenfall zu tun, der sich

1. fünf Wochen später,

2. nur knapp sechzig Kilometer nordwestlich von Roswell, also in einer ganz anderen Gegend, ereignet hat.

Und damit ließen sich dann auch die widersprüchlichen Beschreibungen der Flugobjekte und der »außerirdischen Geschöpfe« erklären.

In der Tat wird die Möglichkeit, daß Ende Mai oder Anfang Juni 1947 zwischen Socorro und Magdalena ein unbekanntes Flugobjekt abgestürzt ist, durch eine Reihe von Indizien untermauert. So heißt es in einem FBI-Memorandum vom 22. März 1950 an J. Edgar Hoover:

»Nach Aussagen eines Untersuchungsbeamten der Air Force sind in New Mexico drei sogenannte fliegende Untertassen geborgen worden. Ihre Form wird als rund beschrieben, sie hatten eine Kuppel in der Mitte und einen Durchmesser von rund sechzehn Metern. Jede hatte eine Besatzung, die aus drei kleinen Geschöpfen menschlicher Gestalt bestand. Sie trugen eine metallisch anmutende Kleidung aus sehr feinen Geweben ...

Nach Mr. [Name unkenntlich gemacht] sind die fliegenden Untertassen in New Mexico aufgrund der Tatsache abgestürzt, daß die Regierung in dieser Region Hochenergie-Radaranlagen installiert hat, die vermutlich die Kontrollmechanismen der fliegenden Untertassen außer Betrieb gesetzt haben.«

Dieses Dokument wurde erst im Jahre 1983 auf Gerichtsbeschluß hin freigegeben.

Schon vor vielen Jahren erzählte Grady L. »Barney« Barnett, ein Ingenieur des US Soil Conservation Service, seinem Freund Verne Maltais, er habe abseits des Highway 60 in der Wüste einen sonderbaren Lichtschein gesehen, als er Ende Mai, Anfang Juni 1947 in der Nähe von Magdalena zu tun hatte. Da er einen Flugzeugabsturz vermutete, habe er die Straße verlassen und sei auf einer schmalen, sogenannten Dirt Road in Richtung des Lichtscheins gefahren. Schließlich sei er auf eine abgestürzte fliegende Untertasse und vier Leichen gestoßen. Das Flugobjekt wurde entweder durch eine Explosion oder durch den Aufprall aufgerissen. Die menschenähnlichen Wesen seien sehr klein gewesen, hätten übermäßig große kahle Köpfe und große Augen gehabt und enganliegende, einteilige Anzüge aus silbriggrauem, metallisch wirkendem Material getragen. Weder Knöpfe noch Reißverschlüsse oder Gürtel waren zu sehen. Dann sei plötzlich

40 Absturzstelle bei Magdalena.

41 Grady L. »Barney« Barnett stieß Anfang Juni 1947 in der Nähe von Magdalena in New Mexico auf das Wrack eines abgestürzten UFOs und dessen Besatzung, wird behauptet.

Militär aufgetaucht und hätte das ganze Gelände ringsum abgesperrt. Man habe ihn zu strengstem Stillschweigen verpflichtet und schließlich aufgefordert, schnellstens zu verschwinden.

Ein weiterer, in diesem Fall angeblicher Augenzeuge erschien 1990 auf der Bildfläche: ein Mann mittleren Alters, Gerald Anderson, der dummdreist behauptete, als Sechsjähriger mit seinen Angehörigen zufällig auf ein UFO-Wrack gestoßen zu sein. Mittlerweile wurde der Mann als Lügenbold entlarvt.

Damit wären wir beim grundlegenden Problem und beinahe unüberwindlichen Hindernis im Zusammenhang mit der Aufklärung des UFO-Phänomens angelangt: den Lügen, Phantastereien, aber auch den Desinformationstaktiken angeblicher Augenzeugen. Was treibt sie zu ihren erfundenen Geschichten? Etwa Egoprobleme? Geltungssucht? Warum wird so viel zusammenphantasiert, so viel gelogen?

Und Frank Kaufmann – was ist mit ihm? Warum quälen mich immer wieder Zweifel, was ihn betrifft? Als ich nach unserem Gespräch über ihn zu recherchieren begann, stellte sich zu meiner Überraschung heraus, daß er bereits 1945 im Rang eines Sergeant aus der Army entlassen wurde. Frage: Wie hat er es dann aber angestellt, 1947 als Militärgeheimdienstler bei der Roswell-Bergung in Aktion zu treten? Und warum trat er erst in Erscheinung, nachdem das Roswell-Ereignis in den Medien Furore gemacht hatte? Und Dr. Jesse Marcel jr., warum weiß er nichts von einem Frank Kaufmann? Selbst sein Vater, der als Oberstleutnant verstorbene Jesse A. Marcel sen., erwähnte den Mann nie, den er, den Umständen nach, doch hätte kennen müssen! Wie auch immer ...

Jedenfalls hält der für seine soliden Hintergrundrecherchen bekannte und von mir nach seiner Meinung befragte, bereits erwähnte Nuklearphysiker und UFO-Forscher Stanton T. Friedman den Randle-und-Schmitt-Kronzeugen Kaufmann für völlig unglaubwürdig. Im Gegensatz dazu stuft er den umstrittenen Top-secret-MJ-12-Geheimbericht vom 18. Dezember 1952 für den Präsidentschaftskandidaten Eisenhower nach sorgfältiger Überprüfung als echt ein.

Diese Top-secret-Majestic-12- beziehungsweise Majic-12-Geheimdokumentation unterrichtet über die Bergungsoperation des unbekannten Flugobjektes bei Roswell, die extraterrestrischen biologischen Wesen EBEs – Leichen – sowie über die Bildung eines Untersuchungsausschusses. Dieser bestand aus zwölf herausragenden Persönlichkeiten – darunter Wissenschaftler, Ingenieure, die drei ersten CIA-Direktoren und der Verteidigungsminister. Daher der Name »Majic« oder »Majestic 12«.

Unter Berücksichtigung des politischen Klimas von 1947 ist es nur zu verständlich, daß eine strenggeheime Arbeitsgruppe ins Leben gerufen wurde, die sich mit der Bergung und Analyse eines Raumschiffs außerirdischer Herkunft und dessen Besatzung befassen sollte. Aufgrund der erdrückenden Beweise geht auch Friedman davon aus, daß 1947 in New Mexico mindestens zwei, wenn nicht mehr fliegende Untertassen abgestürzt sind. Eine davon war fast unbeschädigt und mit vier außerirdischen Besatzungsmitgliedern bemannt, von denen eines noch lebte.

42 *(rechts)* Der Nuklearphysiker und UFO-Forscher Stanton T. Friedman mit dem Autor in Roswell.

43 *(folgende Seite)* FBI-Memorandum an J. Edgar Hoover: »Drei sogenannte fliegende Untertassen wurden von der US Air Force in New Mexico geborgen.«

Von einem Indianer aus dem in der Nähe von Socorro gelegenen Apachen-Reservat wird berichtet, daß er als Teenager 1947 auf dem Weg zur katholischen Missionsschule des Reservats gemeinsam mit einem Freund ein Wrack mitsamt der Besatzung entdeckte, das beide zuerst für ein abgestürztes Flugobjekt hielten. Sie unterrichteten deshalb umgehend den Leiter der Mission, Father Fox, der daraufhin sofort zur Absturzstelle eilte. Wie es heißt, habe er die UFO-Insassen noch mit den Sterbesakramenten versehen, bevor er den Sheriff anrief. Letzterer hätte dann das Kirtland Army Airfield bei Albuquerque informiert. Nachdem Kirtland mit Hilfe einer Aufklärungsmaschine die Absturzstelle lokalisiert habe, sei die Bergungsmannschaft eingetroffen.

Damit wäre möglicherweise ein weiterer Hinweis auf die Bergung bei Magdalena gegeben, die »J. B.« gefilmt haben will. In einem Telefongespräch mit ihm – natürlich über Santilli –

Office Memorandum • UNITED S---S GOVERNMENT

TO   DIRECTOR, FBI   DATE: March 22, 1950

FROM : GUY HOTTEL, SAC, WASHINGTON

SUBJECT: FLYING SAUCERS
         INFORMATION CONCERNING

Flying Discs or Flying Saucers

The following information was furnished to SA ~~███████~~ by ~~████████████████████~~

An investigator for the Air Forces stated that three so-called flying saucers had been recovered in New Mexico. They were described as being circular in shape with raised centers, approximately 50 feet in diameter. Each one was occupied by three bodies of human shape but only 3 feet tall, dressed in metallic cloth of a very fine texture. Each body was bandaged in a manner similar to the blackout suits used by speed flyers and test pilots.

According to Mr. ~~██████~~ informant, the saucers were found in New Mexico due to the fact that the Government has a very high-powered radar set-up in that area and it is believed the radar interferes with the controling mechanism of the saucers.

No further evaluation was attempted by SA ~~██████~~ concerning the above.

83-1932
FILED

JUL 7 1983

CLERK, U.S. DISTRICT COURT
DISTRICT OF COLUMBIA

RECORDED - 3

INDEXED - 3   162-83894 - 209

MAR 28 1950
84

57 MAR 29 1950

lieferte er recht präzise geographische Anhaltspunkte zur Absturzstelle. So erwähnte er unter anderem auch ein Felsentor ganz in der Nähe des Bergungsortes, einem kleinen Trockensee.

Ich entschloß mich also, von Roswell über Socorro weiter in Richtung Magdalena zu fahren, um mich dann auf eine abenteuerliche, halsbrecherische Fahrt quer durch die Wüste zu begeben, auf der Suche nach dem Felsentor und damit nach der Absturzstelle. Sollte ich diesem Ort tatsächlich auf die Spur kommen, wäre das zwar noch kein Beweis für den Wahrheitsgehalt der »J.-B.«-Geschichte, aber immerhin ein Indiz dafür, daß an seiner Schilderung etwas »dran sein« könnte.

Am frühen Morgen des 11. Juli 1995 brach ich mit meinem Wagen von Roswell aus auf. Dabei war Michael Hesemann, der gern mitkommen wollte, bepackt mit einem unendlich schweren Koffer, mit Foto- und Videokameragerätschaften, unhandlichem Handgepäck und zahllosen Cola-light-Dosen, ohne die ihn alle guten Geister verlassen würden.

Wir fuhren auf dem Highway 380 in Richtung Lincoln und Capitan. Nur wenige Meilen hinter Roswell öffnete sich vor uns das Lincoln County, eine einzigartige Mischung aus trostloser Wüste, idyllischen Tälern mit Wiesen, Weiden, Waldgebieten und plätschernden Bächen. Dazwischen verstreut liegende Ortschaften, in denen die Zeit stehengeblieben zu sein scheint. Der Landstrich, in dem Wildwesthelden und Banditen ihr Unwesen trieben – so auch »Billy the Kid«. Zur Rechten erheben sich im Hintergrund die Capitan-Berge wie saftig-grüne Inseln mit violetten Kronen. Zur Linken die Sierra Blanca und die Sacramento-Berge mit weißen Flecken – Schneeresten, auch jetzt im Sommer; davor das große Mescalero-Apachen-Reservat.

Noch vor hundert Jahren war Lincoln County ein blutiger Schauplatz, auf dem Munitionsverkäufer und Sargtischler

Hochkonjunktur hatten. Zwischen Ranchern, Desperados, Glücksrittern, sonstigen Gaunern und Gesetzesvertretern tobte ein Krieg – ein gnadenloser Kampf zwischen rivalisierenden Geschäftsleuten um Marktanteile, Handelsverträge und Landbesitz. Das Militär und die Mescalero-Apachen in ihrem Reservat waren hierin verwickelt. Inmitten dieser Auseinandersetzungen konkurrierender Gruppen betätigte sich der achtzehnjährige William Bonney, genannt Billy the Kid. Seinen Höhepunkt erreichte der Privatkrieg im Juli 1878, als das Haus des Anwalts McSween, in dem sich Billy the Kid mit seinen Kumpanen verbarrikadiert hatte, so lange belagert und beschossen wurde, bis es in Brand geriet. Unter Billys Führung gelang schließlich ein waghalsiger Ausbruch.

Am 14. Juli 1881 traf es Billy dann auf der Maxwell Ranch bei Fort Stanton, nur wenige Meilen von Lincoln entfernt. Sheriff Pat Garrett konnte sich damit brüsten, die »Westernlegende« um Mitternacht ins Jenseits befördert zu haben. Die Geschichte des beliebten Banditen Billy the Kid und sein Tod haben bis heute für die Amerikaner nichts von ihrer Faszination verloren.

Als ich durch Lincoln fuhr, hätte er jede Sekunde auftauchen können, und ich wäre nicht einmal überrascht gewesen, hatte sich der Ort doch seit jenen Tagen praktisch kaum verändert. Heute wirkt er wie die klassische Filmkulisse eines High-noon-Western-Nests. Selbst der Friedhof am Ortsausgang mit seinen windschiefen Kreuzen, den verwitterten Grabsteinen und wilden Blumen fehlt nicht. Kein Wunder also, daß hier jedes Jahr im August Billy-the-Kid-Festspiele stattfinden.

Heute lebt im malerischen Lincoln Glenn Dennis, der sich vom Leichenbestatter zum bemerkenswerten Bildhauer gewandelt hat.

Von Lincoln führt der Weg weiter nach Capitan, wo der wortkarge Bill Brazel lebt, der Sohn des ehemaligen Verwal-

44 »Billy the Kid«
(links hinten mit Zigarre)
im Kreis
seiner Kumpane.

ters der Foster Ranch. Er weigert sich heute, noch einmal zum
Roswell-Zwischenfall Stellung zu nehmen.

Ich durchstreifte Carrizozo, die County-Hauptstadt mit
Ghost-Town-(Geisterstadt)-Atmosphäre und dem Charme des
Verfalls, und durchquerte das »Valley of Fires« (Tal der Feuer),
bizarr anmutende schwarze Lavafelder von erstaunlichen Aus-
maßen, die sich erst vor tausend Jahren nach einem Vulkan-
ausbruch gebildet haben. Übrigens soll es hier die einzigen
an ihre Umwelt angepaßten schwarzen Mäuse geben, von

denen mir allerdings keine über den Weg gelaufen ist. Als ich Stunden später das White-Sands-Gelände erreicht hatte, hielt ich kurz an der TRINITY SITE. Trotz der Hitze lief es mir kalt über den Rücken, stand ich doch am Ort der ersten Atombombenexplosion.

Don Montoya, der sympathische, für das White-Sands-Raketen-Versuchsgelände zuständige Presseoffizier, verneinte nach sorgfältigem Studium der White-Sands-Unterlagen kategorisch die Möglichkeit, daß ein vom Versuchsgelände aus gestartetes Objekt für den UFO-Zwischenfall von 1947 verantwortlich gewesen sei. »In dieser Zeit, also Juni, Juli 1947, haben wir NICHTS gestartet, was dafür in Frage kommen könnte. Was White Sands anbelangt, stehen wir sauber – ›pretty clean‹ – da.«

Von Socorro aus führt der Highway 60 über Serpentinen hinauf nach Magdalena. Dort breiten sich die Hochebenen von San Augustin aus. In einigen Berichten wird gemunkelt, dort habe sich der Magdalena-Zwischenfall zugetragen.

Südwestlich, an der Ostkante der San-Augustin-Hochebene, steigt eine dunkle, drohende Bergkette auf – hoch, wild und abweisend. Aus der Ferne mutet diese Bergkette wie ein ruhender Körper, eine Gestalt an, die, auf dem Wüstenboden hingestreckt, ausruht. Vick's Peak (Gipfel) ist der Schädel, und der sich nordwärts hinziehende Bergrücken stellt den in Panderosa-Kiefern gehüllten Körper dar.

Heute wird die Bergkette San Mateo Mountains genannt, hieß aber noch vor hundert Jahren Dzil-Shisinday und war dereinst der Lieblingsaufenthalt des Apachen-Häuptlings Victorio.

Vor diesem Hintergrund breitet sich die Wüste in pastellfarbenen Tönen aus – blau, rosé, gelb, ockerfarben; endlos sind die Farbtupfer der tiefgrünen Wacholderbüsche und Kiefern eingestreut, hin und wieder von pyramidenförmigen Anhöhen aus Felsgestein und Sand unterbrochen.

Ich war zu weit gefahren und mußte beim Cibola National Forest wieder in Richtung Socorro zurückfahren, bis ich
schließlich nach langer Suche auf einen schmalen Sand-,
Schotterweg stieß, der in südliche Richtung führte.

Wo war der Trockensee?

Während des Herumirrens kam mir die Legende des Na-
vajo-Indianers Morningsky in den Sinn, die mir Wendelle C.
Stevens, Oberstleutnant a. D. der US Air Force, erzählt hatte:
»Morningsky wußte von vielen UFO-Begegnungen, er sprach
von den ›Sternenältesten‹ mit den großen runden Köpfen, den
sechsfingrigen Händen und den Füßen mit sechs Zehen, die
sein Volk schon vor Tausenden von Jahren aufgesucht hätten.«

Ob am Ende vielleicht doch etwas dran war an der Geschichte von Santillis »J. B.«?

Und da war es plötzlich, das wuchtige Felsentor am
Trockensee! Genau wie es dieser »J. B.« beschrieben hatte.
Also noch ein Rätsel.

Wir liefen das Gelände des Trockensees ab; es dauerte
ziemlich lange. Michael nahm sich die eine Seite vor, ich die
andere. Fast gleichzeitig kamen wir bei einer großen, kreis-
förmigen Fläche an, etwa achtzig Meter vor den sich rechts
und links auftürmenden rötlichbraunen Felswänden, die in
der Mitte durch eine torähnliche Öffnung getrennt waren. Bei
näherem Hinsehen war zu erkennen, daß der Boden vor län-
gerer Zeit einmal aufgeschüttet worden sein mußte.

Um bei den Rätseln zu bleiben: Es wäre noch die oberhalb
dieser Stelle im Bergrücken versteckte Manganmine zu erwähnen, die 1945 geschlossen, aber ausgerechnet am 1. Juni
1947 von der US-Regierung wieder geöffnet wurde. Sind hier
vielleicht »Scheinaktivitäten« durchgeführt worden, um et-
waige Bergungsarbeiten zu kaschieren?

Interessanterweise wissen einige Rancher in der Umgebung von Roswell und Magdalena von einem Meteoriten-

absturz am 31. Mai 1947 in der fraglichen Gegend. Auf dem Interstate Highway 25 in Richtung Albuquerque versuchte ich später, die vielen offenen Fragen mit den Fakten in Einklang zu bringen und meine nächsten Schritte zu planen.

Dutzende namhafter Augenzeugen, darunter viele ehemalige Militärangehörige, sind sich absolut darüber im klaren, daß zwischen Mai und Juli 1947 in der Wüste von New Mexico mindestens zwei nicht identifizierbare Flugobjekte abgestürzt sind. Die Army Air Force selbst hat die Bergung einer »fliegenden Scheibe« bekanntgegeben, auch wenn dieser Tatbestand auf Anordnung des Pentagon durch höhere Dienststellen abgeändert wurde.

Keiner der in diesem Bericht mit Namen aufgeführten Zeugen zog aus seiner Erfahrung persönlichen Nutzen. Keiner von ihnen handelte aus Profilierungs- oder Gewinnsucht. Kurz, keiner der Zeugen hatte einen offensichtlichen Grund zu lügen. Sie berichteten in aller Aufrichtigkeit von ihren Erlebnissen, und viele von ihnen wundern sich, warum die Regierung fortgesetzt die Realität ihrer Erlebnisse bestreitet.

Die Recherchen führen zu einer Reihe wichtiger Fragen im Zusammenhang mit der Geheimhaltungspolitik der US-Regierung, der nationalen Sicherheit der Vereinigten Staaten und der Informationsfreiheit ... Noch nicht beantwortet sind folgende Fragen:

- Woher stammten die Trümmer, die im Juli 1947 auf der Foster Ranch geborgen wurden?
- Warum durften Zivilisten – Augenzeugen – auf Befehl des Militärs und der Bundesregierung über den Zwischenfall nicht sprechen?
- Was rechtfertigt die Drohung, die Rundfunklizenz zu entziehen, wie von »Jud« Roberts, dem ehemaligen Manager des KGFL-Rundfunksenders in Roswell, berichtet wurde?

Wer war autorisiert, den Befehl zu erlassen: »Sendung beenden ... Nationale Sicherheit«, durch den eine Rundfunksendung des Senders KOAT in Albuquerque unterbrochen wurde?

• Warum wurde »Mac« Brazel, offensichtlich ohne Begründung, eine Woche lang auf der Roswell-Basis festgehalten?

• Warum wurde das von seinem Sohn Bill lange nach dem Zwischenfall auf der Ranch gefundene Trümmerteil noch zwei Jahre nach dem Vorfall durch einen Air Force Captain konfisziert?

• Warum hatte General Clements McMullen befohlen, die auf der Foster Ranch sichergestellten Trümmer durch einen Kurier – einen Basis-Kommandanten – ihm persönlich überbringen zu lassen?

• Warum verbreitete das Militär die Wetterballon-Vertuschungsgeschichte, obwohl alle Zeugen, die mit dem Bruchmaterial zu tun hatten, genau wußten, daß es weder auf einen Wetterballon noch irgendein anderes konventionelles Flugobjekt jener Zeit zurückzuführen war?

• Was ist mit den nach Fort Worth transportierten Trümmern geschehen? Wurden sie in einem Militär- oder Zivillaboratorium analysiert? Wenn ja, wie lauten die Resultate?

• Welche Bedeutung haben die von Dr. Marcel an einem der Bruchstücke festgestellten hieroglyphenähnlichen Symbole?

• Hat der Army Air Force Pilot Captain Oliver Wendell »Pappy« Henderson die Leichen der Außerirdischen auf der Roswell-Basis tatsächlich gesehen, wie er seiner Frau und seinen Freunden mitgeteilt haben soll? Wenn ja, in welcher Verfassung haben sich die Leichen befunden?

• Welche Geschichte verbirgt sich hinter dem Bericht, der

Regierungsangestellte Grady L. »Barney« Barnett habe ein abgestürztes Flugobjekt und die Leichen Außerirdischer westlich von Socorro bei Magdalena gefunden? Warum wurden die Zeugen vom Militär zur Geheimhaltung vereidigt?

- Ist ein Geheimhaltungsschwur von Militärangehörigen nach fast fünfzig Jahren immer noch gültig? Ist ein verbaler Befehl, Stillschweigen über einen Vorfall zu bewahren, von dem angeblich die nationale Sicherheit betroffen sein soll, nach amerikanischem Gesetz gültig? Warum zögern einige ehemalige Militärangehörige immer noch, ihre Verwicklung in diesen Zwischenfall preiszugeben?

- Wo sind die Antworten auf diese Fragen zu finden? In Washington?

Projekt Mondstaub
und Operation Blaue Fliege

Am 10. Juli 1947, um 10.30 Uhr, trafen sich die Generäle Leslie
Groves, Kommandant der Waffenentwicklungsprojekte in Los
Alamos, New Mexico, und Robert Montague, Kommandant
der Fernlenkraketen-Schule der US Army von Fort Bliss, New
Mexico, mit den Generälen Hoyt S. Vandenberg und Curtis
LeMay im Pentagon.

Diesem Treffen war am Tag zuvor eine Krisensitzung im
Büro des Armeestabschefs, General Dwight D. Eisenhower,
vorausgegangen. Daran anschließend hatten General Vandenberg und Minister Symington eine weitere Unterredung,
um danach an einer zweistündigen Generalstabssitzung (Joint
Chiefs of Staff) teilzunehmen. Kurz gesagt: Am 9. und 10. Juli
jagte eine Krisensitzung die andere. Aber im Gegensatz zu
den in den Dokumenten des US-Nationalarchivs chrono-
logisch festgehaltenen Terminen dieser so dringlichen Bera-
tungen wird deren »prekärer« Inhalt nicht preisgegeben.

Es muß sich aber um etwas Brisantes gehandelt haben, da
die Generäle Doolittle und Vandenberg um 12.15 Uhr einen
Termin beim Präsidenten hatten. Angeblich mußte eine Luft-
waffenproklamation unterschrieben werden. Während einer
Besprechung im Pentagon, an der Kriegsminister Robert P.
Patterson und die Generäle Groves und Montague teilnah-
men, wurde letzterer zum Kommandanten der Sandia-Basis
bestellt, eines überaus geheimen Forschungszentrums, das
südöstlich von Albuquerque liegt. In dieser Zeit wandte sich
Brigadegeneral George F. Schulgen, Chef der Army-Air-Forces-
Nachrichtendienste, an den FBI-Direktor J. Edgar Hoover, um
ihn um Unterstützung bei der Aufklärung über die Herkunft
der »fliegenden Scheiben« zu bitten.

»Ich bin gerne dazu bereit«, antwortete Hoover in einem Handschreiben: »Bevor wir jedoch zusagen, müssen wir darauf bestehen, uneingeschränkten Zugang zu den sichergestellten ›Scheiben‹ zu erhalten.«

Dr. Vannevar Bush, der wissenschaftliche Berater des Präsidenten, war bis September 1947 ständig mit unbekanntem Ziel unterwegs. Auch diese Tatsache könnte dafür sprechen, daß etwas Außergewöhnliches vorgefallen war.

Am 23. September 1947 schrieb der kommandierende Generalleutnant des AMC, Nathan F. Twining, in einem streng geheimen Bericht an den Brigadegeneral im Pentagon, George Schulgen, unter anderem:

»Es besteht die Ansicht,

- daß das zur Diskussion stehende Phänomen real ist und nicht auf Fiktion oder Einbildung beruht;
- daß anscheinend scheibenförmige Objekte von der Größe gewöhnlicher Flugzeuge existieren;
- daß einige Fälle möglicherweise auf natürliche Ursachen zurückzuführen sind; daß die beschriebenen Flugcharakteristiken, wie beispielsweise die extreme Steigleistung und Manövrierfähigkeit (insbesondere die Rollfähigkeit), sowie Aktionen, die bei Sichtung durch freundlich gesinnte Flugzeuge oder Radar als Ausweichmanöver bezeichnet werden müssen, die Überzeugung erlauben, daß einige der Objekte entweder manuell, automatisch oder ferngesteuert werden.

Die offenbar allgemeingültige Beschreibung der Objekte lautet:

- metallisch oder Licht reflektierende Oberfläche;
- abgesehen von einigen wenigen Fällen keine sichtbaren Spuren an den anscheinend unter Höchstleistung operierenden Objekten;

- runde oder elliptische Form – an der Unterseite abge-flacht, oben mit einer Kuppel versehen;
- einige Berichte über genau durchgeführte Formations-flüge, die zwischen drei und neun Objekten variieren;
- gewöhnlich lautlos, ausgenommen drei Fälle, wo ein don-nerndes Grollen vernommen wurde;
- horizontale Fluggeschwindigkeiten wurden gewöhnlich mit dreihundert Knoten geschätzt [ein Knoten gleich 1,85 Kilometer pro Stunde].

Empfehlung:

Der Generalstab sollte Richtlinien für eine gründliche Un-tersuchung dieser Angelegenheit herausgeben, ihr eine Prio-ritäten- und Geheimhaltungsstufe zuweisen und eine umfas-sende Aufstellung aller erhältlichen sowie sachdienlichen Daten anordnen, die von Heer, Marine, der Atomenergie-kommission, JRDB, der wissenschaftlichen Beratergruppe der Air Force, NACA und den RAND- und NEPA-Projekten zur Be-gutachtung und Auswertung mit einem einleitenden Bericht innerhalb von fünfzehn Tagen nach Erhalt und einem aus-führlichen Bericht nach dreißig Tagen zur Verfügung gestellt werden können. Zudem soll ein kompletter Austausch aller Daten angeregt werden.

45 *(folgende Seite)* Ausschnitte aus dem Geheimbericht von General Twining.

46 *(unten)* General Nathan F. Twining.

gez. N. F. TWINING

Lieutenant General, USA

Commanding.«

Der damals in Wright Field in Dayton, Ohio, kom-mandierende Twining stellte in seinem Geheimbe-richt sonderbarerweise aber auch fest, daß durch den Mangel eines »handfesten« Beweisstücks in Form eines abgestürzten und geborgenen Objektes dessen Existenz nicht zweifelsfrei beweisbar sei.

Kein Wort jedoch über die Bergungsaktionen

Honac'S form No. 10-514 (Rev 10 Sep 46)   NND 76 0100   WF-LY JAN 47 300M
                                               5-4-78
                              ~~SECRET~~

HEADQUARTERS

AIR MATERIEL COMMAND

IN REPLY ADDRESS BOTH
COMMUNICATION AND EN-
VELOPE TO COMMANDING
GENERAL, AIR MATERIEL
COMMAND, ATTENTION
FOLLOWING OFFICE SYMBOL:

TSDIN/HMM/ig/6-4100
WRIGHT FIELD, DAYTON, OHIO

TSDIN

                                               SEP 2 3 1947

SUBJECT: AMC Opinion Concerning "Flying Discs"

TO: Commanding General
        Army Air Forces
        Washington 25, D. C.
        ATTENTION: Brig. General George Schulgen
                    AC/AS-2

     1.   As requested by AC/AS-2 there is presented below the considered
opinion of this Command concerning the so-called "Flying Discs". This
'on is based on interrogation report data furnished by AC/AS-2 and

     2.   It is the opinion that:

          a.   The phenomenon reported is something real and not visionary
or fictitious.

          b.   There are objects probably approximating the shape of a
disc, of such appreciable size as to appear to be as large as man-made
aircraft.

          c.   There is a possibility that some of the incidents may be
caused by natural phenomena, such as meteors.

          d.   The reported operating characteristics such as extreme
rates of climb, maneuverability (particularly in roll), and action which
must be considered evasive when sighted or contacted by friendly aircraft and radar, lend belief to the possibility that some of the objects
are controlled either manually, automatically or remotely.

          e.   The apparent common description of the objects is as follows:-

          (1) Metallic or light reflecting surface.

                              ~~SECRET~~

     4.   Awaiting a specific directive AMC will continue the investi-
gation within its current resources in order to more closely define the
nature of the phenomenon. Detailed Essential Elements of Information
will be formulated immediately for transmittal thru channels.

                                   N. F. TWINING
                                   Lieutenant General, U.S.A.
                                   Commanding

COPY
from
THE NATIONAL ARCHIVES
Record Group No. ____

                    ~~SECRET~~
                      -3-   U-39552

von Roswell und Magdalena. Gab es gar keine Bergung? Oder wußte Twining nichts davon, weil der Roswell-Zwischenfall als ABOVE TOP SECRET gehandelt, der Twining-Bericht aber »nur« als SECRET eingestuft wurde, also für eine tiefere Ebene in der Hierarchie vorgesehen war?

Auf jeden Fall veranlaßte Twining eine gründliche Untersuchung, die zum Geheimprojekt »Sign« der US Air Force führte. Mitte 1948 nahm »Sign« dann endgültig von der Hypothese Abstand, UFOs seien Geheimwaffen der Sowjets. Fatalerweise stellten diese unbekannten Flugobjekte aber fortgesetzt unter Beweis, daß sie physikalisch meßbare Flugkörper darstellten. Schließlich kamen die Mitarbeiter des Projekts zu der Überzeugung, daß es sich letztlich um außerirdische Raumschiffe handeln müsse, die aus unbekannten Gründen die Erde observierten. Auf dieser Auffassung beruhte auch der unter F-TR-2274-IA (IA = Top secret) verzeichnete, strenggeheime Bericht zur Bewertung der Situation. Hierin heißt es am Schluß:

»3. Außerirdische Raumschiffe: Die nachfolgenden Überlegungen betreffen:

a)   Wenn eine außerirdische Zivilisation existiert, die solche Objekte, von denen berichtet wird, herstellen kann, ist deren Entwicklung der unseren höchstwahrscheinlich weit überlegen. Dieses Argument läßt sich bereits durch Wahrscheinlichkeitsberechnungen untermauern, ohne auf astronomische Hypothesen zurückgreifen zu müssen.

b)   Eine solche Zivilisation könnte beobachten, daß sich jetzt auf der Erde Atombomben befinden und wir mitten in einer schnell fortschreitenden Raketenentwicklung stehen. Im Hinblick auf die vergangene Menschheitsgeschichte müßte sie alarmiert sein. Aus diesem Grund sollten wir – vor allem jetzt – mit außerirdischem Besuch rechnen. Da Atombomben *die* Aktionen der Menschheit sind, die am

einfachsten aus großer Entfernung beobachtet werden können, sollten wir einen direkten Zusammenhang erwarten: zwischen der Zeit von A-Bombenexplosionen und jener Zeit, die solche Raumschiffe brauchen, um von ihren Welten anzukommen und wieder dahin zurückzukehren.«
In dieser Analyse wurde außerdem vorgeschlagen, die US Air Force zu veranlassen, kompetentes Personal zu schulen, um das UFO-Problem zu meistern. Gleichzeitig wurde die Anwendung neuer Verfahrenstechniken in Fotografie und Radar empfohlen, um genaue Meßdaten der Sichtungen zu erhalten.

Dieser streng geheime Bericht wurde dem damaligen Generalstabschef Hoyt S. Vandenberg zugestellt, der ihn kurze Zeit danach verbrennen ließ – bis auf eine übersehene Kopie! Projekt »Sign« wurde durch Projekt »Grudge« (Groll) abgelöst, mit dessen Hilfe das lästige UFO-Problem aus der Welt geschafft werden sollte. Journalisten, die UFOs in ihren Artikeln der Lächerlichkeit preisgaben, konnten mit Vergünstigungen rechnen.

Im Gegensatz zu Projekt »Sign«, das mit der Auffassung der außerirdischen Herkunft der UFOs konform ging, empfahl »Grudge« ziemlich unwirsch, UFO-Untersuchungen zu bagatellisieren.

Projekt »Grudge« hatte tatsächlich mehr als dreiundzwanzig Prozent Berichte erhalten als Projekt »Sign«, die aber als Fälle für den Psychiater abqualifiziert wurden.

Der im April 1986 verstorbene Professor J. Allen Hynek äußerte sich dazu in seinem Buch *The UFO Experience* folgendermaßen: »Der Wechsel zu Projekt ›Grudge‹ signalisierte die Handhabung einer strikten Ablehnung des UFO-Problems. Die offiziellen Stellungnahmen bezüglich bestimmter UFO-Fälle hatten jetzt nur noch entfernte Ähnlichkeit mit den wirklichen Fakten. Tauchten in einem Fall einige der Elemente auf,

47 Professor
J. Allen Hynek,
Astrophysiker und
UFO-Berater der US Air
Force (†1986).

die möglicherweise einem Flugzeug, Ballon oder ähnlichem zugeschrieben werden konnten, wurde in der Pressefreigabe automatisch eines dieser Objekte daraus.«

War diese neue UFO-Politik auch für viele Eingeweihte unbegreiflich, gab es dafür doch gute Gründe, die allerdings nur einer kleinen Gruppe in höchsten Regierungs- und Geheimdienstkreisen bekannt waren. Natürlich führte das in den »unteren Rängen« zu Unsicherheit und Verwirrung. Nicht zuletzt erklären sich daraus die von verärgerten »Grudge«-Mitarbeitern stammenden widersprüchlichen Aussagen. Im großen und ganzen kam das »Grudge«-Team nicht hinter die Manipulation von oben, wenn auch zumindest Captain Ruppelt den Verdacht hatte, daß nicht alles mit rechten Dingen zuging.

In diesem Fall war »von oben« mit der CIA gleichzusetzen. Aber selbst auf die Gefahr hin, unsauberer Machenschaften bezichtigt zu werden, hatte diese triftige Gründe, sich mit dem UFO-Phänomen zu befassen, denn im Jahr des Roswell-Zwischenfalls wurde auch die CIA gegründet.

Präsident Truman hatte nach Beendigung des Zweiten
Weltkrieges das Office of Strategic Services (OSS = Büro für
Geheimdienste) mit der Begründung aufgelöst, daß in Frie-
denszeiten weder politische Manipulationen noch Kriegs-
taktiken im Sinne paramilitärischer oder psychologischer
Operationen erforderlich seien. Trotzdem sah er die Notwendigkeit für eine Institution, zu deren Aufgabenbereich es
gehörte, Informationen, besonders aber Geheiminformatio-
nen, zu sammeln, zu analysieren und zu koordinieren. Aus
diesem Grunde wurde der Kongreß 1947 vom US-Präsidenten
ersucht, durch die Annahme des National Security Act (Nationales Sicherheitsgesetz) den geheimen Nachrichtendienst
Central Intelligence Agency (CIA) ins Leben zu rufen.

Die gespannte Atmosphäre des Kalten Krieges trug dazu
bei, dem Kongreß Sonderprivilegien für die CIA zu entlocken –
durch die Annahme des National Security Act. Mit anderen
Worten, die neue Behörde unterlag in keiner Weise den normalen Überprüfungsverfahren durch den Kongreß, und 1949
bestätigte der Central Intelligence Act sogar noch eine Er-
weiterung dieser Ausnahmestellung. Aus dem im Gesetz von
1947 verankerten Artikel, der CIA auch »Vollmacht über solche
Funktionen und Pflichten zu erteilen, die mit dem Nachrich-
tenwesen nicht in unmittelbarem Zusammenhang stehen«,
haben sich die schwerwiegendsten Folgen ergeben.

Diese kurze, arglose Formulierung des Kongresses nutzte die CIA auch, um mit der Zeit eine geheime Charta zu bilden, die sich zwar einerseits in völliger Übereinstimmung mit
den Anweisungen des National Security Act befand und auf
den Ausführungsbestimmungen des Präsidenten beruhte, andererseits aber in krassem Widerspruch zur eindeutigen Absicht des Gesetzes stand, durch das die CIA ins Leben gerufen
worden war. Sie hatte sich ein paar »belanglose« Worte des
Kongresses zunutze gemacht, um sich in geheime Angele-

genheiten einzumischen, die ihren grundsätzlichen Aufgabenbereich nicht betrafen. Auf diese Weise wurde die CIA zum größten Machtfaktor der westlichen Welt.

Da sich mitten im Kalten Krieg die UFO-Sichtungen häuften, wurde ein CIA-Befehl unter »Above top secret« erlassen mit der Maßgabe, dem Ursprung der UFOs nachzugehen. Da die militärischen Nachrichtendienste der Vereinigten Staaten der CIA unterstellt sind, war diese Behörde automatischer Empfänger von Projektanalysen und Berichten. Als sich dann zeigte, daß die UFOs weder eine Erfindung der Sowjets noch einer anderen irdischen Nation sind – zumindest ergab sich diese Schlußfolgerung aus geheimen Analysen des UFO-Phänomens –, entschloß sich die CIA, die Sachlage neu zu überdenken. Zudem lagen Informationen vor, daß die UFOs den Ostblock auch nicht ungeschoren ließen und die Sowjets genauso verwirrt waren wie die Amerikaner.

Als schließlich der Schlußbericht zu Projekt »Sign« den entsprechenden Stellen zugeleitet wurde mit dem Resümee, UFOs seien außerirdische Raumschiffe, sah die CIA ungeahnte Möglichkeiten sich eröffnen. Denn es war nicht auszuschließen, daß man bei einigem Glück über eine revolutionierende Technologie mit großartigen wissenschaftlichen Erkenntnissen verfügen könnte. Für die USA wäre das von unschätzbarem Wert. Andererseits ließ sich jedoch auch nicht ausschließen, daß den Sowjets ein solches exotisches Flugobjekt in die Hände fiel. Die CIA mußte also alles nur Erdenkliche daransetzen, um bei dieser Jagd nicht der Verlierer zu sein.

Die Öffentlichkeit war bei dieser Strategie natürlich im

48 Konteradmiral Roscoe H. Hillenkoetter, CIA-Direktor (1947-1950) und Majestic-12-Mitglied.

Projekt Mondstaub und Operation Blaue Fliege   *209*

49 Präsident Truman (rechts) und Verteidigungsminister James V. Forrestal, März 1949.

Weg; andererseits mußten gegnerische Geheimdienste abgelenkt werden. Die CIA tüftelte deshalb eine Methode aus, um durch Desinformation in der Sowjetunion, insbesondere beim KGB, Verwirrung zu stiften. Gleichzeitig setzte sie jedoch im geheimen alles daran, die UFO-Technologie in die Hände zu bekommen, um damit den Weltraumwettlauf für sich, das heißt für die USA, zu entscheiden.

Diese Überlegungen spielten damals eine große Rolle, wie ich von einem CIA-Agenten in einem vertraulichen Gespräch erfuhr.

Da die Massenmedien und die breite Öffentlichkeit das größte Hindernis bei der Geheimhaltung darstellten, bediente sich die CIA der Methode, das UFO-Phänomen mit allen Begleiterscheinungen der Lächerlichkeit preiszugeben. Eine »Masche«, die auch vom KGB angewendet wurde, wie sich später herausstellte.

Jahre danach bestätigte der frühere CIA-Direktor, R. H. Hillenkoetter, daß die Öffentlichkeit im Zusammenhang mit unbekannten Flugobjekten immer fehlgeleitet worden sei.

Es besteht der dringende Verdacht, daß die an dem Projekt »Grudge« und den Nachfolgeorganisationen Beteiligten ledig-

lich als Marionetten zur Durchführung von Täuschungsmanövern dienten. Denn auch die US Air Force legte größten
Wert darauf, dieses Phänomen in der Öffentlichkeit für »null
und nichtig« erklären zu lassen.

Projekt »Grudge« wurde schließlich von »Blue Book«
abgelöst, dessen Projektleiter der Geheimdienstoffizier US
Air Force Captain Edward J. Ruppelt war. Er war der erste Air-
Force-Offizier, der öffentlich erklärte, bei den UFOs handele
es sich um ein ernst zu nehmendes Problem. Er war zwar nur
kurz für »Blue Book« tätig, ließ aber in dieser Zeit völlig neue
Untersuchungstechniken anwenden und engagierte erstklas-
sig ausgebildete Fachkräfte wie Professor J. Allen Hynek.

Daß jedoch das Spiel von der CIA dirigiert wurde, geht aus
dem CIA-Geheimdokument vom 11. September 1952 eindeutig
hervor:

»Memorandum an: Director of Central Intelligence durch:
Deputy Director (Intelligence)
Thema: Fliegende Untertassen
2. Dieses Problem betreffende Fakten
(3) Die Öffentlichkeit sollte nach noch festzusetzenden
nationalen Richtlinien über das Phänomen unterrichtet
werden, um das Risiko einer Panik zu mindern.
c. Aufgaben des Geheimdienstes
(3) Ein weltweites System der Berichterstattung wurde eingerichtet, und die wichtigsten Luftwaffenbasen erhielten
den Befehl, unbekannte Flugobjekte abzufangen.
5. Empfehlungen
Auf der Grundlage dieser Forschungsprogramme entwickelt
und empfiehlt die CIA die Übernahme der Richtlinien zur
Information der Öffentlichkeit durch den National Security
Council, durch den das Risiko einer Panik gemindert wird.

5. MARSHALL CHADWELL
Assistant Director
Scientific Intelligence
OSI/PGStrong: bxl (11. September 1952).«

Das Ausscheiden von Ruppelt als »Blue-Book«-Projektleiter im August 1952 war nicht weiter erstaunlich. Denn er war zu ähnlichen Schlußfolgerungen gekommen wie Projekt »Sign«, mußte aber gegen seine Überzeugung UFO-Berichte in der Öffentlichkeit der Lächerlichkeit preisgeben.

1956 wurde dann Ruppelts Buch *The Report on Unidentified Flying Objects* veröffentlicht, das nur eine Schlußfolgerung zuläßt: UFOs sind ein reales, handfestes Phänomen. – Edward J. Ruppelt starb 1960.

50 Pressekonferenz am 29. Juli 1952 in Washington. In der Mitte sitzend General John Samford vom US-Air-Force-Nachrichtendienst. Hinter ihm stehend Captain Edward J. Ruppelt.

1953, als die CIA den Robertson-Ausschuß einberief, trat in der Geschichte der UFOs endgültig die Wende ein. So tagten vom 14. bis zum 18. Juni im Pentagon von der CIA ausgewählte Skeptiker unter der Leitung von Dr. H. P. Robertson, dem Waffensystem-Spezialisten der CIA und Physiker am California

Institute of Technology. Das sogenannte »Robertson-Panel« nahm sich das Beweismaterial vor und »schneiderte« seinen Bericht auf Anordnung der CIA dahingehend »zurecht«, daß die UFO-Hysterie von einem feindlich gesinnten Land unter Umständen als Deckmantel für eine Invasion benutzt werden könnte. Auf Verlangen der CIA mußten UFOs geleugnet beziehungsweise banalisiert werden. Denn durch die weitverbreiteten Sichtungsberichte würden angeblich die Nachrichtenkanäle behindert und die nationale Sicherheit gefährdet. Es wurde sogar befürchtet, eine derartige Situation könnte von den Sowjets im Falle eines Krieges manipuliert und ausgenutzt werden.

Nach einem Programm der CIA sollte das UFO-Problem heruntergespielt werden, um auf diese Weise das Desinteresse der Öffentlichkeit zu forcieren. »Wir wurden angewiesen, bei der Wegerklärungskampagne mitzuarbeiten«, sagte der Pressesprecher von »Blue Book«, Albert Chop, aus. »Wir sollten Artikel in den Medien lancieren und Interviews geben, um UFO-Berichte lächerlich zu machen. Für dieses Ziel hatte die CIA neben Funk, Film, Fernsehen und Printmedien sogar die Arbeiten von Karikaturisten eingeplant. Diese Taktik hat sich bis heute bewährt: ›UFOs sind Hirngespinste, und ihre Anhänger (sind Facharbeiter in einer Spinnerei – also) Spinner!‹«

Major Dewey Fournet von ATIC und Projektüberwacher von »Blue Book« äußerte später: »Wir wurden hereingelegt. Die CIA beabsichtigte niemals, die breite Öffentlichkeit zu informieren, sondern sie unterschlug Beweismaterial. Das Ganze war ein von der CIA inszeniertes Spiel, in dem die Wissenschaftler nach ihrer Pfeife tanzen mußten. Natürlich wußte ich, daß die CIA-Agenten nur Befehle ausführten; trotzdem ist mir einige Male beinahe der Kragen geplatzt.«

In den zehn Jahren nach dem »Robertson-Panel« etablierte sich eine Reihe unabhängiger UFO-Forschungsgruppen, von

denen die meisten der Überzeugung waren, daß die US Air
Force die Wahrheit über unbekannte Flugobjekte unterschlug.

Es besteht kein Zweifel, daß alle »Blue-Book«-Mitarbeiter
von der CIA bevormundet wurden. Als ihnen dann endlich klar
wurde, daß die UFOs keine Gefahr bedeuteten, sondern daß
es dabei um ein Phänomen ging, das durch wissenschaftliche
Analysen geklärt werden sollte, entschlossen sie sich, ihre
UFO-Unterlagen wissenschaftlichen Gremien, wie der NASA,
zur Bearbeitung zu überlassen. Doch die praktizierten dis-
kriminierenden Methoden erwiesen sich nun ironischerwei-
se als Bumerang. Denn keine auf ihren wissenschaftlichen Ruf
bedachte Institution legte Wert darauf, auch nur im entferntesten mit UFOs in Zusammenhang gebracht zu werden. »Blue
Book« blieb also das UFO-Phänomen »erhalten«.

Als es 1965 zu einer neuen UFO-Welle kam, griff die US Air
Force einen Vorschlag von Professor Hynek auf und rief einen
weiteren Ausschuß zum Studium des UFO-Problems ins Leben.
Dieser tagte erstmals im Februar 1966 unter Leitung von
Dr. Brian O'Brien.

Auch der Untersuchungsausschuß von Dr. O'Brien fand
keine Beweise für eine Gefahr durch UFOs. Er schlug daher vor,
angesehene Universitäten damit zu beauftragen, jährlich hundert UFO-Berichte, für die jeweils eine zehntägige Arbeitszeit
aufgewendet werden sollte, gründlich zu untersuchen. Dabei
sollte jede Arbeitsgruppe durch einen Psychologen, einen
Physiker und einen Astronomen unterstützt werden. Gleichzeitig wurde Projekt »Blue Book« dringend ersucht, UFO-
Akten Kongreßmitgliedern und anderen Personen des öffent-
lichen Lebens zur Verfügung zu stellen, um jedem Verdacht
einer Vertuschung zuvorzukommen.

Gerald Ford, dem späteren US-Präsidenten, gelang es,
innerhalb von zwei Monaten eine Anhörung vor dem Kon-

51 Edward Condon,
Leiter der UFO-Studie der
Universität Colorado.

greß durchzusetzen. Die US Air Force wurde hierin offiziell ersucht, die von O'Brien unterbreiteten Vorschläge anzunehmen. Diesen Empfehlungen wurde bis auf die Herausgabe der UFO-Unterlagen entsprochen.

Und damit kommen wir zu der Skandalgeschichte der offiziellen UFO-Untersuchungen: zum Projekt »Scientific Study of Unidentified Flying Objects« (Wissenschaftliche Studie über unidentifizierte Flugobjekte). Ein Projekt, das von der Universität Colorado für die US-Air-Force-Behörde »Aerospace Research« (Luftraumforschung) durchgeführt wurde. Zum Leiter des zwei Jahre tagenden Untersuchungsausschusses wurde der Physiker Dr. Edward Condon ernannt. Jedoch lösten sowohl seine Arbeitsmethode als auch der Einsatz der für das Projekt bestimmten 500 000 Dollar heftige Kritik aus.

Von vornherein hatten Condon und sein Projekt-Koordinator und Administrator in aller Öffentlichkeit klar erkennen lassen, daß sie nicht an UFOs glaubten. Bereits vor Untersuchungsbeginn war durch die negative Aussage des »Condon-Reports« die Entscheidung gefallen; und daß die Hintergründe des hundertseitigen Machwerks ans Licht kamen, geht auf das Konto eines lächerlichen Zufalls. Voreingenommenheit, Widersprüche, Intrigen, Oberflächlichkeit und Dilettantismus steuerten das »Condon-Projekt« letztlich in einen Skandal, der den Ruf der wissenschaftlichen Welt in Mißkredit brachte.

Im 1969 veröffentlichten Schlußbericht des »Condon-Reports« heißt es unter anderem:

»Es gibt *keine Beweise* zur Rechtfertigung der Annahme, daß außerirdische Besucher in die Erdatmosphäre eingedrungen sind – und nicht genügend Beweise, um weitere Untersuchungen auf diesem Gebiet verantworten zu können.«

Im Jahre 1968 wurde parallel zum »Condon-Projekt« ein Bericht der amerikanischen Geheimdienstorganisation NSA, National Security Agency, folgenden Wortlauts erstellt:

»1. Alle UFOs sind Schwindel

Im Jahre 1953 wurden innerhalb von drei Monaten (Juni, Juli, August) in Berichten der US-Luftwaffe fünfunddreißig Sichtungen von Flugobjekten unbekannter Herkunft gemeldet.

Falls sich erweisen sollte, daß es sich bei diesen UFOs *wider alle Erwartungen und Anhaltspunkte* um Schwindel handeln sollte, einen Schwindel von weltweitem Ausmaß, einen Schwindel, der sich zunehmend häuft, dann schiene sich eine Verwirrung des menschlichen Geistes von alarmierendem Ausmaß zu entwickeln. Eine solche geistige Verwirrung würde ernsthafte Konsequenzen für Nationen bedeuten, die über nukleares Spielzeug verfügen, und sorgfältige Untersuchungen durch Wissenschaftler erforderlich machen.

2. Alle UFOs sind nur Halluzinationen

Menschen können natürlich Sinnestäuschungen zum Opfer fallen. Obwohl nur selten ganze Menschengruppen derselben Halluzination unterliegen, kann dergleichen geschehen. Es gibt aber eine beachtliche Anzahl von Beispielen, denen zufolge dasselbe Ding gleichzeitig von Personengruppen auf einem oder mehreren Radarschirmen gesehen wurde. Die Anzahl solcher Beweise scheint ein wichtiges Argument *gegen* die Behauptung zu sein, alle UFOs seien Halluzinationen.

3. Alle UFOs sind Naturphänomene

Falls diese Hypothese zutreffen sollte, muß die Tauglichkeit von Frühwarnsystemen zur Bestimmung einer Angriffssituation ernsthaft in Frage gestellt werden.

4. Einige UFOs sind geheime irdische Projekte

Ein Wiedereintrittsflugkörper der US-Luftwaffe (zum Bei-spiel eine Raketenstufe; Anm. d. Autors) und das oft pub-lizierte kanadische ›Untertassen‹-Projekt lassen über diese Hypothese kaum Zweifel offen. Fraglos sollen alle UFO-Be-richte sorgfältig untersucht werden, damit solche Feind- (oder freundlichen) Projekte ausgeschlossen werden können. Andernfalls wäre eine Nation der Gefahr ausgesetzt, durch eine neue, geheime ›Weltuntergangswaffe‹ eingeschüchtert zu werden.

5. Einige UFOs sind mit außerirdischen Intelligenzen in Zusammenhang zu bringen

Einigen bedeutenden Wissenschaftlern zufolge kann diese Hypothese *nicht* ausgeklammert werden. Diese These beinhaltet eine ganze Reihe weitreichender Folgerungen für das Überleben der Menschheit.

a) In der Menschheitsgeschichte findet man immer wieder die tragischen Resultate einer Konfrontation zwischen einer technologisch überlegenen und einer technisch unterlegenen Zivilisation. Gewöhnlich ist die ›unterlegene‹ einer Eroberung ausgesetzt.

b) Bei Konfrontationen von Menschen mit unterschied-lichem kulturellem Niveau leiden meist jene unter einem tragischen Identitätsverlust, die den unterlegenen oder schwächeren Kulturen angehören. Sie werden gewöhnlich von den anderen absorbiert.

6. Kommentar

Eine verstärkte Notmaßnahme muß die gründliche Un-tersuchung sein, um die Drohung auszuschließen und ihren genauen Charakter zu bestimmen. Alles sollte darauf aus-gerichtet werden, in kürzester Zeit hinreichende Verteidi-gungsmaßnahmen zu entwickeln.

Es erscheint also notwendig, im Umgang mit UFOs der

Einstellung zum Überleben insgesamt etwas mehr Beachtung zu schenken.«

Dieser Geheimdienstbericht zeigt deutlich, daß die außerirdische Herkunft von UFOs ernstlich in Betracht gezogen wurde/wird.

Es gibt nicht nur Hinweise, sondern auch ein »handfestes« Geheim-Memorandum des Department of the Air Force vom 3. November 1961, aus dem klar hervorgeht, daß das Projekt »Blue Book« nur als eine Art PR-Schaufensterfront und Meldestelle für relativ bedeutungslose UFO-Vorfälle diente. In Wahrheit existierte seit 1954 auf einer ganz anderen Ebene eine supergeheime Spezialeinheit des Luftverteidigungskommandos (AISS) mit Sitz in Fort Belvoir, Virginia, die für alle »Feldforschungen« zur Identifikation von UFOs innerhalb des Hoheitsgebietes der US Air Force zuständig war. Deswegen überraschte es kaum, daß Brigadegeneral Carroll H. Bolender, Vizedirektor der Abteilung Forschung und Entwicklung der Air Force, ein Memorandum zur Einstellung von Projekt »Blue Book« erließ.

Die mobilen AISS-Spezialisten, deren Codenamen im Laufe der Zeit immer wieder gewechselt wurden, hatten weitreichende Vollmachten, und ihr Aufgabenbereich ist in einem Dokument vom November 1961 festgelegt worden:

»1. Unidentifizierte Flugobjekte (UFOs): Das Geheimprogramm der USAF betrifft die ›Untersuchung glaubwürdiger Berichte nicht identifizierbarer Flugobjekte innerhalb‹ – später auch außerhalb – ›der Vereinigten Staaten‹. Der Aufgabenbereich der 1127ten wurde in AFR 200-2 angeordnet.

2. Projekt ›Moon Dust‹: Das Hauptquartier der US Air Force richtete Projekt ›Moon Dust‹ zur Lokalisierung, Bergung und Auswertung abgestürzter fremder Weltraumvehikel ein.

3. Operation ›Blue Fly‹ wurde eingerichtet, um ›Expreß‹-Bergung und -Beförderung fremder Technologien im Rahmen

52 Militärinstitut von New Mexico in Roswell.

von Projekt ›Moon Dust‹ für den Technischen Nachrichtendienst durchzuführen. Air Force Continental Intelligence Command (AFCIN) [Kontinentales Air-Force-Nachrichtenkommando] erklärt in seinen Standardverfahrensbestimmungen (SOP) vom 12. Februar 1961, daß für die ›Blue-Fly‹-Operationen Wrackteile von Flugobjekten unbekannter Herkunft (UFOs) inbegriffen sind, da sie für das Air-Force-Nachrichtenkommando von größtem technischem Interesse sind.«

Die Bedingungen für eine Mitarbeit am Projekt »Moon Dust« und an der Operation »Blue Fly« wurden ebenfalls im Memorandum vom 3. November 1961 festgelegt. Danach setzt es für »die Anstellung qualifizierte Feldkundschafter voraus, die von einer Einsatzbasis aus Bergungen und Felduntersuchungen von unidentifizierten Flugobjekten, sowjetischen Raumfahrzeugen, Waffensystemen oder Überresten solcher Ausrüstungen schnellstens durchführen können. Dazu werden hochqualifizierte, je drei Mann starke Einsatztrupps aufgestellt, bestehend aus einem Sprachwissenschaftler, einem Techniker und einem erfahrenen Geheimdienstexperten als Leiter. Flugerfahrung ist bei jedem einzelnen erwünscht. In einem intensiven Arbeitsprogramm sollte jeder Teilnehmer mit den Arbeitsbereichen seiner Kollegen vertraut gemacht werden, um den Trupp auf diese Weise zu einer optimal funktionierenden Einheit ›zusammenzuschweißen‹.«

Dem früher am New Mexico Military Institute, Section Military Science, tätigen Sergeant Clifford E. Stone gelang es unter größten Schwierigkeiten, Informationen über die Spezialeinheit des strenggeheimen Projekts »Moon Dust« und der Operation »Blue Fly« zu erhalten. Wie problematisch dieses ganze Umfeld ist, zeigte sich, als der in Roswell ansässige Stone versuchte, zusätzliche Einzelheiten über »Moon Dust« und »Blue Fly« von US-Senator Jeff Bingaman zu erhalten.

Colonel John E. Madison jr. von der Abteilung für Anfragen des Kongresses im US Air Force Department reagierte darauf mit der Stellungnahme, so etwas gäbe es nicht. Erst als Senator Bingaman die ihm von Stone übergebenen Unterlagen nachreichte, gab die Air Force in einer Stellungnahme vom 14. April 1993 die Existenz von »Moon Dust« und »Blue Fly« zu, behauptete aber gleichzeitig, daß sie inzwischen eingestellt worden seien. Es wurde jedoch verschwiegen, daß diese Spezialeinheit nunmehr unter neuem Namen operierte: als Detachment 4, 696th Air Intelligence Group (Nachrichtendienstgruppe Luft).

53 Memorandum des US-Luftwaffenministeriums zum Aufgabenbereich von Projekt Mondstaub (Moondust) und Operation Blaue Fliege (Blue Fly).

Projekt »Moon Dust« und Operation »Blue Fly« waren Programme der Vereinigten Staaten zur Bergung, Feldausweitung und Übergabe von Raumfahrzeugen des Ostblocks sowie von Objekten unbekannter Herkunft an die FTD (Foreign Technology Division = Abteilung für fremde Technologien) in Wright Patterson, Dayton, Ohio ...

»Wenn die Air Force vor zwanzig, dreißig oder auch über vierzig Jahren ein Raumschiff aus einem anderen Sonnensystem geborgen hat, gab es möglicherweise Gründe, der Öffentlichkeit diese Information vorzuenthalten. Ich glaube, daß dies der Fall ist, und bin darüber hinaus überzeugt, daß die US-Regierung zu verheimlichen versucht, was sie über die geborgenen außerirdischen Raumschiffe weiß. Ich sehe darin den wahren Grund für die strenge Geheimhaltung in bezug auf Informationen über Operation ›Blue Fly‹.

Wahrscheinlich werden wir nie die Wahrheit erfahren. Denn die Informationen der US-Regierung über ›Blue Fly‹ werden im Interesse der nationalen Sicherheit immer noch als geheim eingestuft«, stellt Clifford E. Stone in seinem Bericht über Operation »Blue Fly« fest.

Zu diesem kritischen Thema zitiert Timothy Good in *Above top secret* Victor Marchetti, den ehemaligen leitenden Assistenten des stellvertretenden CIA-Direktors und Sonderbeauftragten des leitenden CIA-Direktors. Er berichtet, daß während seiner Zeit beim CIA normalerweise nicht über UFOs gesprochen wurde, da dieses Thema in den Bereich »sehr heikler Aktivitäten« fiel. Marchetti sagt, obwohl es in der »Agentur« (CIA) auf höherer Ebene Gerüchte über »kleine graue Männer« gab, deren Flugkörper abgestürzt sei und von der Foreign Technology Division der Air Force in der Wright-Patterson-Basis in Gewahrsam gehalten werde, habe er jedoch keine endgültigen Beweise für die Existenz von UFOs in die Hände bekommen. Er räumt jedoch ein, daß die

Bemühungen der CIA, dem Phänomen den Nimbus zu nehmen, es lächerlich zu machen, alle klassischen Anzeichen einer Vertuschung aufweisen.

Marchetti glaubt auch, daß die veröffentlichte CIA/UFO-Information wahrscheinlich mehr Aussagekraft hat, als die Regierung denkt. Von den ersten Anfängen im Jahre 1947 hat die CIA UFO-Berichte weltweit überwacht. Auch wenn die meisten der FOIA-Dokumente (Freedom of Information Act = Gesetz zur Informationsfreiheit), allerdings nur solche, die *nicht* die nationale Sicherheit betreffen, nur ein Routineinteresse an diesem Problem haben, weisen diese freigegebenen, harmlosen Reporte doch auf einen ständigen Bedarf des Direktoriums für Wissenschaft und Technologie an UFO-Daten hin.

Marchetti sagt, daß nur wenige Berichte über geheime Operationen des CIA-Direktoriums im Zusammenhang mit der Beschaffung von UFO-Informationen aus aller Welt freigegeben wurden, und das weise auf eine Vertuschung hin. Seiner Überzeugung nach sind wir tatsächlich von extraterrestrischen Wesen kontaktiert, vielleicht sogar aufgesucht worden. Und die US-Regierung habe in Übereinstimmung mit den Regierungen anderer Staaten beschlossen, diese Informationen der Öffentlichkeit vorzuenthalten.

Der Zweck dieser internationalen Verschwörung sei, unter den Nationen der Welt eine funktionsfähige Stabilität aufrechtzuerhalten und institutionelle Kontrolle über die Bevölkerung beizubehalten. Denn würden Regierungen zugeben, daß es Wesen außerirdischer Herkunft gibt, deren geistige Fähigkeiten und technologische Errungenschaften den unseren weit überlegen sind, könnte das dazu führen, wenn es die Allgemeinheit erst einmal in allen Konsequenzen begriffen hat, die Fundamente traditioneller irdischer Machtstrukturen aufzulösen. Politische und legale Systeme, Religionen, ökonomische und soziale Institutionen könnten für die Menschheit schnell bedeutungslos werden. Das nationale oligarchische Establishment, sogar Zivilisationen, wie wir sie kennen, könnten in Anarchie verfallen.

Solch extreme Schlußfolgerungen müssen nicht unbedingt zutreffen, spiegeln wahrscheinlich aber sehr genau die Ängste führender Schichten der Großmächte wider, deren Führungskräfte (insbesondere jene im Geheimdienstgeschäft) stets die Notwendigkeit extremer Geheimhaltung zur Aufrechterhaltung der nationalen Sicherheit betont haben, konstatiert Marchetti.

Im Dezember 1984 wurde dem amerikanischen Filmproduzenten Jaime Shandera ein unentwickelter 35-mm-Kodak-Film aus Geheimdienstkreisen zugestellt. Darauf waren unglaublich brisante Dokumente (TOP SECRET – EYES ONLY) abgelichtet – vorausgesetzt, es handelte sich um echtes Material. Bis heute konnte aber eine Fälschung nicht nachgewiesen werden. Die Dokumente behandeln jedenfalls Ereignisse des Roswell-Absturzes:

»Thema: Operation Majestic-12. Vorläufiger Einweisungsbericht für den neugewählten Präsidenten Eisenhower. Erstellung des Dokuments am 18. November 1952. Einweisungsoffizier: Admiral Roscoe H. Hillenkoetter (MJ-1).

Anmerkung: Dieses Dokument stellt eine vorläufige Einweisung dar und ist als Einführung in eine vollständige, noch folgende Operationsanweisung zu verstehen.

Operation Majestic-12 ist eine TOP-SECRET-Forschungs-, Entwicklungs- und Geheimdienstoperation, die allein dem Präsidenten der Vereinigten Staaten untersteht. Operationen des Projekts wurden unter Kontrolle der Majestic-12-Gruppe (Majic-12) durchgeführt, die auf Empfehlung von Dr. Vannevar Bush und Minister James Forrestal eingerichtet und von Präsident Truman am 24. September 1947 durchgeführt wurde.

(Siehe Anhang ›A‹.) Zu Mitgliedern der Majestic-12-Gruppe wurden ernannt:

Adm. Roscoe H. Hillenkoetter (Erster Direktor der CIA seit 1947);

Dr. Vannevar Bush (wissenschaftlicher Berater des Präsidenten);

Min. James V. Forrestal (Verteidigungsminister);

Gen. Nathan F. Twining (Kommandierender General des AMC);

Gen. Hoyt S. Vandenberg (Stabschef der US Air Force);

Dr. Detlev Bronk (international renommierter Biophysiker und Physiologe);

Dr. Jerome Hunsaker (Flugzeugkonstrukteur von MIT);

Mr. Sidney W. Souers (Exekutivsekretär des Nationalen Sicherheitsrates der USA):

Mr. Gordon Gray (Staatssekretär des Heeres);

Dr. Donald Menzel (Astronom der Harvard-Universität und Berater des Nationalen Sicherheitsdienstes NSA);

Gen. Robert M. Montague (Kommandant für neue Waffensysteme der Sandia-Basis in New Mexico);

Dr. Lloyd V. Berkner (Stellvertretender Vorsitzender des Forschungs- und Entwicklungsrates).

Durch den Tod von Minister Forrestal am 22. Mai 1949 ergab sich eine Vakanz, die bis zum 1. August 1950, als General Walter B. Smith ihn ersetzte, offen blieb ...

Am 7. Juli 1947 begann eine geheime Operation, bei der das Roswell-Wrack zum Zweck wissenschaftlicher Untersuchungen geborgen wurde. Im Verlauf dieser Bergungsoperation entdeckte die Luftaufklärung vier kleine, menschenähnliche Wesen, die offenbar aus dem Objekt herausgeschleudert worden waren, bevor es explodierte.

Nachrichtenreportern wurde eine effektive Deckge-

54 a-d Majestic-12-
Dokumentation
TOP SECRET / MAJIC EYES
ONLY und CUTLER-
Memorandum.
schichte erzählt, wonach es sich bei dem Objekt um einen
verirrten Wetterballon gehandelt habe.

Eine von General Twining und Dr. Bush auf direkte Anweisung des Präsidenten hin in die Wege geleitete geheime
Untersuchung führte zur ersten vorläufigen Schlußfolgerung
(vom 19. September 1947), wonach es sich bei der Scheibe
höchstwahrscheinlich um einen Kurzstrecken-Aufklärer handelte. Diese Schlußfolgerung zog man aus der Größe des
Flugobjekts und dem augenscheinlichen Mangel an irgend-
welchem identifizierbaren Proviant. (Siehe Anhang ›D‹.)

Eine ähnliche Analyse der vier toten Insassen wurde von
Dr. Bronk vorgelegt. Die Gruppe kam am 30. November 1947
zu der vorläufigen Ansicht, daß diese Kreaturen trotz ihres
menschenähnlichen Aussehens biologische und evolutionäre
Entwicklungsprozesse durchlaufen hätten, die sich offenbar
völlig von den beim Homo sapiens beobachteten und vor-
ausgesetzten unterschieden. Dr. Bronks Team schlug vorläufig den Begriff ›Extra-Terrestrische Biologische Entitäten oder
EBEs‹ als Standardbezeichnung für diese Kreaturen vor, bis es
zu einer endgültigen Einigung darüber gekommen sei.

Da kaum daran gezweifelt werden kann, daß die Objekte
von keinem Land dieser Erde stammten, wurde über ihren
Ursprung und die Art und Weise, wie sie hierher gekommen
waren, spekuliert. Als Herkunftsplanet wurde der Mars in Betracht gezogen, wenn auch einige Wissenschaftler, vor allem
Dr. Menzel, viel eher annehmen, daß es sich um Wesen aus
einem anderen Sonnensystem handelte.

Die Majestic-12-Gruppe ist aus internationalen und technologischen Beweggründen sowie der dringenden Notwendigkeit wegen, eine öffentliche Panik um jeden Preis zu
vermeiden, der einmütigen Auffassung, daß strengste Sicher-
heitsvorkehrungen auch von der neuen Regierung ohne
Unterbrechung fortgesetzt werden müssen.«

A-2

TOP SECRET / MAJIC

                                                        0 0 1

NATIONAL SECURITY INFORMATION
~~EYES ONLY~~

```
* * * * * * * * * * * * *
* TOP SECRET *
* * * * * * * * * * * * * *
```

EYES ONLY   COPY ONE OF ONE.

BRIEFING DOCUMENT: OPERATION MAJESTIC 12

PREPARED FOR PRESIDENT-ELECT DWIGHT D. EISENHOWER: (EYES ONLY)

18 NOVEMBER, 1952

```
* * * * * * * * * * * * *
* TOP SECRET *
```

TOP SECRET / MAJIC

                              T52-EXEMPT (E)

EYES ONLY   EYES ONLY

                                             0 0 1

A-2

TOP SECRET / MAJIC
EYES ONLY
* TOP SECRET *

0 0 2

EYES ONLY   COPY ONE OF ONE.

SUBJECT: OPERATION MAJESTIC-12 PRELIMINARY BRIEFING FOR
    PRESIDENT-ELECT EISENHOWER.

DOCUMENT PREPARED 18 NOVEMBER, 1952.

BRIEFING OFFICER: ADM. ROSCOE H. HILLENKOETTER (MJ-1)

NOTE: This document has been prepared as a preliminary briefing
only. It should be regarded as introductory to a full operations
briefing intended to follow.

* * * * * *

OPERATION MAJESTIC-12 is a TOP SECRET Research and Development/
Intelligence operation responsible directly and only to the
President of the United States. Operations of the project are
carried out under control of the Majestic-12 (Majic-12) Group
which was established by special classified executive order of
President Truman on 24 September, 1947, upon recommendation by
Dr. Vannevar Bush and Secretary James Forrestal. (See Attachment
"A".) Members of the Majestic-12 Group were designated as follows:

> Adm. Roscoe H. Hillenkoetter
> Dr. Vannevar Bush
> Secy. James V. Forrestal*
> Gen. Nathan F. Twining
> Gen. Hoyt S. Vandenberg
> Dr. Detlev Bronk
> Dr. Jerome Hunsaker
> Mr. Sidney W. Souers
> Mr. Gordon Gray
> Dr. Donald Menzel
> Gen. Robert M. Montague
> Dr. Lloyd V. Berkner

The death of Secretary Forrestal on 22 May, 1949, created
a vacancy which remained unfilled until 01 August, 1950, upon
which date Gen. Walter B. Smith was designated as permanent
replacement.

* TOP SECRET *

TOP SECRET / MAJIC
EYES ONLY

EYES ONLY   T52-EXEMPT (E)

0 0

A-3

TOP SECRET / MAJIC   003

EYES ONLY

* TOP SECRET *
****

On 24 June, 1947, a civilian pilot flying over the Cascade
Mountains in the State of Washington observed nine flying
disc-shaped aircraft traveling in formation at a high rate
of speed. Although this was not the first known sighting
of such objects, it was the first to gain widespread attention
in the public media. Hundreds of reports of sightings of
similar objects followed. Many of these came from highly
credible military and civilian sources. These reports res-
ulted in independent efforts by several different elements
of the military to ascertain the nature and purpose of these
objects in the interests of national defense. A number of
witnesses were interviewed and there were several unsuccessful
attempts to utilize aircraft in efforts to pursue reported
discs in flight. Public reaction bordered on near hysteria
at times.

In spite of these efforts, little of substance was learned
about the objects until a local rancher reported that one
had crashed in a remote region of New Mexico located approximately seventy-five miles northwest of Roswell Army Air
Base (now Walker Field).

On 07 July, 1947, a secret operation was begun to assure
recovery of the wreckage of this object for scientific study.
During the course of this operation, aerial reconnaissance
discovered that four small human-like beings had apparently
ejected from the craft at some point before it exploded.
These had fallen to earth about two miles east of the wreckage
site. All four were dead and badly decomposed due to action
by predators and exposure to the elements during the approximately one week time period which had elapsed before their
discovery. A special scientific team took charge of removing
these bodies for study. (See Attachment "C".) The wreckage
of the craft was also removed to several different locations.
(See Attachment "B".) Civilian and military witnesses in
the area were debriefed, and news reporters were given the
effective cover story that the object had been a misguided
weather research balloon.

****
* TOP SECRET *
****

EYES ONLY TOP SECRET / MAJIC

EYES ONLY   T52-EXEMPT (E)

003

July 14, 1954

TOP SECRET RESTRICTED
~~SECURITY INFORMATION~~

MEMORANDUM FOR GENERAL TWINING

SUBJECT: NSC/MJ-12 Special Studies Project

The President has decided that the MJ-12 SSP briefing
should take place during the already scheduled White House
meeting of July 16, rather than following it as previously
intended. More precise arrangements will be explained to
you upon arrival. Please alter your plans accordingly.

Your concurrence in the above change of arrangements
is assumed.

ROBERT CUTLER
Special Assistant
to the President

DECLASSIFIED
Authority MND 857013
by GD/HH NLEC Date 1/12/87

Shandera und sein Freund, der Studienrat und Autor William L. Moore, sind der MJ-12-Dokumentation – aus der hier nur einige wenige Passagen wiedergegeben werden sollen – jahrelang nachgegangen.

Skeptiker und schlecht informierte Besserwisser waren natürlich, nach altbewährtem Muster, sofort bereit, diese Dokumentation lautstark als Fälschung zu deklarieren. Durch Analysen, Zeugen und neu aufgetauchte Dokumente konnten inzwischen aber die wichtigsten Argumente, die für eine Fälschung sprechen, widerlegt werden. Geheimdienstinformanten, wie zum Beispiel Master Sergeant Richard Doty, dem das Büro des Air-Force-Geheimdienstes AFOSI der Kirtland-Air-Force-Basis in Albuquerque, New Mexico, unterstand, bestätigten die Existenz der supergeheimen MJ-12-Gruppe. Andere, unter Codenamen arbeitende Geheimdienstler, wie Falcon und Condor, sagten darüber sogar in TV-Sendungen aus. Doch unabhängig davon tauchte im Nationalarchiv in Washington ein Memorandum vom Sonderassistenten des Präsidenten, Robert Cutler, auf mit einer Mitteilung an General Twining, wonach die Besprechung über ein »NSC/MJ-12 Special Studies Project« (Nationaler Sicherheitsrat/MJ-12-Projekt für besondere Nachforschungen) auf den 16. Juli 1954 verlegt wurde.

Stanton T. Friedman hat in mit kriminalistischer Akribie durchgeführten Recherchen in elfjähriger Arbeit Indizien für die mögliche Echtheit von Majestic-12 nachgewiesen. Es ist müßig, hier auf alle gegnerischen Argumente einzugehen, da Widersacher ohnehin alles besser wissen. Und um mit Friedman in seinem *Final Report on Operation Majestic-12* die Verfahrensweise der Gegner zu charakterisieren: »Verschont mich mit den Tatsachen, denn meine Meinung steht ohnehin schon fest!«

Inzwischen weist alles darauf hin, daß die MJ-12-Dokumentation Shandera und Moore ganz bewußt aus Geheimdienstkreisen zugespielt wurde. Das könnte aus zweierlei

Gründen geschehen sein: Entweder will man die Öffentlichkeit endlich über den Roswell-Zwischenfall aufklären – nämlich über die Existenz extraterrestrischer Besucher; oder aber hier ist eine Fälschung im Spiel, wie möglicherweise auch beim sogenannten »J.-B.-Film«, um mit der Diskreditierung der UFO-Forschung gleichzeitig die wahren Hintergründe zu verschleiern.

Wie dem auch sei, selbst durch den Projekt-»Blue-Book«-Spezial-Report 14 – der umfangreichsten UFO-Studie der US Air Force – wird belegt, daß von 3201 Sichtungen immerhin 21,5 Prozent als unidentifizierbar eingestuft werden mußten. Dieser Report enthält überzeugende Beweise dafür, daß es sich bei den UFOs um gesteuerte Fluggeräte außerirdischer Herkunft handelt.

Erkenntnisse, die voll mit den Aussagen des 1963 verstorbenen kanadischen Diplomingenieurs Wilbert B. Smith übereinstimmen. Am Ende seiner Laufbahn war Smith Leiter des Fernmeldewesens im kanadischen Verkehrsministerium. Er sah in fliegenden Untertassen reale Flugmaschinen, deren Antriebssystem er erkannt zu haben glaubte. Zur Erforschung dieser Antriebsenergie führte Smith für den kanadischen Verteidigungsausschuß (Defense Research Board) das Geheimprojekt »Magnet« durch.

Nach Beendigung seines Studiums an der Universität von British Columbia arbeitete Smith für die Rundfunkstation in Vancouver. 1947 wurde er dann von der kanadischen Regierung beauftragt, ein Netz ionosphärischer Meßstationen einzurichten, um die verschiedenen Aspekte der Verbreitung von Radiowellen zu untersuchen. Das Projekt unterstand dem in Kanada auch für das Fernmeldewesen zuständigen Verkehrsministerium.

Im Verlauf ihrer Arbeit hatte sich die Smithsche Forschungsgruppe mit Phänomenen wie Nordlicht, kosmische

Strahlung, atmosphärische Radioaktivität und Geomagnetismus auseinanderzusetzen. Smith interessierte sich besonders für den Geomagnetismus, der seiner Auffassung nach als potentielle Energiequelle für zukünftige Technologien in Betracht gezogen werden mußte. Einer kleinen Forschungsgruppe unter Smiths Leitung gelang es dann auch, dem Magnetfeld der Erde Energie von bis zu fünfzig Milliwatt zu entziehen. Damit war zumindest eine experimentelle Grundlage für seine Vermutung gegeben.

Aufgrund dieser Forschungsergebnisse teilte Smith in einem Top-secret-Memorandum vom 21. November 1950 dem damaligen Leiter des Fernmeldewesens im kanadischen Verkehrsministerium folgendes mit:

»Wir glauben, einer Sache auf der Spur zu sein, die sehr wohl Schrittmacher für eine neue Technologie sein könnte: Energiegewinn durch Nutzung des Geomagnetismus.«

Während seines Besuchs in Washington im Jahre 1950 waren Smith zwei kurz zuvor veröffentlichte Bücher in die Hände gefallen: *Fliegende Untertassen existieren* von US-Luftwaffenmajor Donald Keyhoe und *Was hinter fliegenden Untertassen steckt* des angesehenen amerikanischen Journalisten Frank Scully. In letzterem geht es in der Hauptsache um Zeugenaussagen, besonders um die des Geophysikers Dr. Silas Newton und um seine Behauptung, an einer durch die US-Regierung vorgenommenen Bergung von drei abgestürzten UFOs beteiligt gewesen zu sein. Der Diplomingenieur Smith war vor allem an der Beschreibung des Antriebs dieser Objekte interessiert, die, wie es hieß, »durch unbekannte magnetische Prinzipien« operierten. Schließlich waren seine eigenen Überlegungen dieser Antriebsmöglichkeit gewidmet. So heißt es weiter im Top-secret-Memorandum:

»Es hat für mich den Anschein, als könnte unsere Arbeit auf dem Gebiet des Geomagnetismus sehr gut ein Bindeglied

55   Master Sergeant
Richard C. Doty verfaßte
u. a. den AFOSI-Bericht
über UFO-Landungen.

sein zwischen unserer und jener uns unbekannten Technologie, die für die Konstruktion und Funktion der fliegenden Untertassen verantwortlich ist.

Vorausgesetzt, wir sind mit unseren geomagnetischen Untersuchungen auf dem richtigen Weg, erscheint die Theorie über den Antrieb der ›Untertassen‹ und alle in diesem Zusammenhang beobachteten, qualitativ und quantitativ begründeten Eigenschaften sehr einleuchtend.

Durch Angehörige der kanadischen Botschaft in Washington habe ich vorsichtige Nachforschungen über UFOs anstellen lassen. Es ist meinen Gewährsleuten gelungen, mir folgende Informationen zu beschaffen:

a) Diese Angelegenheit unterliegt der höchsten Geheimhaltungsstufe der Vereinigten Staaten. Sie wird höher eingestuft als die H-Bombe.

b) Fliegende Untertassen existieren.

c) Ihr Modus operandi ist unbekannt. Eine kleine Gruppe unter Leitung von Dr. Vannevar Bush unternimmt gemeinsame Anstrengungen, um hier zu einer Klärung zu gelangen.

56   Der 1963
verstorbene kanadische
Diplomingenieur Wilbert
B. Smith verfaßte für die
Regierung seines Landes
ein Memorandum, in
dem es u. a. hieß:
»Fliegende Untertassen
existieren.«

d) Regierungsbehörden der Vereinigten Staaten messen dieser Angelegenheit ungeheure Bedeutung bei ...

Am 20. November habe ich Dr. Solandt, den Vorsitzenden des Verteidigungsausschusses, gesprochen und alle bis heute

verfügbaren Informationen über
Geomagnetismus an ihn weitergegeben. Dr. Solandt stimmte
mit mir darin überein, daß die
Erforschung der geomagne-
tischen Energie so schnell wie
möglich vorangetrieben werden
sollte. Er sicherte mir die volle
Unterstützung seiner Behörde
zu, was die Bereitstellung von

57 General
Walter Bedell Smith
war CIA-Direktor
von 1950 bis 1953.

Laboreinrichtungen, die Anschaffung notwendiger technischer
Ausrüstung und Hilfe von Fachpersonal zur Durchführung notwendiger Arbeiten im Rahmen des Projektes betrifft.«

Smith, eine Kapazität auf den Gebieten des Elektromagnetis-
mus und des Fernmeldewesens, war bei seinem Ministerium
ein angesehener Mann. Schon einen Monat nach Eingabe seines Memorandums erhielt er von Ottawa die Erlaubnis, mit
Projekt »Magnet« zu beginnen. In der Nähe von Shirley Bay, etwa achtzehn Kilometer westlich der kanadischen Hauptstadt,
wurde eine Zielverfolgungs- und Meßstation für unbekannte
Flugobjekte eingerichtet. Deren Aufgabe bestand darin, aus
dem Flugverhalten der beobachteten fliegenden Untertassen
und aus eventuell registrierten
magnetischen Abweichungen
Schlüsse zu ziehen beziehungsweise Daten abzuleiten.

Projekt »Magnet« verfügte
über die modernsten elektro-
nischen Meßgeräte, so auch über
Gammastrahlen- und Radio-
wellendetektoren, einen Iono-
sphärenregistrator und einen

58 Dr. Vannevar Bush
war Majestic-12-Mitglied.

Gravimeter. Die beiden letzteren dienten dazu, Veränderungen und Aktivitäten in der Ionosphäre zu registrieren. Zudem hatte Projektleiter Smith hervorragende Mitarbeiter: Professor J. T. Wilson von der Universität Toronto, den vom Verteidigungsausschuß abgestellten Physiker James Wait und Dr. G. D. Garland vom kanadischen Bundesforschungsministerium.

Das Projekt »Magnet« lief bis 1968. Über die Forschungsergebnisse ist kaum etwas bekannt geworden: Der größte Teil der Dokumentation unterliegt noch immer strengster Geheimhaltung. Smith ließ lediglich verlautbaren, die Station bei Shirley Bay habe mehrmals UFOs aufgespürt und gründlich beobachtet. In dem am 9. Mai 1968 erstellten Schlußbericht heißt es:

»Ihr Durchmesser liegt bei dreißig Metern und darüber; sie erreichen Fluggeschwindigkeiten von mehreren tausend Kilometern pro Stunde; ihre Flughöhen liegen weit über denen konventioneller Flugzeuge und Ballons; für alle Flugmanöver und Aktionen steht offenbar reichlich Energie zur Verfügung.

Unter Berücksichtigung all dieser Faktoren fällt es schwer, dieses Leistungspotential mit den Möglichkeiten unserer Technologie in Einklang zu bringen. Wenn auch die Technologie einiger Länder viel weiter fortgeschritten ist, als die Allgemeinheit weiß, sind wir trotz aller herrschenden Vorurteile zum Schluß gekommen, daß diese Fluggeräte aller Wahrscheinlichkeit nach außerirdischer Herkunft sind.«

Ein Mann, der normalerweise wissen müßte, ob der Roswell-Zwischenfall in Geheimakten eine Rolle spielt, ist Frederic Durand in Washington. Er untersuchte 1952 das gesamte UFO-Problem für die CIA, behauptet aber:

»Wenn sich der Vorfall 1947 zugetragen hätte, wäre er uns 1952/53, als ich für die CIA als Berater tätig war, zu Ohren gekommen. Meiner felsenfesten Überzeugung nach waren wir in Geheimdienstkreisen die am besten Informierten, das Weiße Haus und der Nationale Sicherheitsrat inbegriffen. Unsere Recherchen hätten mit Sicherheit etwas ans Licht gebracht. Aber der Zwischenfall wurde ja nicht einmal in ›Blue Book‹ als Wetterballon oder Wrack erwähnt!«

Eine wirklich erstaunliche Aussage von Durand, da ihn als Geheimdienstler vor allem die Tatsache, daß nicht einmal ein Wetterballon in »Blue Book« erwähnt wurde, besonders mißtrauisch hätte machen müssen. Schließlich besteht kein Zweifel darüber, daß 1947 tatsächlich irgend etwas bei Roswell abgestürzt ist. Das »Totschweigen« des Vorfalls in »Blue Book« ist doch offensichtlich Teil einer Verschleierungstaktik?

Zudem gibt es Hinweise, daß es auf einer weit höheren Geheimhaltungsstufe als »Blue Book« eine Reihe von Projekten gegeben hat und zum Teil noch gibt, deren Aufgabe es war/ist, den Ursprung und die Technologie des UFO-Problems zu ergründen; so zum Beispiel Projekt »Aquarius« mit seinen verschiedenen Aufgabenbereichen: »Sigma«, »Snowbird« und »Pounce«.

»Heute halte ich es für wahrscheinlich, daß den Machthabenden der US-Regierung und denen anderer führender Nationen die Existenz, die physikalische Realität und die ehrfurchtgebietenden Konsequenzen des UFO-Problems bekannt sind. Offensichtlich besteht eine internationale Vereinbarung, diesbezügliche Daten geheimzuhalten und unabhängige Nachforschungen zu entmutigen ... Das Militär ist nicht berechtigt, die Öffentlichkeit bewußt zu belügen oder Wissenschaftler bei den Untersuchungen eines so fundamentalen Gebiets in die Irre zu führen. Wenn wir allerdings eine tiefgreifende, sinistre Verschwörung vermuten, unterschätzen wir möglicherweise den Abgrund bürokratischen Stumpfsinns«, schreibt der in Amerika tätige Astrophysiker und gebürtige Franzose Dr. Jacques Vallee in *Forbidden Science*. Als ehemaliger Mitarbeiter von Professor J. Allen Hynek, dem wissenschaftlichen Berater von »Blue Book«, muß er es ja eigentlich wissen!

Besuch aus der Zukunft

Santa Fe, im August 1995.

Ein Wetter braute sich zusammen. Auf den Stufen der Pergola sitzend beobachtete ich, wie den Himmel über den bewaldeten Berghängen von Los Alamos drohende Schwärze überzog. Hier, über dem Adobehaus bei Santa Fe, war er noch strahlend blau, wenn auch die Sonne als Vorbote eines Gewitters stechend vom Himmel brannte und die Präriehasen unruhig über mein »Wüstenparadies« hoppelten.

Zurück aus Washington analysierte ich, wie schon so oft, die Widersprüche im Zusammenhang mit dem Roswell-Zwischenfall und der Majestic-12-Dokumentation. Dabei steigt in mir immer wieder der Verdacht auf, daß es sich hierbei um eine Fälschung handelt. Denn beispielsweise stimmen weder das Bergungsdatum noch die Absturzstelle oder die Anzahl

59 Zurück
zum Ausgangspunkt
Santa Fe.

der geborgenen Leichen mit den Aussagen der Augenzeugen überein.

Zudem behauptet der mit Preisen ausgezeichnete amerikanische Journalist und Autor Howard Blum, daß AFOSI-Agenten (Air Force Office of Special Investigation) systematisch gefälschte TOP-SECRET-Regierungsdokumente über UFOs verbreitet hätten, um das Thema in Mißkredit zu bringen. Blum behauptet weiterhin, daß die Schlüsselfigur in der MJ-12-Angelegenheit – William Moore – eine Liaison mit bestimmten AFOSI-Agenten eingegangen sei. Es wird sogar unterstellt, daß das Cutler-Twining-Memorandum eine von Moore fabrizierte Fälschung sei, die er heimlich im Nationalarchiv in Washington »gepflanzt« hätte.

Von AFOSI-Agenten sei im übrigen auch die Mär verbreitet worden, die US-Regierung hätte mit »üblen Außerirdischen« einen Vertrag abgeschlossen, wonach den Extraterrestriern im Austausch für High-Tech unterirdische Basen zur Verfügung gestellt wurden. Bei dieser Desinformationskampagne, deren Hauptopfer der Präsident der Thunder Scientific Corporation in Albuquerque, Paul Bennewitz, war, soll Moore die Hände im Spiel gehabt haben. Bennewitz hatte Filme von UFOs gedreht, die über dem Laboratorienkomplex von Sandia National aufgetaucht waren – einer strenggeheimen Energie-Forschungsabteilung auf der Kirtland Air Force Base. Wie es heißt, hat Moore seine Beteiligung an dieser zwielichtigen Aktion, bei der Paul Bennewitz unglaubwürdig gemacht und bis zum Nervenzusammenbruch mit Fehlinformationen »gefüttert« wurde, auf der Mufon-Konferenz 1989 in Las Vegas sogar zugegeben.

Wenn sich die MJ-12-Dokumentation tatsächlich als gefälscht erweisen sollte, kann das nur dem Konto eines der bestinformierten Insider zugeschrieben werden. Die nötigen Voraussetzungen dazu hätte eigentlich Moore. Erhielt Jaime Shandera das braune Päckchen mit den unentwickelten Filmrollen etwa von ihm?

Doch unabhängig davon, ob MJ-12 echt oder gefälscht ist, fest steht, daß bei Roswell etwas Außergewöhnliches abgestürzt ist, denn die Materialbeschreibung der Trümmer entspricht keinem konventionellen Objekt.

»Das Metall und auch das andere Material waren jedem, den ich kannte, fremd. Zu welchem Ergebnis sie auch immer gekommen sein mögen, ich habe es jedenfalls nie erfahren. Einige der Beteiligten waren der Ansicht, daß es möglicherweise russischer Herkunft sei; im großen und ganzen war man sich aber darüber einig, daß die Bruchstücke aus dem Weltall stammten«, hatte Brigadegeneral Arthur E. Exon gesagt.

Es ist mehr als sonderbar, daß Spezialisten wie der Geheimdienstoffizier Jesse A. Marcel und andere nicht in der Lage waren, das Material eines angeblich abgestürzten Ballons zu identifizieren, weil es einfach zu fremdartig war. Selbst wenn die Wrackstücke von einer Rakete oder einem

Flugzeug stammten, hätten sie es ohne Schwierigkeiten erkennen müssen! Ende der vierziger Jahre gab es zwar schon exotisches Material wie das mit Aluminium überzogene, papierdünne Saran, das selbst durch einen Hammerschlag nicht verbeult werden konnte. Dieses »silvered Saran« glättete sich ganz von selbst wieder, wenn es zusammengeknüllt wurde. Aber Jesse A. Marcel hat beschworen, daß er das abgestürzte alufolienähnliche Material auch mit einem sechzehnpfündigen Vorschlaghammer nicht verbeulen konnte und daß es auch nicht brennbar war. Das klingt ganz und gar nicht nach Saran – einer Art aluminiumüberzogenen Kunstharzes.

Oft wird unterstellt, daß Augenzeugen ihre Erlebnisse und Beobachtungen später häufig ausschmücken. Das führt zu Schwierigkeiten bei der Rekonstruktion des tatsächlichen Sachverhalts. Demgegenüber ist es absolut ungewöhnlich, daß die Beobachtungen der vielen Augenzeugen des Roswell-Zwischenfalls grundsätzlich übereinstimmen.

Skepsis ist allerdings bei UFO-Berichterstattern und -Autoren angebracht, die ihre Vorurteile und Wunschvorstellungen in ihre Arbeiten einfließen lassen, insofern, als Fakten, die nicht in ihre Vorstellung passen, umformuliert, verfälscht oder gar durch neugeschaffene ersetzt werden. Schon aus diesem Grund ist Berichten beziehungsweise Nacherzählungen aus zweiter oder dritter Hand nicht zu trauen. Das ändert jedoch nichts an der Tatsache, daß UFOs ein reales, dreidimensionales Phänomen verkörpern. Es wurde versucht, für dieses Problem fünf mögliche Erklärungen zu finden:

1. UFO-Berichte sind auf Sinnestäuschung oder Verwechslungen zurückzuführen. So halten Beobachter sehr oft Sterne, Planeten, Wetterballons oder Satelliten für UFOs.

2. Geistige Verwirrung veranlaßt viele Menschen, von UFO-Erlebnissen zu berichten, selbst wenn diese irrational erscheinen. Der Inhalt der UFO-Stories solcher Leute stammt

entweder aus Informationen, die auf normale Übertragungen wie Nachrichtenmedien zurückzuführen sind, oder er beruht auf Einbildung.

3. Es gibt erstaunlich viele Menschen, die zeitweilig unehrlich sind, obwohl ihnen der Ruf anhängt, integer zu sein. Während des »Abgleitens« in Unehrlichkeit reimen sie sich manchmal UFO-Geschichten zusammen und greifen dabei auf Informationen aus normalen Quellen als Leitfaden zurück.

4. Massiver Schwindel wird auf weltweiter Basis organisiert. Die Verursacher dieses Schwindels veranlassen Leute, über UFO-Erlebnisse zu berichten, wobei sie Methoden benutzen, die von Bestechung über die kunstfertige Anwendung von Spezialeffekten in der Filmbranche bis hin zu Psycho-Kontrolltechniken reichen.

5. Obwohl es Lügner, Betrüger und Verrückte gibt, haben viele Menschen, die von UFO-Begegnungen berichten, tatsächlich solche Phänomene, die sorgfältige Beobachtungen und Analysen rechtfertigen, erlebt.

Bei vielen Sichtungen spielen Einbildung und Verwechslung eine große Rolle. Andererseits wurde eine Reihe von Augenzeugen, die bizarre UFO-Erlebnisse hatten, von Psychiatern und Psychologen eingehend untersucht und für geistig völlig gesund erklärt. Natürlich tummeln sich in dieser Szene auch Lügner, Fälscher und Scharlatane. Gleichzeitig existiert aber auch der solide, von Augenzeugen dokumentierte reale Kern.

Weltweit wurden zum Beispiel 1954 mehr als zweihundert Berichte über UFO-Landungen mit Besatzungen gemeldet, von denen etwa einundfünfzig Prozent gleichzeitig von mehr als einer Person beobachtet wurden. In diese Wahrnehmungen waren insgesamt mindestens sechshundertvierundzwanzig Personen verwickelt, von denen nur achtundneunzig allein waren. In achtzehn Fällen mit mehreren gleichzeitigen Zeugen wußten einige unter ihnen nicht, daß jemand anderes das gleiche Ding zur selben Zeit und an derselben Stelle gesehen hatte. In dreizehn Fällen waren jeweils über zehn Zeugen anwesend.

Wie soll man mit diesen Berichten umgehen? Jedenfalls können wir sie nicht einfach ignorieren. Allein 1975 registrierte die US-Luftraumüberwachung NORAD acht UFO-Zwischenfälle über den hochsensiblen SAC-Basen (Strategic Air Command) mit ihren nuklearen Waffenarsenalen.

»Viele wichtige Sichtungen und Vorfälle aus militärischen Quellen ereignen sich über Atomwaffenbasen. Das Interesse der Außerirdischen an unseren Nuklearwaffen muß auf die mögliche Gefahr eines Atomkrieges auf der Erde zurückgeführt werden«, heißt es in einem Geheimbericht aus dem Jahr 1977 für den neugewählten Präsidenten Jimmy Carter.

In meinem 1986 erschienenen Buch *Sie kommen von fremden Sternen* habe ich bereits über einen bemerkenswerten Zwischenfall berichtet, der sich am 19. September 1976 im Iran abgespielt hatte. Ein ausführlicher, vertraulicher Bericht darüber wurde von der amerikanischen Botschaft in Teheran an das US-Außenministerium, das Weiße Haus, die CIA und andere Dienststellen in Washington D.C. per Fernschreiben übermittelt. Der damalige Schah von Persien, Reza Pahlewi, hatte den Luftwaffenattaché der US-Botschaft informiert, da er wegen des Luftzwischenfalls zutiefst beunruhigt war:

»A. Am 19. September 1976, gegen 0.30 Uhr erhielt ... [Satz unkenntlich gemacht] ... vier Telefonanrufe von Bürgern, die im Shemiran-Gebiet von Teheran leben. Sie berichteten von seltsamen Flugobjekten am Himmel. Einige behaupteten, ein vogelähnliches Objekt gesehen zu haben, während andere von einem Helikopter mit Licht berichteten. Um diese Zeit waren jedoch keine Hubschrauber in der Luft ... [Satz unkenntlich gemacht] Nachdem er den Bürgern die Auskunft erteilt hatte, daß es sich lediglich um Sterne handle, und mit dem Mehrabad Tower [Flugplatz von Teheran] gesprochen hatte, entschloß er sich, selbst nachzuforschen. Er bemerkte ein Objekt am Himmel, das zwar einem Stern ähnelte, aber weit größer und auch viel heller war. Er entschied, eine F-4 von der Luftwaffenbasis Sharokhi hochzuschicken, um Nachforschungen anzustellen.

B. Um 1.30 Uhr hob eine F-4 ab, die bis zu einem Punkt 40 sm [zirka fünfundsechzig Kilometer] nördlich von Teheran flog. Aufgrund seiner Helligkeit war das Objekt leicht bis auf siebzig Meilen erkennbar. Als sich ihm die F-4 bis auf 25 sm [vierzig Kilometer] genähert hatte, fielen alle Instrumente und Funkverbindungen aus [UHF = Ultra High Frequencies und Bordsprechanlage]. Der Pilot brach die Abfangjagd ab und kehrte nach Sharokhi zurück. Als die F-4 abdrehte und damit offensichtlich keine Bedrohung mehr für das unbekannte Flugobjekt darstellte, setzten die Instrumente und Funkverbindungen wieder ein. Um 1.40 Uhr wurde eine zweite F-4 hochgeschickt. Bei einer VC (Annäherungsrate) von 150 NMPH [zirka zweihundertfünfzig km/h] fing der Pilot in einer Entfernung von 27 sm [zirka dreiundvierzig Kilometer] in Zwölf-Uhr-Position [Norden] ein Radarecho auf. Als sich die Entfernung verringerte, beschleunigte das Objekt mit einer auf dem Radarschirm sichtbaren Geschwindigkeit und behielt nun eine Distanz von 25 sm [vierzig Kilometer] bei.

C. Die Größe der Radarimpulse entsprach einem Objekt von der Größe einer Boeing 707. Die sichtbare Größe des Flugobjekts ließ sich wegen seiner intensiven Helligkeit schwer beurteilen. Das von diesem Objekt ausgestrahlte Licht erinnerte an Blitzlichter, die in rechteckigem Muster angeordnet waren und abwechselnd blau, grün, rot und orangefarben aufblitzten. Die Aufeinanderfolge der Lichter erfolgte so schnell, daß alle Farben gleichzeitig gesehen wurden.

Das Objekt und die nachjagende F-4 flogen einen südlich von Teheran gelegenen Kurs, als sich von dem ersten Objekt ein zweites, strahlendhelles löste. Gegenüber der scheinbaren Größe des Mondes schien es ein Drittel oder halb so groß zu sein. Dieses zweite Objekt flog mit enormer Geschwindigkeit direkt auf die F-4 zu. Der Pilot versuchte, eine AIM-9-Rakete auf das Objekt zu feuern, doch im selben Moment versagten sein Feuerleitpult und die Funkverbindungen. Der Pilot leitete umgehend ein Wendemanöver ein und versuchte, im Sturzflug zu entkommen. In drei bis vier sm Entfernung nahm das Objekt die Verfolgung wieder auf. Während sich die F-4 vom ersten Objekt entfernte, flog das zweite in den inneren Wendekreis der F-4, um dann zum ersten Objekt zurückzukehren, in dem es nach einer perfekten Wiederaufnahme verschwand.

D. Kurz nach der Wiedervereinigung der beiden Objekte erschien an der anderen Seite des ersten ein weiterer Flugkörper, der mit hoher Geschwindigkeit im Senkrechtkurs zur Erde flog. Die Besatzung der F-4, deren Feuerleitpult und Funkanlagen inzwischen wieder funktionierten, beobachtete, wie das Objekt auf den Boden zustürzte, und erwartete eine Aufschlagsexplosion. Aber allem Anschein nach war es sanft gelandet. Sein strahlendes Licht erhellte ein Gebiet von zwei bis drei Kilometer im Umkreis.

Die Besatzung der F-4 verringerte die Flughöhe, um weiter beobachten und die Position des Objektes bestimmen zu können. Da es Schwierigkeiten mit der Justierung der Nachtsichtweite zur Landung gab, umkreiste der F-4-Pilot Mehrabad einige Male, bevor er zur Landung ansetzen konnte. Das UHF war durch starke Interferenzen beeinträchtigt. Jedesmal, wenn die F-4 in magnetischer Peilrichtung von 150 Grad vor Mehrabad kreuzte, fiel die Funkverbindung aus, und der INS [Trägheitsnavigationssystem] schwankte zwischen 30 und 50

Grad. In einer Verkehrsmaschine, die sich zur gleichen Zeit Mehrabad näherte, wurde im gleichen Umfeld Funkausfall festgestellt, aber nichts über eine außergewöhnliche Sichtung gemeldet.

Bei ihrem letzten Landeanflug bemerkte die F-4-Besatzung ein weiteres Flugobjekt – zylinderförmig, mit gleichmäßig strahlenden Lichtern an jedem Ende und einem Aufblitzen in der Mitte. Eine Rückfrage beim Tower ergab, daß derzeit kein Flugverkehr in dem bezeichneten Gebiet stattfinde. Als sich dieses Objekt über der F-4 fortbewegte, konnte es vom Tower aus visuell nicht ausgemacht werden. Erst nach einem Hinweis der F-4-Piloten, zwischen den Bergen und der Raffinerie zu suchen, wurde es vom Tower aus gesehen.

E. Nach Anbruch des Tages wurde die F-4-Besatzung mit einem Hubschrauber in das Gebiet geflogen, wo das Objekt offenbar gelandet war. An der von der F-4-Besatzung vermuteten Landestelle [ein trockenes Flußbett] gab es jedoch keinen Hinweis. Als sie aber das Gebiet westlich umflogen, wurde ein intensives Pfeifsignal aufgefangen. An der Stelle der lautesten Empfangsstärke befand sich ein kleines Haus in einem Garten. Nach der Landung des Helikopters befragte die Besatzung die Bewohner, ob ihnen in der vergangenen Nacht etwas Außergewöhnliches aufgefallen sei. Daraufhin berichteten die Bewohner von einem lauten Geräusch und sehr hellem Licht, ähnlich dem von Blitzen. Das Flugzeug [Hubschrauber] und das vermeintliche Landegebiet werden auf mögliche Strahlung hin untersucht ... [Satz unkenntlich gemacht.]

Weitere Informationen werden weitergeleitet, sobald sie verfügbar sind. [Nachfolgend drei Zeilen mit Codebuchstaben und Ziffern.]«

In der Nacht des Teheran-Zwischenfalls wurde auch über Marokko ein UFO gesichtet. Am 19. September 1976, zwischen

61 Senator Barry Goldwater: »... die Angelegenheit ist so brisant, daß einfach keine Möglichkeit besteht, dranzukommen – obwohl schon viel freigegeben wurde ...«

1.00 und 1.30 Uhr, erhielt das Hauptquartier der marokkanischen Gendarmerie in Rabat Dutzende von Anrufen aus den Gebieten um Agadir, Marrakesch, Casablanca, Rabat und Kénitra. Die beunruhigten Bewohner berichteten übereinstimmend von einem silbrig leuchtenden runden Flugobjekt, das Marokko von Südwesten nach Nordosten hin überflog. Die verwunderten Augenzeugen berichteten, daß sich das unbekannte Flugobjekt lautlos in einer Höhe von etwa eintausend Metern fortbewegte. Ein Vertreter der marokkanischen Regierung bat den US-Botschafter in Rabat in einer persönlichen Unterredung, ihm nähere Informationen über dieses Phänomen aus Washington zu beschaffen. Am 24. September unterrichtete der US-Botschafter Washington in einem vertraulichen Fernschreiben über den UFO-Zwischenfall.

Vorfälle wie dieser sprechen für die Wahrscheinlichkeit, daß der Roswell- und der Magdalena-Zwischenfall tatsächlich mit außerirdischen Flugobjekten in Zusammenhang stehen.

Der ehemalige US-Senator und Vorsitzende des Geheimdienstausschusses des Senats, Barry Goldwater, berichtete über seine Erfahrung, die er mit der UFO-Vertuschungspolitik gemacht hat: »Ich glaube, wenn man zu bestimmten Stellen in Wright Patterson Field vordringen könnte, würde man herausfinden, was die Regierung und die Air Force über UFOs zurückhalten. Ich rief General Curtis LeMay wegen einer sehr befremdlichen Geschichte bezüglich der vertuschten Landung eines Raumschiffes an und sagte: ›Mir ist bekannt, daß wir in Wright Patterson ein Raumschiff unter Verschluß haben und

dort auch das ganz geheime UFO-Zeug aufbewahren. Kann ich
da hingehen? Habe ich dort Zutritt?‹ In meinem ganzen Leben habe ich LeMay noch nie so außer sich erlebt, so wütend
über mich. ›Stellen Sie mir nie wieder diese Frage‹, fauchte
er mich an.«

Am 27. August 1995 wurde der sogenannte GAO-Bericht (General Accounting Office = eine Art US-Schatzamt) über den
Roswell-Zwischenfall veröffentlicht oder, besser gesagt, nicht
veröffentlicht. Denn nichts, rein gar nichts kam an die Öffentlichkeit. Und das, obwohl Roswell-UFO-Forscher, interessierte
Skeptiker und Entlarver, auch einige Politiker aus aller Welt
diesen »Tag der Wahrheit« mit großer Ungeduld erwartet
hatten. Die absolut nichtssagende Dokumentation wurde
unter dem vielversprechenden Titel herausgegeben »Government Record – Results of a Search for Records Concerning the
1947 Crash near Roswell, New Mexico« (Ergebnisse der Suche
nach Unterlagen, die den Absturz 1947 bei Roswell betreffen).

62 Die Wright-
Patterson-Luftwaffen-Basis
in Dayton, Ohio.

Außer einem riesigen Fragezeichen hat dieser Report nichts hinterlassen.

Diesem Resultat war eine Korrespondenz zwischen dem Roswell-UFO-Forscher Clifford Stone und dem Kongreßabgeordneten Steven Schiff aus New Mexico vorausgegangen. Stone hatte Schiff gebeten, ihn über den neuesten Stand der Roswell-Forschung zu unterrichten. Daraufhin wandte sich der Kongreßabgeordnete in einem persönlichen Schreiben an den amtierenden Verteidigungsminister Les Aspen mit der Bitte, ihn näher über den Sachverhalt zu unterrichten.

Aspen leitete die Anfrage aber lediglich auf dem Dienstweg an das Büro für legislative Belange im Pentagon weiter. Von dort erhielt Schiff ein offizielles Schreiben mit dem Hinweis, daß die Akten des UFO-Untersuchungsprojektes »Blue Book« der Air Force im Nationalarchiv in Washington einzusehen seien.

Verärgert über das unqualifizierte Verhalten gegenüber einem frei gewählten Volksvertreter, der zudem dem Ausschuß zur Kontrolle von Regierungsaktivitäten angehörte (House Governments Operations Committee), forderte Schiff am 10. Mai 1993 nochmals energisch die unumwundene Beantwortung seiner Anfrage. Doch er erhielt auch dieses Mal nur ein formelles Schreiben. Schiff war, schlicht gesagt, stocksauer. Nun wollte er es genau wissen! Schließlich war das General Accounting Office (GAO) vom Kongreß nicht zum Spaß ins Leben gerufen worden, sondern um Aussagen und Aktivitäten der US-Regierung auf den Grund gehen zu können; oder, mit anderen Worten, um der Regierung »auf die Finger zu sehen«.

Aus diesem Grund hatte Schiff Ende 1993 auch ein Treffen mit Charles A. Bowsher vereinbart, dem GAO-Vorsitzenden, um eine Untersuchung des Roswell-Zwischenfalls durchzusetzen. Bowsher sicherte Schiff zwar zu, in der Sache aktiv zu werden. Schließlich mußte aber selbst das GAO feststellen, daß es im Pentagon gegen eine Wand anrannte. Im Februar 1994 informierte Bowsher schließlich den neuen Verteidigungsminister William J. Perry über die Absicht des GAO, alle Dokumente über einen möglichen Ballon-, Flugzeug- oder UFO-Absturz bei Roswell untersuchen zu wollen.

Da aus den Army Air Forces im September 1947 die US Air Force hervorgegangen war, übernahm diese erst zu dem genannten Zeitpunkt die Archive der Army Air Forces, die nun durchforstet werden sollten. Allem Anschein nach war die US Air Force durch die geplante GAO-Nachforschung so alarmiert, daß sie ihr am 8. September 1994 mit der Erstellung eines eigenen, von Oberst Richard L. Weaver gezeichneten Berichts zuvorkam. Darin wird bestätigt, daß mit der Wetterballon-Version das Geheimprojekt »Mogul« kaschiert werden sollte. Die Skeptiker gaben sich mit der Mogul-Ballon-Erklärung zufrieden, während bei jenen, die wirklich informiert waren, die Wellen der Empörung über diese neue plumpe »Ente« hoch schlugen. Auch für das GAO war die Erklärung höchst unzureichend, und es setzte daher die eigenen Recherchen fort.

Als der Kongreßabgeordnete von New Mexico dann im Sommer 1995 den Abschlußbericht des GAO in Händen hielt, las er zu seiner großen Überraschung, daß alle Dokumente und Akten in Verbindung mit dem Roswell-Zwischenfall angeblich verschwunden beziehungsweise vernichtet worden seien, obwohl es um sogenannte »permanente« Akten ging, die NIE zerstört werden durften. Der Clou bei der ganzen Geschichte ist allerdings die Tatsache, daß absolut belanglose Protokolle, Akten, Dokumente und Unterlagen der Roswell-Basis von 1945 bis 1949 nach wie vor greifbar sind! Wer für die Vernichtung der *brisanten* Unterlagen verantwortlich gewesen ist, läßt sich leider nicht mehr feststellen. Hier war offensichtlich ein »Spurenbeseitigungskommando« mit vollem Erfolg am Werk!

Der Astronom und Exobiologe Carl Sagan stellt die berechtigte Frage, warum sich die Menschen so sehr an die extraterrestrische UFO-Hypothese klammern und nicht auf die Idee kommen, es könnte sich bei den UFOs möglicherweise ja auch um Projektionen aus dem kollektiven Unbewußten, um Besucher aus anderen Dimensionen oder gar um Zeitreisende handeln? Hier geht es um Thesen, die eigentlich nicht neu sind. Ich selbst habe mich in meinen Arbeiten auch schon mit diesen Möglichkeiten auseinandergesetzt. Die Idee, unsere Urururenkel könnten mit ihren Zeitreisemaschinen Experimente durchführen und dabei – theoretisch – einem Unfall, einem Absturz zum Opfer fallen, ist nicht einmal gänzlich von der Hand zu weisen.

So hat sich der Mathematiker und Physiker Frank Tippler von der Tulane University in New Orleans sogar schon mit der Konstruktion einer Zeitreisemaschine befaßt – wie einst H. G. Wells in seinem Roman *Die Zeitmaschine*. Tippler geht davon aus, daß Zeitreisen für uns vorläufig zumindest theoretisch möglich sind. Unter dem Titel »Rotierende Zylinder« beschreibt er in der Fachzeitschrift *Physical Review* den mathematischen Konstruktionsplan für eine Zeitmaschine in drei Schritten. Das wichtigste Element in Tipplers Berechnungen ist das Rotationsprinzip. Ihm zufolge müßte nach einem äußerst kompakten, rotierenden Objekt gesucht werden, das auf natürliche Weise im Universum entsteht. Dann müßte seine Rotation derartig beschleunigt werden, daß sich in seiner Umgebung geschlossene, zeitähnliche Schleifen formen. Es wird also ein massiver, unglaublich kompakter Zylinder benötigt, der sich unbeschreiblich schnell dreht.

Die Schwierigkeiten beim Bau einer Tipplerschen Zeitmaschine sind allerdings beinahe unüberwindlich. Im Universum existieren in der Tat natürliche Zeitmaschinen, zum Beispiel rotierende schwarze Gravitationslöcher oder schnell
rotierende Neutronensterne, deren Gravitationsfelder Zeit-
schleifen bilden und damit zumindest theoretisch Zeitreisen
ermöglichen.

»Unsere Nachkommen werden wohl eher eine schon exi-
stierende Zeitmaschine entdecken (mit der sie dann tatsächlich in der Geschichte zurückreisen könnten) als eine bauen«,
meint der englische Wissenschaftsautor John Gribbin in
Jenseits der Zeit. Und Gribbin weiter: »Manche begeisterte
Verfechter von Zeitreisen glauben, daß uns bisher noch keine
Zeitreisenden besucht hätten, weil die Erfindung der Zeitreisemaschine noch aussteht.«

Allerdings wurde hier eine mögliche Erklärung übersehen: Vielleicht erhalten wir ja keinen Besuch aus unserer
Zukunft, weil es keine zukünftigen Erfinder mehr gibt, da
sich die Menschheit durch Eigenverschulden um die Zukunft
gebracht hat.

Derzeit läßt sich der reale Kern des UFO-Phänomens und
damit auch der Roswell-Zwischenfall am besten mit Besuchern
außerirdischer Herkunft erklären. Zumal die Astronomen
Geoffrey Marcy und Paul Butler von der San Francisco State
University fremde Sonnensysteme entdeckt haben – und zwar
die jeweils fünfunddreißig Lichtjahre entfernten Planeten der
Sterne 70 Virginis im Sternbild der Jungfrau mit 8,1 Jupiter-
massen sowie 47 Ursae Majoris im Großen Bären mit einem
Planeten von 3,5 Jupitermassen. Wahrscheinlich haben diese
Sterne auch noch andere Planeten.

Der Planet »Goldilocks«, wie Marcy ihn nennt, von 70 Virginis hat eine Oberflächentemperatur von fünfundachtzig
Grad Celsius, ist also nicht zu heiß, um die Bildung komplexer

organischer Moleküle zu gewährleisten. Der Planet um 47
Ursae Majoris hat Schätzungen zufolge eine Oberflächentemperatur von minus achtzig Grad Celsius. Und um den
Stern 51 Pegasi ist ein Planet von 0,6 Jupitermassen nachgewiesen worden. Durch diese neu entdeckten Sonnensysteme
wird die Wahrscheinlichkeit hochentwickelter Zivilisationen
anderer Welten erhärtet.

In *Forbidden Science* stellt Jacques Vallee fest: »Das UFO-
Phänomen existiert. Es hat uns durch die Geschichte begleitet.
Es ist physikalischer Natur und bleibt im Sinne gegenwärtiger
Wissenschaft unerklärbar. Es stellt eine Stufe des Bewußt-
seins dar, die wir bisher noch nicht erkannt haben, die aber
Dimensionen manipulieren kann, welche über Zeit und Raum
nach unserem Verständnis hinausgehen. Es beeinflußt unser
Bewußtsein auf eine Art und Weise, die wir nicht ganz
begreifen ...«

Eines jedenfalls ist sicher: Wissenschaftler unserer Tage
werden durch die »unmöglichen UFOs« in ihre Schranken ver-
wiesen. Denn mit ihren magisch anmutenden Fähigkeiten de-
monstrieren sie uns trotz einiger Unfälle, daß unsere Zivilisation nicht das »Gelbe vom Ei« ist. Das UFO-Phänomen ist
schwer greifbar, die Informationen und Kommunikationen
sind widersprüchlich, und Raum für Zweifel bleibt!

Danksagung

Dank all denen, die sich getraut haben, mich mit wertvollen Informationen zu versorgen, und den Zeitzeugen, die sich nicht scheuten, mich mit den Tücken eines hochsensiblen, brisanten Themas vertraut zu machen. Dank auch an Stanton Friedman, Kent Jeffrey, Kevin Randle, Don Schmitt und Len Stringfield für ihre Bemühungen um das Roswell-Rätsel und Michael Hesemann, den amüsanten Begleiter auf einigen Strecken der Spurensuche.

Ich danke auch meinem Verlagsleiter Peter E. Molden für sein Vertrauen und seine Geduld, meinem Lektor Elmar Klupsch für seine konstruktive Zusammenarbeit. Heike Schäfer für die anstrengende und unermüdliche Textverarbeitung – trotz Klein-Anna. Ganz besonders aber meiner Frau Elise für ihre großartige Unterstützung bei diesem anstrengenden und faszinierenden Projekt.

Santa Fe, New Mexico,
im Januar 1996

Quellen- und Literaturverzeichnis

Berlitz, Charles/William L. Moore: The Roswell Incident. New York 1988.

Brown, Eunice H.: White Sands History. White Sands, New Mexico, Public Affairs Office, 1959.

Buttlar, Johannes v.: Schneller als das Licht. Düsseldorf 1972. Neuausgabe: Bergisch Gladbach 1996.

Buttlar, Johannes v.: Das UFO-Phänomen. München 1978.

Buttlar, Johannes v.: Die Einstein-Rosen-Brücke. München 1982.

Buttlar, Johannes v.: Unsichtbare Kräfte. München 1985.

Buttlar, Johannes v.: Sie kommen von fremden Sternen. München 1986.

Buttlar, Johannes v.: Leben auf dem Mars. München 1987.

Buttlar, Johannes v.: Supernova. München 1988.

Buttlar, Johannes v.: Zeitriß. München 1989.

Buttlar, Johannes v.: Drachenwege. München 1990.

Buttlar, Johannes v.: Adams Planet. München 1991.

Buttlar, Johannes v.: Gottes Würfel. München 1992.

Buttlar, Johannes v.: Die Wächter von Eden. München 1993.

Callimahos, Lambros: UFO Hypothesis and Survival Questions. NASA-Report (Draft), 1968.

Cameron, Grant/T. Scott Crain: UFOs, MJ-12 and the Government. Seguin, TX, 1991.

Carey, Thomas J.: »The Search for the Archaeologists.« In: International UFO Reporter, November/Dezember 1991.

Chadwell, Marshall: Memorandum for Director of Central Intelligence vom 11.09.1952 und 02.12.1952.

Citizens Against UFO Secrecy. »MJ-12: Myth or Reality?«

In: Just Cause (Dezember 1985).

»Confirmation of MJ-12.« In: Just Cause (Juni 1987).

»The MJ-12 Fiasco.« In: Just Cause (September 1987).

»More on MJ-12.« In: Just Cause (März 1989).

»MJ-12 Update.« In: Just Cause (Juni 1989).

Clark, Jerome: The UFO Encyclopedia. Bd. 2. Detroit 1992.

Condon, Edward: Scientific Study on Unidentified Flying
    Objects. New York 1968.

»Crash of the Crashed Saucer Claim.« In: The Skeptical
    Enquirer, Bd. 10, 1986.

Drake, Frank: Signale von anderen Welten. Essen 1993.

Durant, F. C.: Report of Meetings of Scientific Advisory
    Panel on Unidentified Flying Objects. Convened by
    Office of Scientific Intelligence, CIA, January 14.–18.,
    1953. Declassified: 21.01.1975.

Fernschreiben der US-Botschaft Teheran an das
    Verteidigungsministerium vom 23.07.1978.

Friedman, Stanton T.: Final Report on Operation Majestic
    12. Mount Rainier, MD, 1990.

Friedman, Stanton T.: The Roswell Incident. The USAF
    and The New York Times. 1994.

Friedman, Stanton T./Don Berliner: Crash at Corona.
    New York 1992.

GAO-Bericht, 1995.

Good, Timothy: Jenseits von Top Secret. Frankfurt am Main
    1991.

Gribbin, John: Jenseits der Zeit. Essen 1994.

Hall, Richard (Hg.): The UFO Evidence. Washington D.C.
    1964.

Hall, Richard: »Crashed Discs – Maybe.« In: International
UFO Reporter, Bd. 10, Nr. 4, Juli/August 1985.

Hall, Richard: Uninvited Guests. Santa Fe, NM, 1988.

Hall, Richard: »MJ-12. Still Holding Its Own Through
Thickets of Debate.« In: UFO, Januar/Februar 1991,
S. 30 ff.

Hesemann, Michael: Geheimsache U.F.O. Neuwied 1994.

Hillenkoetter, Admiral Roscoe: Briefing Document –
Operation Majestic-12. 18.11.1952.

»History of the Eighth Air Force. Fort Worth, Texas.« Air
Force Archives, Maxwell Air Force Base, AL.

»History of the 509th Bomb Group. Roswell, New Mexico.«
O.O. und o.J.

Howe, Linda Moulton: Glimpses of Other Realities.
Huntington Valley 1993.

Hynek, J. Allen: UFO-Begegnungen der ersten, zweiten und
dritten Art. München 1978.

Hynek, J. Allen: UFO-Report. München 1978.

Jacobs, David M.: The UFO Controversy in America.
New York 1976.

Klass, Philip J.: UFOs Explained. New York 1974.

»Letters Lead to UFO Inquiry.« In: Journal, Albuquerque,
14.01.1994.

Loftus, Elizabeth R.: Eye-Witness Testimony. Cambridge,
MA, 1979.

Ludwiger, Illobrand von: Der Stand der UFO-Forschung.
Frankfurt am Main 1992.

Maccabee, Bruce: »Hiding the Hardware.« In: International
UFO Reporter, September/Oktober 1991.

Mack, John E.: Entführt von Außerirdischen. Essen 1994.

Moore, William L./Stanton T. Friedman: »MJ-12 and Phil Klass. What are the Facts?« In: MUFON Symposium Proceedings. Seguin, TX, Mutual UFO Network, 1988.

Moore, William L./Jaime H. Shandera: The MJ-12 Documents. Burbank, CA, 1990.

Moore, William L./Jaime H. Shandera: The MJ-12 Documents. An Analytical Report. Burbank, CA, 1991.

Moseley, James: The Wright Field Story. Clarksburg 1971.

Pagels, Heinz R.: The Cosmic Code. New York 1990.

Papagiannis, Michael D. (Hg.): The Search for Extraterrestrial Life. Recent Developments. Boston, MA, 1985.

»Press Conference – General Samford«. 1952.

Press Release: »Citizens Against UFO-Secrecy«. New York, 25.10.1979 und 25.06.1980.
United States District Court for the District of Columbia. Civil Action No. 78-859, GSW vs. CIA.
»Washington Seek to Lift Secrecy Veil from Agencies UFO Documents.« In: The Washington Post, 3.11.1981.
»UFO-Files Still Secret.« In: Wisconsin State Journal, Madison, 27.03.1982.

Pritchard, A./D. E. Pritchard/John E. Mack/P. Kasey/ C. Yapp (Hg.): Alien Discussions Proceedings of the Abduction Study Conference MIT. Cambridge, MA, 1994.

The Public Deceived. Buffalo, NY, 1983.

Randle, Kevin D.: A History of UFO Crashes. New York 1995.

Randle, Kevin D./Donald R. Schmitt: UFO Crash at Roswell. New York 1991.

Randle, Kevin D./Donald R. Schmitt: The Truth about the UFO Crash at Roswell. New York 1994.

»Rocket and Missile Firings.« White Sands Proving Grounds,
    Januar–Juli 1947.

Roswell-RAAF-Jahrbuch 1947.

Ruppelt, Edward E.: The Report on Unidentified Flying
    Objects. New York 1958.

Sagan, Carl/Thornton Page (Hg.): UFO's. In: Scientific
    Debate. New York 1974.

»Schiff Reopens 1947 UFO Case.« In: Journal, Albuquerque,
    13. 01. 1994.

Schulgen, General F.: Collection Memorandum vom
    30. 10. 1947.

Shandera, Jaime H.: »New Revelation about the Roswell
    Wreckage.« In: The MUFON Journal, Januar 1991.

Smith, Wilbert: Memorandum to the Controller of
    Telecommunication vom 21. 11. 1959.

Smith, Wilbert: The Boys From Topside. Clarksburg 1969.

Special Report No. 14. Project Blue Book, 1955.

Stanford, Ray: Socorro »Saucer« in a Pentagon Pantry.
    Austin 1976.

Steinman/Stevens: UFO Crash at Aztek. Tucson 1986.

Stone, Clifford E.: Special Report 1. The UFO Recovery
    Operations, 1990.

Stone, Clifford E.: Special Report 2. UFO/Military
    Confrontations, 1990.

Stone, Clifford E.: Special Report 3. Operation Blue Fly.
    Still Classified, 1990.

Stone, Clifford E.: UFO's Let the Evidence Speak for Itself.
    Roswell 1991.

Stone, Clifford E.: Operation Blue Fly. In: MUFON
    Symposium Proceedings. Seguin, TX, 1992.

Stone, Clifford E.: Operation Blue Fly Research Project.
    Report to Congress. Roswell 1993.

Stringfield, Leonard: Situation Red. The UFO-Siege.
New York 1977.

Stringfield, Leonard: Retrievals of the Third Kind.
In: MUFON Symposium Proceedings. Seguin, TX, 1978.

Stringfield, Leonard: UFO Crash/Retrievals. Status Report VI.
Cincinatti 1991.

Stringfield, Leonard: UFO Crash/Retrievals. Status Report
VII. Cincinatti 1994.

Sturrock, P. A.: »UFOs. A Scientific Debate.« In: Science 180,
1973, S. 593.

Symposium Proceedings. Seguin, TX, 1978.

Tech Bulletin: »Army Ordonance Department Guided Missile
Program.« Januar 1948.

Thompson, Richard L.: Parallels. 1992.

Twining, Nathan F.: AMC Opinion Concerning »Flying Discs«.
Memorandum vom 23.09.1947.

The UFO Crash/Retrieval Syndrome. In: Symposium
Proceedings. Seguin, TX, 1980.

The UFO Crash/Retrievals. Amassing the Evidence.
Cincinatti 1982.

The UFO Crash/Retrievals. Status Report V. Cincinatti o.J.

U.S. Congress, Committee of Science and Astronautics.
Symposium on Unidentified Flying Objects. Hearings,
29.07.1968.

U.S. Congress, House Committee on Armed Forces.
Unidentified Flying Objects. Hearings, 5.04.1966.
Washington, D.C., U.S. Government Printing Office, 1968.

Vallee, Jacques: Anatomy of a Phenomenon. New York 1966.

Vallee, Jacques: Messengers of Deception. Berkeley, CA,
1979.

Vallee, Jacques: Forbidden Science. Berkely, CA, 1992.
Vallee, Jacques: UFO Chronicles of the Soviet Union.
    New York 1992.

War Department: Meteorological Balloons (Army Technical
    Manual). Washington, D.C., U.S. Government Printing
    Office, 1944.

Register

© 1996 by Gustav Lübbe Verlag GmbH, Bergisch Gladbach
Umschlaggestaltung: KOMBO KommunikationsDesign GmbH, Köln,
unter Verwendung eines Farbfotos aus dem Privatarchiv des Autors
Sämtliche Abbildungen in diesem Band stammen
aus dem Privatarchiv des Autors
Satz und Umbruch: KOMBO KommunikationsDesign GmbH, Köln
Gesetzt aus der Cupido (Headlines) und der Amerigo (Bodytext)
Druck und Einband: Clausen & Bosse, Leck

Printed in Germany
ISBN 3-7857-0826-2

3 5 4 2